广告学特色专业系列教材

广告媒体分析教程

主　编	马春辉		
副主编	陈振旺	黎　明	
编写者	马春辉	陈振旺	黎　明
	王　远	马四毛	周定收
	唐瑞禄	秦玲芬	孔　婷
	王居超		

中南大学出版社
www.csupress.com.cn

总　序

吴子敏

　　中国高等院校的广告学专业迄今走过了 20 多年的历程。这个专业适逢其时，与方兴未艾的中国广告业共同成长。现在就全国广告学本科和专科的分布来看，已经蔚为大观。即便是广告业界需要大量广告人才，即便是广告学专业不断催生，即便是广告学教科书、参考书新作迭出，还是不时可以听到这样的怀疑：到底是否需要在大学里面办广告学专业？广告人才能不能通过教科书和课堂培养出来？

　　2006 年，日本电通公司（世界上排名第一的单体广告公司）高层代表访问深圳大学的时候，告诉我说，日本大学里面是没有广告学专业的，而电通从来都是将自己看做一所广告大学。它们建起了广告博物馆，编写了广告学教材来培训自己的员工。2008 年，我访问电通公司东京总部，看到其员工在过道上彼此会按照同班同学的关系来打招呼。当电通的总务局长片桐正之先生将他们新近编译的中文版广告心理学教材送给我的时候，我对这个企业有了一种"同道"的感觉。

　　教材，在中国大学的体系里具有无可争辩的神圣性。因为，教材具有知识的传统谱系，有问题的标准答案，有权威的操作规程。专业建设的主要工程就是建设教材体系。而我讲授广告学多年，深知在广告学领域中，教材必得与时俱进替代更新。这个产业领域进展太快，经验和案例的积累十分丰富，而广告学的各个知识领域几乎每隔几年就有一个大幅度的变化。

　　今天我们看到，中国广告和国际广告趋势一样，经历了几次深刻的冲击。第一个冲击是传媒科技的进步改变了今天的传媒环境，改变了人们的沟通和传播行为，人们接触信息的渠道工具变了，信息的内容和形式变了。特别是当移动终端、互联网和通信卫星结合的时候，大众传媒广告时代的真正挑战来临了。第二个冲击是今天的消费者有了很大的改变，其年龄层、社会心理、文化品位、娱乐兴趣的差异渗透在有意识或无意识的消费行为当中。消费者洞察成为广告研究的核心命题，成为广告创意首先要面对的挑战。第三个冲击来自今天的广告组织和广告运动。那种单纯的广告公司，或者号称4A 的、号称全面代理的广告公司都变得面目模糊起来。广告和公关、广告和媒体、广告和营销，甚至广告和娱乐、广告和环保、广告和体育彼此渗透，互为改造，广告开始成为战略性和策略性传播的代名词。因此，很多广告创意和广告策略变得不像广告，又有一些不是广告的东西变得很像广告了。在这方面，引出了新的经验、新的案例和新的问题，有些是法规和管理的难题。比如近年来广告行业当中风头最劲的分众传媒所引发的关于"公共空间与公共权益"的争议就是这样。

深圳大学的广告学专业，是国内高校中开办得比较早的本科专业。在课程建设和培养模式上做过不少探索，取得了一些经验。早期大量的广告学教学材料，除了吸收唐忠朴先生主持编译的部分资料以外，大多就近取自港台出版物。后来有一些教师陆续出版过《现代广告营销》、《广告学》、《广告创意学》、《广告案例》、《广告效果测定》等教材。最近这几年，广告专业的教学改革有更加深入的推进。专业方向分为策略和设计两个主要分支，必修课程形成通识教育和专业教育协调搭配、分层递进的结构，实践教学平台大力投入，形成了课程实践、社会实践、专业实践、创新实践、毕业设计等五位一体的实践教学体系，教学方式开始打通市场、传媒、创意表现三个维度，准许学生大幅度跨系跨专业选修，在学生中积极鼓励创建各类工作室，与日本电通等跨国广告公司开展比较深入的交流与合作，与深圳市工商局合作，开创国内大城市数字化全方位广告监测中心，如是等等。这几年，广告专业的师资队伍也发生了很大的变化，一批学有所长的新人成为广告专业的教学骨干力量。他们一边进入广告业界前沿，吸收新的经验，一边将新的知识、新的视角带入广告教学和研究之中。在此基础上，深圳大学传播学院广告系制定了"广告学特色专业系列教材"编写计划。在中南大学出版社的大力支持下，这套教材得以完成出版。我们期望，新的教材能够整合新的教学经验和新的知识发展，对于当今广告专业人才培养起到推动作用，同时，也作为我们自己发展和成长的一串足迹，接受我们的学生和读者的检验。

目 录

第一章

广告与媒体

本章内容提要

广告是现代社会经济的晴雨表。在现代社会，广告已经渗透到人们日常生活的方方面面。一则具体的广告，主要包括广告主、广告信息、广告媒体和广告费用这些基本要素，广告活动是通过广告主、广告公司、广告媒介、广告受众这四者之间的互动而展开的。

随着社会经济的发展以及新的科学技术不断出现，广告媒体也是日新月异，从传统的电视、广播、报纸、杂志这些大众媒体，发展到网络、手机等新兴媒体。广告媒体多种多样，人们宣传广告信息的方式和手段也越来越新奇。

关键名词

广告信息　广告媒体　独特销售主张　5W 理论
诱导性原理　二次创造性原理

第一节   广告起源与广告

一、广告的起源与演进历史

广告究竟起源于什么时候，到目前为止还没有一个明确的结论。人们已经形成的共识是，广告是商品经济的产物，是伴随着社会经济的发展而逐渐产生发展起来的。广告产生的最直接动因是人们在商品交换等商业活动中产生了对信息的越来越多的需求。而广告的发展过程也与其社会历史过程存在着某种相对应的关系。

1. 原始广告

在原始社会，由于社会生产力水平十分低下，劳动的剩余产品非常少，商品交换的活动也十分有限，商品交换的范围、品类以及行为方式都非常原始，现代意义上的广告并不存在，但是具有现代广告某些性质的广告活动和广告状态已经出现了。实物陈列广告、叫卖广告、标志性广告等都是广告的原始形式。

陈列广告是指在商品交换活动中，直接将商品陈列出来，以吸引人们的注意，是一种实物广告。

叫卖广告则往往与陈列广告相结合，商品销售者在陈列商品的同时通过叫喊来吸引买者。

标志性广告是用商品标记或广告主的标记来广而告之的广告形式。中国古代标志性广告的主要形式有招牌、幌子等。

招牌在古代主要是指商品的名称和记号，以标牌的形式置于店铺的醒目位置。中国古代的招牌有横招、竖招、坐招、墙招等形式。横招是在标牌上横题字号；竖招是竖题字号；坐招是设置在店铺柜台上的招牌；墙招则是直接将店铺名称写在店墙上的形式。

幌子也是店铺的标记，但不同于招牌的是，幌子主要用来表示店铺经营的商品类别或服务类别。

2. 近代广告

印刷广告的兴起与普及宣告着近代广告时期的到来。印刷术的发明与普及引发了人类社会传播的巨大变革，也为广告提供了先进的传播手段，并使广告传播的范围空前扩大了，广告对商品销售的影响日益增加，从而也促进了广告自身的发展。

单从印刷术的发明来看，7世纪，我国隋唐时代就出现了雕版印刷技术，北宋济南刘家功夫针铺的雕刻铜版，是迄今为止发现的世界上最早的印刷广告。13世纪王桢对活版印刷术做了改进，以后，中国又先后出现了木活字和锡、铜、铅活字，中国的造纸术和印刷术也先后流传到东亚和欧洲。但由于古代中国的社会政治、经济和文化条件的制约，中国的印刷术在技术上的革命性力量没有得到充分地发挥，印刷业也没有因为印刷术的发明而进入到信息的大量生产和大量传播的新阶段。

15世纪中期，德国古登堡在中国活字印刷和油墨技术的基础上，创造了金属活字排版印刷，并把造酒用的压榨机改装成印刷机，从而开辟了文字信息的机械化生产时代，开辟了人类的印刷传播时代和印刷广告的新纪元。

印刷术的发明也带动了近代报刊印刷的产生。在印刷术发明之前，出现了官办或私人办的、商业性的手抄报，这些手抄报被称为新闻信，专门卖给需要当日新闻的贵族或者有身份地位的人士。印刷术发明以后，新闻信开始不定期地进行印刷，后来则以期刊形式定期出版。16世纪初，德、法、英等国先后出现了早期的印刷报纸。17世纪开始，欧洲逐渐出现了印刷报刊，并很快被用做广告媒介。

除了媒介变革之外，还出现了类似广告代理店的机构。1610年，英国詹姆士一世让两个骑士建立了最早的广告代理店，1612年，法国人J·雷纳德创立了名为"高格德尔"的广告代理店。

17、18世纪，随着近代报纸的出现，出现了新闻代理。新闻代理其实是早期的报纸推销员。其中一部分新闻代理是报社自己的广告业务员，他们直接面对广告主推销报纸版面，另一部分新闻代理则是受雇于报社的外部人员，代表报纸向广告主推销版面，并从报社领取佣金作为酬劳。

19世纪，世界经济中心由英国转向美国，世界广告中心也随之发生转移，美国广告业空前繁荣，也催生了真正意义上的现代广告代理业。1869年，在费城开办的一家艾耶父子广告公司，成为第一家按当今广告公司运作方式进行运作的广告代理，从而确立了具有现代意义的广告代理佣金制。

随着报纸和报纸广告的快速发展，最早的广告管理活动出现了。18世纪初，英国政府开始对报纸广告征税。1702年12月，英国的《伦敦每日时报》公布，在报纸上刊登广告的税额是1先令。1712年，英国议会通过了对报纸和报纸广告征税的法案。

3. 现代广告

现代广告是相对于传统广告而言的。一般认为，美国广告代理公司的出现及其位置和角色的明确可以作为现代广告形成的标志。19 世纪后期，现代广告开始萌芽，广告代理和广告代理佣金制的出现是现代广告萌芽的标志。这些新的现象推动了广告作为一门行业的出现。

随着广告市场的扩大和广告业务量的增加，广告代理业逐渐从报纸中分离出来，从而走上了独立发展的道路。1849 年，英国美瑟 – 克劳瑟广告公司（奥美广告公司前身）已经拥有近 100 名员工，提供专业的广告服务。在美国，除了帕尔默、艾耶等人先后成立广告代理公司，1865 年，乔治·P·罗威尔也开始了"广告批发代理"的业务活动。到了 19 世纪末 20 世纪初，美国许多著名的广告公司，如智威汤逊广告公司、洛德 – 托马斯广告公司、扬·罗比凯广告公司都已经成立。而在日本，第一家广告代理店"空气堂组"也于 1880 年在东京成立，其后，"弘报堂"、"三成社"、"广告社"、"正喜路社"等相继成立，1895 年，"博报堂"开业。这些专业广告代理公司的出现，大大加速了广告产业化的历史进程，广告迅速成为独立的新兴产业。

现代广告的形成还得益于现代传播媒介的发展。19 世纪 30 年代以后，大众化报纸在美国、英国、法国等国家先后出现。1833 年，本杰明·戴在纽约创办《太阳报》，因为只卖一美分，所以也被称作"便士报"，创刊几个月就成为当时美国发行量最大的报纸。报纸按照企业经营管理模式经营，迅速成为最理想的广告媒体。在南北战争以后，美国的经济迅速发展，各种新型的传播技术发明日新月异，也使得报纸的发行量日益扩大，逐渐成为第一广告媒体。

20 世纪初，广播媒介逐渐普及。1920 年，美国 KDKA 电台开播，企业家和广告商开始抓住这种新媒体的潜力。到了 1922 年，美国已有 500 多家电台，1926 年，美国全国性广播电台问世之后，广播电台立即成为主流广告媒体。随后，各个国家纷纷建立自己的电台，广播广告也逐渐成为大多数国家或地区广播电台经费开支的重要来源之一。直到电视出现以后，广播广告的地位才有所下降。

1936 年英国建立起世界上第一座电视台。1939 年美国创办了美洲第一家电视台，但正式开办商业电视台是 1941 年 6 月。1945 年，（Federal communications commission, FCC）美国联邦通讯委员会开始签发电视许可证。第二次世界大战后，各国电视台纷纷建立，其中许多电视台经营电视广告业务，从而使电视广告迅速发展。在 20 世纪的后 50 年里，电视一直在广告市场上居于优势地位，并且随着电视技术的不断革新，电视作为广告媒体的作用始终无可替代。

20 世纪上半叶，杂志也趋于成熟，逐渐适应了广播和电视带来的竞争压力。二战后，德国的《明镜》、美国的《时代》、日本的《读卖周刊》等杂志都成为世界性的重要杂志。同时，大量趣味性、知识性、娱乐性的杂志不断出现，并且与广告传播相结合，形成了现代杂志广告。

现代广告时期，其他的广告媒体形式也得到巨大的发展。1853 年，美国纽约的《每日论坛》第一次用照片为一家帽子店做广告，摄影广告由此出现。户外广告在 17 世纪出现并得到发展，到 20 世纪初，户外广告的重要性进一步提升，出现了广告牌、海报、建筑广告、霓虹灯广告、路牌广告等多种形式。

二、广告的定义

广告（guǎng gào），英文：advertisement，ad（缩写）。广告的本质是传播，广告的灵魂是创意。

广告一词来源于拉丁文 advertere，其意为注意、诱导、传播。中古英语时代（约公元 1300—1475 年），演变为 advertise，其含义衍化为"使某人注意到某件事"，或"通知某人某件事，以引起某人的注意"。直到 17 世纪末，英国开始进行大规模的商业活动。这时，广告一词便广泛地流行并被使用。此时的"广告"，已不单指一则广告，而是指一系列的广告活动。汉语的广告一词源于日本。

1890 年以前，西方社会对广告较普遍认同的一种定义是：广告是有关商品或服务的新闻（News about product or service）。

1894 年，纳什（Albert Lasher）认为：广告是印刷形态的推销手段（Salesmanship in print, driven by a reason why）。这个定义含有在推销中劝服的意思。

1948 年，美国营销协会的定义委员会（The Committee on Definitions of the American Marketing Association）形成了一个有较大影响的广告定义：广告是由可确认的广告主，对其观念、商品或服务所作之任何方式付款的非人员式的陈述与推广。美国营销协会对广告的定义体现了广告的特点。广告是付费的大众传播，其最终目的为传递情报，改变人们对广告商品之态度，诱发其行动而使广告主得到利益。

1977 年版《韦伯斯特词典》对广告的定义是：广告是指在通过直接或间接的方式强化销售商品、传播某种主义或信息、召集参加各种聚会和集会等意图下开展的所有告之性活动的形式。而该词典 1988 年版对广告的定义是：

运用媒体而非口头形式传递的具有目的性信息的一种形式，它旨在唤起人们对商品的需求并对生产或销售这些商品的企业产生了解和好感，告之提供某种非赢利目的的服务以及阐述某种意义和见解等。

《简明大不列颠百科全书》（第 15 版）对广告的定义是：广告是传播信息的一种方式，其目的在于推销商品、劳务服务、取得政治支持、推进一种事业或引起刊登广告者所希望的其他的反映。广告信息通过各种宣传工具，传递给它所想要吸引的观众或听众。广告不同于其他传递信息的形式，它必须由登广告者付给传播媒介一定的报酬。

日本广告行业协会对广告的定义是：广告是被明确表示出的信息发送方式，是对呼吁（诉求）对象进行的有偿信息交流活动。

我国 1999 年版《辞海》对广告的定义是："通过媒体向公众介绍商品、劳务和企业信息等的一种宣传方式。一般指商业广告。从广义上说，凡是向社会公众传播社会人事动态、文化娱乐、宣传观念的都属于广告范畴。"

三、广告的要素

一则具体的广告，是广告活动的结果或者表现。对于一则具体的广告来说，它有以下一些要素。

1. 广告主

广告主是广告传播的主体，是指提出发布广告的企业、团体或个人。工厂、店铺、宾馆、公司、个体生产者、个体商贩等都可以是广告主。

2. 广告信息

广告信息是指广告传播的主要内容，包括产品信息、劳务信息、观念信息等。

产品信息，主要包括产品的性能、质量、产地、用途、购买时间、地点和价格等。产品信息是广告内容中最简单的一种，也是产品广告中最主要的内容。

劳务信息，包括各种非产品形式的买卖或者半产品形式的买卖的服务性活动等，如文娱活动、旅游服务、艺术摄影、饮食以及信息咨询服务等行业的经营项目。

观念信息，是指通过广告活动倡导某种意识，使消费者从态度上信任某一企业，在感情上偏爱某种品牌，从而树立一种有利于广告主的消费观念。例如有些大型企业的企业形象广告，并不着眼于介绍其产品性能，而是不厌其详地介绍其企业悠久的历史、先进的设备、优秀的工程技术人员以及现代化的管理水平，从而诱发人们产生"这样的企业的产品必定是优质名牌"的观念，从而产生消费定向和欲望。

3. 广告媒体

广告媒体只是广告主和广告受众之间能起信息传递作用的物质载体。任何广告都必须依赖于一定的媒体，并通过媒体进行传播。

4. 广告费用

所谓广告费用，就是从事广告活动所付出的费用。广告活动需要经费，利用媒体要支付各种费用，如购买报纸、杂志版面需要支付相应的费用，购买电视、电台的时段也需要支付费用，即使是布置橱窗、印刷招贴和传单等，也需要一定的制作成本。

第二节　广告信息的传播与构成

一、广告传播理论发展

依据传播方式的变化，20 世纪广告传播理论及其发展可以分为三个时期，两种理论模式与一种转型期理论形态。

1. 20 世纪初至 50 年代为广告传播理论阶段

20 世纪初，由于技术的落后，生产满足不了需求，市场的基本趋势是求大于供。20 年代末至 30 年代，世界性经机危机爆发，市场购买能力下降，导致商品过剩，销售积压。二次世界大战后，世界范围内经济全面复苏，表现出飞速发展的态势，商品日益丰富，市场格局也迅速由卖方市场转向买方市场。作为商品生产厂家，此期也先后经历了生产观念、产品观念到推销观念的演进。

兴起于 19 世纪末的市场学，经 20 世纪初的发展，到 30 年代已开始进入应用阶段。此期的市场学，围绕社会经济的起落和市场格局的变迁，以推销与销售促进为研究重点，并将广告作为一种销售促进方法纳入自己的研究范畴。

这一时期的广告理论，主要有以下三大理论流派。一是 20 世纪初期，以约翰·肯尼迪、克劳德·霍普金斯、阿尔伯特·拉斯克尔为代表的硬性推销派，或称之为"原因追究法派"。二是 20 世纪二三十年代，以西奥多·麦克马纳斯和雷蒙·罗必凯为代表的软性推销派，或称之为"情感氛围派"。三是 40 年代至 50 年代，最具代表性的理论，便是罗瑟·瑞夫斯所提出的"独特销售主张"（unique selling proposition，简称 USP），称之为科学推销派。

这三大理论流派其理论主张的核心概念都是"推销"，都是围绕产品的推销而展开的。

此期最具代表性和经典意义的广告理论，当推约翰·肯尼迪所提出的"广告是印在纸上的推销术"，此一主张代表了此期广告理论的共同指向。从硬性推销到软性推销，再到科学推销，此期广告理论的这一内在逻辑发展，与此期社会经济的起落、市场格局的变迁、市场学理论的核心视点、是相吻合的。这也标志着人们对广告功能及其效果的实现，从"无所不能"到"有所不能"认识的深入。

从上述意义出发，并与后期广告传播理论相比较，我们把此期的广告理论归纳概括为产品推销期的以产品推销为核心意义的传统广告理论模式。

2. 20 世纪 60 年代为广告传播理论的发展期

这一时期在美国广告史上被称为"创意革命时代"。作为创意革命的重要理论标志，便是以大卫·奥格威、威廉·伯恩巴克和李奥·贝纳为代表的三大创意理论。

前期广告理论的核心概念是"推销"，所要集中解决的一个理论问题就是关于广告的诉求，即"说什么"。当因广告在买方市场状况下的"有所不能"，创意理论就产生了，以在"怎么说"的层面上，寻求广告效果更有效的发挥。创意理论所要解决的中心问题是广告应该"怎么说"。广告理论的探讨，从诉求走向创意，是广告理论又一符合理论与实际逻辑的进步和深入。

而广告理论转型的重要标志，则是奥格威品牌理论的提出，以及李奥·贝纳所作的万宝路香烟的经典广告创意。从前期的推销理论到此期的品牌理论，我们可以明确无误地把握到广告理论实质性的变迁，即从前期的注重产品品质的诉求，到此期的产品形象的塑造，"形象"的概念成了新的理论关注的中心。

奥格威在 20 世纪 60 年代所提出的品牌理论的实质内涵，远不及后人及他自身后来发展的品牌理论那么丰富、完整而深刻，但哪怕只是一个新的理论概念的提出，其深远的理论意义怎样评价都不为过。

从广告理论的整体走向来看，罗瑟·瑞夫斯 USP 理论的提出，实际上已标志前期传统广告理论模式的终结。此期的创意理论，既是前期广告理论的某种延续，又是一种深入，更是一种新的理论领域的拓展。而奥格威的品牌理论的提出，以及李奥·贝纳万宝路的经典广告创意，建立起有别于此前所有广告理论和传播实务的崭新思维模式，预示着新的广告理论时代的到来。

正是从这一意义上来说,我们将其视为广告理论转型的重要标志。

3. 20世纪70年代至今为广告传播理论的发展转型期

从20世纪70年代开始,对这一时期广告传播理论的发展产生直接而巨大影响的社会背景,最值得关注的有以下几个方面:

(1)社会经济环境:世界范围内经济的飞速持续的发展,商品前所未有的丰富,消费的普遍高涨,技术的发展而出现的产品高度同质化现象。

(2)市场环境:市场活动的主体日趋增多,市场竞争日趋激烈乃至白热化,市场活动的范围更广,情形更为复杂。

(3)营销理论环境:以消费者为中心的市场营销观念的成熟和发展。营销组合理论,消费者行为与心理分析理论,市场细分化理论以及各种新的营销理论的建立。

(4)传媒与传播环境:各种大众传媒尤其是电子传播媒介的高度普及和发展。传播环境的日益复杂化,以及与此相伴随的传播效果的弱化。

(5)传播理论环境:传播理论的成熟和发展,尤其是受众理论、传播效果理论、媒介理论的丰富和深化。

广告传播理论发生较大变化,变化的内容主要包括提出了一系列广告概念,如广告运动与广告策划,发展了品牌理论,确立了定位理论,产生了整合营销传播理论;由广告功能问题展开的广告基础理论的构建,如广告传播的性质与功能,广告传播的基本原理,广告传播的基本规律,广告传播的基本模式等;以广告效果为终极目标的理论系统的构造,诸如广告诉求理论、广告创意理论、广告表现理论、广告媒介理论、广告效果理论、广告受众理论等。

广告理论的发展是由此期市场环境、传播环境的巨大改变而催生的,又以此期的营销理论和传播理论为巨大的理论支持。

正是基于上述的认识,我们把这一时期称为广告传播的营销与传播的整合期,把这一时期的广告传播理论归纳概括为以营销与传播为理论基点的现代广告理论模式。[①]

二、广告信息

广告信息主要由直接信息(亦称显性信息)和间接信息(亦称隐性信息)两大部分组成。

---

① 张金海. 20世纪广告传播理论研究. http://media.whu.edu.cn/NewsDetail.asp? id=239

1. 直接信息

从最原始最古老的叫卖广告开始，到综合运用声、光等多种手段高科技大制作的现代广告，每个广告都通过一定的表现形式和承载物质来传递直接信息。直接信息是指由通用符号传达的广告信息。文字、语言、企业与商品名称、包装及外观识别等大家一看就懂、一听就明白的信息都属于直接广告信息。简单地说，广告所要直接传达的关于产品、服务或企业形象方面的信息构成直接信息的主要内容。

2. 间接信息

间接信息是指广告作品具体的表现形式所带来的感觉上的信息。间接信息虽然形式本身似乎并不构成什么具体信息，但它们却能形成某种感觉信息，影响广告直接信息的传达。以平面广告为例，其间接信息至少包括以下几种：构图的平衡、比例、虚实、韵律和分割等都会使人形成不同的感觉；不同色彩的应用引起不同的心理感受；由广告发布的载体所形成的感觉。广告在不同的媒体，或者同一媒体的不同位置或不同时段发布，受众对此会产生截然不同的感觉；为突出广告信息而附加的元素形成的不同心理冲击，如房地产广告为了突出楼盘的高质量特征，通常会聘请成功人士作为形象代言人，并常常与名车、高尔夫球场等贵族生活场景联系起来，以期吸引受众的注意，引发崇拜与仰慕，进而影响他们的消费心理与消费行为，等等。

间接信息具有很大的价值，通常表现为：

(1)引导视线，增加广告的吸引力，强化关注度。

(2)强化企业形象、品牌形象或商品特性，突出广告主题。

(3)营造某种氛围，引发消费者的联想。

(4)使广告更富人情味，拉近与消费者的距离。

间接信息对广告传播而言也十分重要，但有时很容易被忽视，因为直接信息总是需要借助某种形式来表达，有利于直接信息的顺利传播。如果缺乏专业的培训和周密的思考，导致形式上的缺陷，这可能会分散受众的注意力，甚至会同直接信息形成矛盾与冲突，例如用粗制滥造的广告表现高档商品，必然会影响受众对商品的认知。

总体说来，无论是直接信息还是间接信息，都是以广告主题为核心，都为准确充分表达广告主题这个目的服务。所以，区分直接信息与间接信息，合理安排二者的关系，对于具体的广告运作意义重大。

三、广告信息传播障碍

由于间接信息涉及心理学与行为学的一系列问题，使得广告信息变得很复杂。而广告作为一种信息沟通的手段，信息沟通中可能存在的障碍在广告传播中也是不可避免的。广告又是通过一定的艺术形式传播信息，这进一步加大了产生障碍的可能性。所以在广告传播过程中，为了实现广告效果的最大化，要尽可能地克服这些障碍。

广告信息障碍主要体现在以下几个方面：

1. 过分将广告主题艺术化产生的信息障碍

在精确分析市场、消费者和产品特性的基础上确定好广告要传达的内容，即广告主题。接下来是如何将广告主题转化为视觉与听觉的形式以适应受众的心理和习惯。在这个过程中主要存在以下障碍：

（1）不能准确传达主题。主题越复杂，准确传达就越困难，表现形式的多样性与模糊性可能会造成信息的失真与扭曲。

（2）产生不应有的联想，偏离广告初衷。曾经有一火腿肠厂家推出一则电视广告：屏幕上葛优面带忧戚，似有所思，身边的冯巩关切地问："冬宝，你怎么了？"葛优回答："想戈玲。"冯巩便道："别想了，我给你介绍一位新朋友。"说着画面上出现了一系列火腿肠的镜头，然后冯巩又问："还想戈玲吗？"葛优反问："戈玲是谁呀？"，结尾又以"省优、部优、葛优"幽默了一把。无论是厂家、制作方还是观众都非常看好这则广告。但调查公司在上海的调查结果显示：一半以上的观众以为这是春都火腿肠的广告，还有相当一部分观众只知道这是火腿肠的广告而不知具体品牌。虽然这则广告的故事情节很有趣，演员表演很精彩，语言很幽默，观众很喜欢，但广告没有建立起与品牌的直接关联，结果相当于为竞争对手做了嫁衣裳。

2. 广告在传递过程中产生的信息障碍

这种障碍主要是由媒体造成的。例如在传播过程中广播和电视等模拟信号受到干扰导致声音与图像模糊、不清晰，印刷媒体可能会因为纸张的低劣、印刷水平的限制、编辑的问题影响广告信息的准确传达。

3. 受众在接收广告信息时可能存在的信息障碍

不同的受众具有不同的媒体接触习惯，而这直接影响到广告效果。广告信息能否到达受众，又在多大程度上进入受众心智，这与广告选择的承载媒体、同时段其他信息的传播与干扰、受众个体的状态都有着密切的关系。也就是说，这些元素都有可能构成对广告信息传播的障碍。

4. 受众在对广告信息进行解码的过程中也会产生信息障碍

这种障碍同受众个体人口统计学上的特征联系密切，受众的年龄、性别、受教育水平、职业、收入等都会影响到对广告信息的理解。例如当前日用消费品中通常借助女性作为形象代言人，结果引发了性别不平等在电视广告中得到体现与强化的质疑。同时个体的经历与不同时空条件下的心理也会影响到受众对于广告信息的解码。

广告信息的传递是一个复杂的过程，以上每一个环节都可能会出现问题并进而影响到整个广告活动的效果。为此，要实现受众接受的信息尽可能地接近发送者预期的广告主题，必须进行周密的调查与策划，充分了解市场、消费者、传媒和产品本身。

第三节　5W 理论与广告传播

广告与传播有着特别密切的关系。广告学在其发展的过程中是以整个传播学体系作为自己的依据的，从本质上说广告就是一种信息传播的过程，必须依靠各种传播手段，广告信息才能传递给一定的受众。广告现代化的过程也是和传播技术现代化的过程并驾齐驱的，而作为广告效果的评定，在相当大程度上也取决于其与信息传播学规律的吻合程度。

一、建立广告传播学的客观基础——5W 理论

传播指的是人类交流信息的一种活动，其目的是为了建立共同的认识并共享这种信息。传播学是随着 20 世纪 40 年代到 50 年代间电子传播媒介的飞速发展而形成的，它是研究人类一切传播行为和传播过程发生、发展的规律以及传播与人和社会的关系的学问。

传播学作为一种跨学科研究的产物，同时具有政治、经济、文化、教育、娱乐、技术等方面的特征。由此看出，我们所说的广告具有的"通告"、"诱导"、"教育"的功能都属于传播学的内容之一。

而作为传播学正式形成的第一个标志就是美国学者 H. 拉斯维尔于 1948 年在《传播在社会中的结构与功能》这篇论文中，首次提出了构成传播过程的 5 种基本要素，并按照一定结构顺序将它们排列，形成了后来人们称之为"5W 理论或 5W 模式"、"拉斯维尔程式"的过程模式。这 5 个 W 分别是英语中 5 个疑问代词的第一个字母，即：

①Who（谁）；②Says what（说什么）；③In which channel（通过什么渠

道）；④To whom（向谁说）；⑤With what effect（有什么效果）。

由此可以看出，对于广告而言，拉斯维尔对定义的 5 项分析具有重要的意义，5 个要素构成了广告活动或运作的全部内容。这 5 个 W 对广告效果之间进行了系统的研究，对每一个要素的把握是广告活动能否成功的基础。

（1）广告传播的主题"谁"就是"个人或组织机构"。这是广告传播的第一要素。

广告传播必须明确广告主，这是由于广告传播的目的和责任所决定的。作为商业广告，其目的是向消费者传播商品或提供某种服务信息。当消费者接受到这一信息后需要购买这种商品时，需要了解这是谁生产的。另外，广告传播是要对社会、对消费者负责的，只有明确是谁发出的广告传播，才能真正明确责任。

（2）广告传播的客体是"说什么"，即讯息（或信息）。这是广告传播的第二个要素。

信息具体是指思想观念、感情、态度等，这里的信息不是泛指任何方面的信息，而是限于广告所"诉求"的信息。"诉求"就是"意欲传播"、"意欲告诉受众什么"的意思。广告主只有把诉求的信息传播给受众，才能实现广告传播的目的。

（3）广告传播的第三个要素即"媒介"——"通过什么渠道"。

传播媒介把信息转化为"适当的符号形式"，只有经过这种转换才可能实现跨越时空的传播。这里"适当的符号形式"，意思是指广告传播通过特定的媒介或渠道，把信息变成文字、图像，或变成语言等符号形式，被传播对象所接受。由于选择了不同的媒介和渠道，信息传播方式也会发生改变，信息或者变成文字或者变成图像。

（4）"向谁说"，即"受传者"、"其他人或组织"，是指广告传播的对象，也就是信息的接受者或成为受众。这是广告传播的第四个要素。

广告传播总是针对一定对象进行的。没有对象的传播是毫无意义的，即使传播者不能具体确定接受其广告信息的人在哪里，人数有多少，是哪些人，但这并不妨碍广告传播是针对某些人来进行的。事实上，广告主在开始发起传播活动时，总是以预想中的信息接受者为目标的。

（5）"有什么效果"即"反馈"，是指广告活动不仅是一个信息传播者向接受者发出信息的过程，还包括信息的接受以及由接受者作出反应的反馈过程在内，是传播、接受、反馈活动的总和。这是广告传播的第五个要素。广告传播活动不应看成是一个单向的、直线性的传播，而是由接受者和反馈信息构成的一个不断循环、发展、深化的连续而又完整的过程。

二、广告传播的特点

广告传播是以赢利为目的。企业为主体的广告主所进行的有关商品、劳务、观念等方面的广告信息传播，其特点有：

1. 广告传播是有明确目的的传播

无论赢利性的广告传播或非赢利性的公益广告传播活动都具有明确的目的。例如作为赢利性企业追求的是要把企业的信息尽快地传给潜在的目标受众，实现商品销售，提供服务，获得赢利，维持企业的生存和发展，其目的性是非常明确的。也正是为了实现企业的赢利目的，企业广告主才对广告创意给予高度重视，对广告文案字斟句酌，制定周密的广告传播计划，并要求广告制作能有效地、准确地传递信息，要求"广告上的每一个字、每一个图表和符号都应该有助于你所要传达的讯息的功效"。

2. 广告传播是可以重复的传播

广告信息总是力求所有的目标受众都接受到。对于以赢利为目的的商业广告而言，广告主总是针对潜在消费者策划传播活动。在第一次刊播以后，不可能被每一个目标受众接受，一次传播到达率是极低的，那就需要第二次再播，第三次再播……

同时广告的反复传播也是为了对受众能产生足够的影响力，从而产生认知、感情、态度以至行为方面的影响，达到广告传播的预期目的。

（1）广告传播是复合性的传播。广告传播不是单一渠道进行的，大多数广告主常常通过多种渠道展开复合性传播。其方法一是以大众传播媒介为主体，同其他媒介相配合，即利用报纸、杂志、广播、电视向分布广泛、人数众多、互不相识的受众进行的信息传播。二是以付费的传播为主体与不付费的传播相结合。大众传播媒介需要付费，这是现代广告的基本特点之一。广告主也可以通过自办媒介物开展广告传播活动，虽然其规模较小，传播有限，但可以针对特定受众进行有效的传播活动，并且费用较低。

（2）广告传播是对销售信息严格筛选的传播。一个企业，一种商品，一种服务或观念，可以宣传的方面是很多的，有待于传播的信息是大量的，但是广告传播实际所能传播的内容总是十分有限的。对信息严格地加以筛选是广告传播的又一显著特点。

由于广告传播是付费的传播，购买大众传播的花费是昂贵的，对广告主来说，他所购买的刊载广告的版面或播映的时间是极为有限的，这就要求在有限的条件下传播尽可能多的能吸引消费者的信息。另外由于每一个广告主都要面对着一个严酷的传播竞争环境，即信息接受者的信息取舍。消费者生活在广告信息的汪洋大海中，他们无暇对所有的广告信息关心，他们只对那些新颖的、有趣味的、与自己利益相关的商品信息采取接受的态度。因此无论哪一个企业对广告传播的信息总是惜墨如金，反复思考，精心筛选，以增加有限信息中的"含金量"。

三、广告传播的基本原理

1. 广告传播的诱导性原理

广告传播的诱导性原理就是：广告信息作为外界刺激，作用于受者引起预期的观念改变和购买行为，这是一个可以通过多种手段诱导实现的心理渗透过程。它包括观念的传播、情绪的传播和行为的传播。

广告传播的直接目的是要让接触广告的人了解并接受广告中包含的信息。要实现这一过程，一种情况是在较短的时间内直接通过广告制作的奇特的画面、语言、音响、色彩等引起受众的强烈的兴趣；另一种是通过潜移默化逐步诱导而达成的。诱导受众逐步接受广告宣传的内容，包括接受广告中主张的消费观念、价值观念和生活方式，以一种无形的力量使受众对广告传播者的观点意见趋于认同。诱导力的大小取决于信息的诱导性强弱的程度。策划制作广告的一切努力几乎同提高广告诱导力有关，所以诱导性原理被人们视为指导广告策划、制作、传播的重要依据。

2. 广告传播的二次创造性原理

广告传播的二次创造性原理，不仅表现在传播者在广告的设计制作、选择传播途径等方面，还体现在广告信息的接受者方面。广告信息的接受者会通过再造想象，在接受传播信息的过程中发挥创造性。信息接受者接受信息同样也是一个创意的思维过程，它可以面对无数信息，根据自己的生活经验加以选择性地注意，选择性地理解，选择性地记忆，而后通过想象、联想等一系列心理活动，作出自己的判断和反应。所以从人的创造性发挥的角度来说，广告传播是一个二次创造过程。广告传播者应该深刻了解广告传播过程中二次创造性原理，对制作并传播广告信息是有积极意义的。

3. 广告传播的文化同一性原理

信息在传播中能否被接受或接受程度如何，决定于双方共同的经验区域的大小。共同的经验区域越大，越广阔，传播就越容易，接受程度就越高。也就是说广告传播的效果同传受双方的文化状况密切相关。广告传播客观上要求传播者与接受者有共同的文化基础。文化作为潜在的支配者、诱导者时时刻刻促进或制约着广告传播过程的实现及其效果。

从文化角度来看，广告传播是一种文化活动。要实现有效的传播，广告信息的制作者、传播者与其接受者应具备共同的价值观念、类似的行为模式以及其他文化方面的共同性。这种共同性越多，传播的效果就越佳。它可以根据文化背景共同性的大小确定广告传播方式，同时应注意广告中文化水准要与受众的文化水准相适应。广告制作者应有极强的文化意识，要清醒地看到广告传播在本质上也是一种文化交流，时时从文化的角度去观照广告信息接受者的情况，从文化的角度去调查广告传播成败的深层次的原因。

四、作为传播活动的广告

交流是人类的一个基本的生存方式，而广告也是一种交流活动，因而要想全面了解广告，就必须首先了解一般的交流活动以及特定的大众交流活动。关于这一点，让我们借鉴国外广告学著作经常使用的一个大众传播的现代模式以及对其的解释，作为了解广告运作的第一步。

大众传播是一种通过媒介(诸如广播、杂志、电视、电脑)而非面对面的方式实施传播的传播活动。广告也是大众传播的形式之一。在大众传播学领域中，虽然有许多模式都非常有价值，但在图1-1中只选用了一种现代大众媒介传播模式。这种模式就是将大众传播表现为一种个人之间和机构之间的相互作用过程。它有两个主要部分：制造和接受每个部分都代表着一个半独立的活动。

首先，从模型的左边至右边，我们看见的是传播产生的过程，大众传播的内容在这个过程中被制造出来。如同大众传播的其他形式一样，广告是某些机构(诸如企业、事业单位、广告公司和媒体机构)为制造一定的内容而相互作用的产物(即出现在纸上的印刷广告、出现在电视上的电视广告或出现在电脑屏幕上的互动广告)。广告主的讯息内容，广告公司对目标受众的预测，包括对其在信息需求方面的推断和受众理解广告文案方式的假想，以及承载广告讯息的媒介的传统、规则和约束，这些因素相互之间复杂的作用共同形成了某一条广告。显而易见，广告是集体或社会的产物，而非个人的杰作。

其次，在图的中间，我们看见协调沟通正处在传播过程的制造阶段与接受阶段之间。制造者的讯息和接受者的意图在传播活动中同时起作用，协调沟通就是理解的过程。对于任何一位消费者来说，讯息都是对社会的反映，不是与世隔绝的某个个人闭门造车的结果，而是对他所了解的讯息制造者、

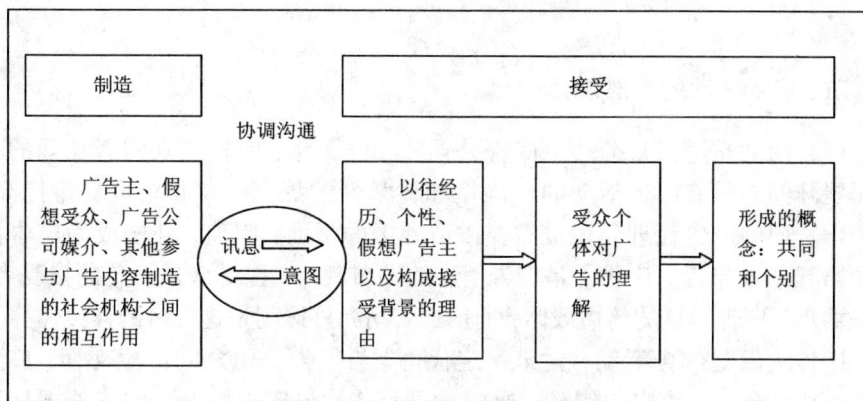

图1-1 大众媒介传播模式

其他接受者以及商品、服务和讯息赖以生存的社会作出的必然反应。当然，无可否认，所有这些理解活动都以极快的速度发生着，没有经过多少思考。然而，人们毕竟对广告有了一定的认识。人们对广告的理解水平可能很浅（仅仅停留在认知水平上），也可能很深（对广告进行深入、细致的处理），但无论怎样，肯定有所理解，尽管这个理解的过程迅速且不易察觉。作为消费文化中的一员，消费者个人从小的时候起就学会了识别广告，并能作出非常成熟的理解。

再次，制造过程和接受过程都是相对独立的。因为讯息的制造者虽然可以控制广告的形式以及在媒介上的发布位置，但他们却无法控制甚至无法密切监督受众对广告的实际接受和理解情况。广告主根本无法直接观察受众个人接受广告的情况，而受众则完全可以按照自己的意愿来理解广告（当然，绝大多数受众对广告的理解也不是完全"本能的"）。同样，受众个人也不可能对讯息的实际制作有多少控制或影响。正是由于传播的这些因素，图中的传播模型才表示制造者和接受者都是"假定的"，也就是说，双方彼此虽然没有明显的直接接触，但对对方的情况都大致了解。

最后，图中的模型强调了这样一个观点，即没有哪条广告包含的意义对所有的受众都一样。打个简单的比方，女鞋广告对女性的意义肯定有别于男性对其的看法。因而，广告对受众的意义还要由其自身来决定。虽然受众个体对广告的理解会有一定的差异，但其接近的程度却足以让广告产生效果。如果同一群受众中的成员具有相似的背景、社会地位和目标，那么，他们通常会在某一条广告中体会到非常接近的价值，这样，广告便可以实现自己的目标了。

五、广告活动的一般规律

广告活动是通过广告主、广告公司、广告媒介、广告受众四者之间的互动而展开的。随着广告活动的精确性和科学性的提高，专业化也日益提高。一个再全面的广告代理公司也需要邀请外援的帮助，因而，外援成为广告活动的第五个参与者。广告主是广告信息的发布者，广告受众是信息的接受者，广告媒介是广告信息的传播载体，而广告公司和外援则是这三者的连接体。

广告主发起广告活动，付出一定代价，与广告公司之间产生交换；广告公司承揽业务，制作广告作品，通过代理行为，与广告媒介交易；外援接受广告公司的要求，提供专门性的服务；广告媒介出卖时间和版面，发布广告信息，传达给消费者，从而完成广告交易过程。这就是广告活动的一般规律，如图 1－2 所示。

1. 广告主

广告主主要是指商品生产者、服务机构、转卖商（包括零售商、批发商和经销商）以及政府机构和社会团体。它是整个广告活动的起点。广告主发起广告活动，它寻找代理商，通过与广告代理公司的交换与合作，达成自身的广告目标，满足经济利益，获得更多效益。

2. 广告公司

广告公司是广告市场的经营主体之一。目前有综合型的全面代理公司、专门化的代理公司（包括创意公司、媒介购买公司以及企业和媒介专属的广告公司）。在广告市场的整体活动中，广告公司居于核心的地位。通过承揽广告业务，广告公司与广告主形成了合作关系，通过自身的专业化广告运作，广告公司完成整个广告的策划活动；广告公司通过代理向广告媒体购买广告版面和时段，将广告信息向最广大人群投放，争取目标受众，以达成广告目标。通过自身的服务代理行为，广告公司获取经济效益。目前，我国广告市场的现状是，尚未建立起以广告代理为核心的合理的运作机制，以及以广告代理为主干的合理的市场结构和体系，广告市场仍处于发育阶段。

3. 外援

随着整合营销传播的盛行以及广告业中专业化程度的提高，即使全面代理广告公司也无法完整出色地完成每一项活动，因而，外援在广告活动中担负起日益重要的角色。虽然广告公司可以给广告主提供许多服务，并且正在

广告主

商品生产者　服务机构　零售商、批发商和经销商
政府机构和社会团体

广告公司

全面代理公司　　创意公司　　媒介购买公司
企业和媒介专属的广告公司等

外援

营销和广告调查公司　制作公司　咨询顾问公司
其他传播公司等

广告媒介

电子媒介　印刷媒介　互动媒介　辅助性媒介
媒介集团等

广告受众

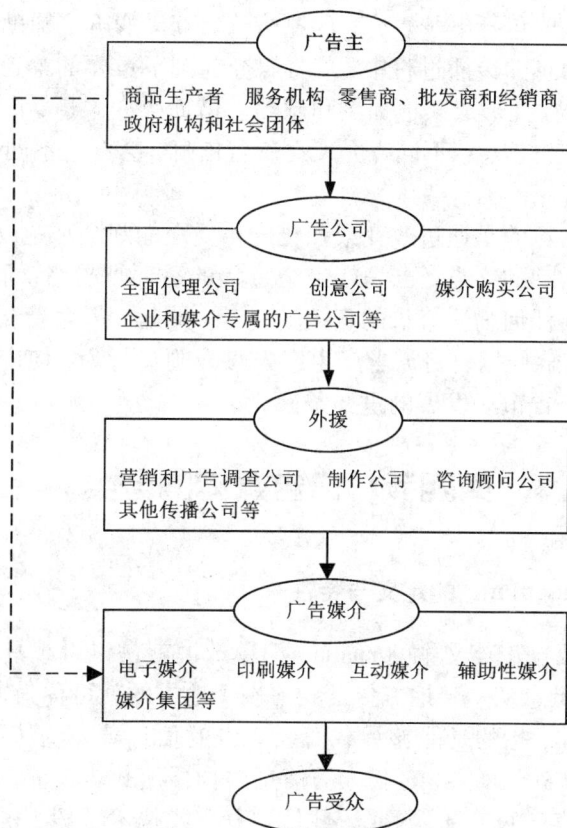

图1-2　广告活动图示

增设更多的服务项目，但广告主往往要依靠专门的外援进行广告的策划、准备和发布。外援就是指向广告主和广告公司提供专门服务的组织或者个人。这些外援通常包括营销和广告调查公司(为广告主调查产品潜在市场或消费者对产品或服务的看法，以及提供效果测定)、制作公司(在广告的制作过程中和过程后提供一些必不可少的服务)、咨询顾问公司(就广告活动的相关领域提供咨询服务)以及其他传播公司(主要包括公共关系公司、直销营销公司和销售推广专业公司)。

4. 广告媒介

在规范化的广告市场运行中，广告媒介担当的角色主要是广告信息的发

布者。媒介是广告媒体资源的供应者，通过出卖版面或时段来获取经济效益。媒介组织主要包括电子媒介、印刷媒介、互动媒介、辅助性媒介和媒介集团。在广告信息的传播过程中，广告媒介起到了重要的渠道作用。对于广告市场而言，它往往形成渠道提供和制约。借助媒介渠道，广告公司向广告目标受众传播广告信息。不同媒介发送广告信息，会到达不同受众。

5. 受众

广告活动的目的是通过改变或强化广告受众的观念来达成广告目标。受众是整个广告活动的终点，也是广告全过程的重要评价者。在广告活动中，受众是无须付出任何物质代价的直接受益者。同时，广大受众通过广告了解商品或服务信息，依据自身需求产生广告媒介购买行为，使广告目标得以实现。这是推动广告市场发展的重要条件。

第四节　广告媒体的分类

一、媒体(medium)的定义与特性

媒体一词源自于英文中的 media，简单地说就是讯讯载具(message carrier)，凡是能把讯息从一个地方传送到另一个地方的就可称为媒体，在商业广告中所称的媒体，指的是能够承载商业广告的信息载体。从传播学角度看，媒体通常是指传达、增大、延长人类信息的物质形式。媒体是人借助用来传递信息与获取信息的工具、渠道、载体、中介或技术手段，也可以理解为从事信息的采集、加工制作和传播的组织，即传播机构。而被运用向消费者传递广告信息的媒体，就是广告媒体。一般来说，我们在讨论广告媒体的概念时，把它当做一种工具来认识；在制定广告媒体策略时，将涉及具体的传播媒体机构。广告媒体是指借以实现广告主与广告对象之间联系的物质或工具。凡是能刊载、播映、播放广告作品，在广告宣传中起传播广告信息作用的物质都可称为广告媒体，例如，大众传播媒体(包括电视、广播、报纸、杂志)、路牌、交通工具、互联网、霓虹灯、商品陈列、橱窗、包装物以及产品说明书、企业名录等。

广告媒体能够及时、准确地把广告主的商品、劳务和观念等方面的信息传送给目标消费者，刺激需求，指导消费；能够吸引受众阅读、收看(听)有关的信息；能够唤起受众接触媒体的兴趣，使消费者有可能接受到相关的广告信息；能够适应广告主的选择应用，满足对信息传播的各种需求。

通过广告公司的代理,广告沟通了广告客户和消费者之间的联系,使信息发送和接收成为可能。

广告媒体使得企业的信息交流能够顺利进行。通过广告和公共关系,企业加强整合营销传播。而广告和公共关系都需要通过媒体传播有关的信息,直接或间接地影响消费者,达到沟通的目的。

广告和媒体相互依存。在大众传媒经营活动中,大众传媒提供各种信息服务,需要一定的资金支持,而广告收入则是其主要的经济支柱。作为一种信息服务,广告传播需要依存于节目、版面中,凭借公众对大众传媒的信任和好感而达到一定的效果。这种相互依存的关系促进双方的发展。

二、商业媒体特性

(1)大众性。现代工业的大量生产,导致行销地域的再扩大,因而使为行销服务的媒体也必须是面对大众传播,因此商业广告谈的媒体指的是大众媒体。

(2)可控制性。商业广告是一种投资行为,投资行为的本质是以较少量的投入换取较大量的回馈。在投资上即必须具有可控制性,以求达到预期的回馈,然后以回馈检视投资的正确性。同时,在投资的本质及检视的需要下,商业媒体必须具有明确的可评估性。

(3)付费。商业媒体的另一个特性为商业性。所谓商业性的意义是媒体依赖广告为主要盈利来源,所以具有付费特性。媒体的角色与功能当然不仅是盈利,然而媒体定价的主要根据却是其对大众的影响力。

三、广告媒体分类

根据不同的需要和标准,可以将广告划分为不同的类别。按照广告的最终目的将广告分为商业广告和非商业广告;又如根据广告产品的生命周期划分,可以将广告分为产品导入期广告、产品成长期广告、产品成熟期广告、产品衰退期广告;或按照广告内容所涉及的领域将广告划分为经济广告、文化广告、社会广告等类别。不同的标准和角度有不同的分类方法,对广告类别的划分并没有绝对的界限,主要是为了提供一个切入的角度,以便更好地发挥广告的功效,更有效地制订广告策略,从而正确地选择和使用广告媒介。以下介绍一些较常运用到的广告类别。

1. 按照广告诉求方式分类

广告的诉求方式就是广告的表现策略,即解决广告的表达方式——"怎么说"的问题。它是广告所要传达的重点，包含着"对谁说"和"说什么"两个方面的内容。通过借用适当的广告表达方式来激发消费者的潜在需要，促使其产生相应的行为，以取得广告者所预期的效果。可以将广告分为理性诉求广告和感性诉求广告两大类。

(1)理性诉求广告：广告通常采用摆事实、讲道理的方式，通过向广告受众提供信息，展示或介绍有关的广告物，有理有据地进行论证接受该广告信息能带给他们的好处，使受众理性思考、权衡利弊后能被说服而最终采取行动。如家庭耐用品广告、房地产广告较多采用理性诉求方式。

(2)感性诉求广告：广告采用感性的表现形式，以人们的喜怒哀乐等情绪和亲情、友情、爱情以及道德感等情感为基础，对受众诉之以情、动之以情，激发人们对真善美的向往并使之移情于广告物，从而在受众的心中占有一席之地，使受众对广告物产生好感，最终发生相应的行为变化。如日用品广告、食品广告、公益广告等常采用这种感性诉求的方法。

2. 按照广告媒介的使用分类

按广告媒介的物理性质进行分类是较常使用的一种广告分类方法。使用不同的媒介，广告就具有不同的特点。在实践中，选用何种媒介作为广告载体是制定广告媒介策略所要考虑的一个核心内容。传统的媒介划分是将传播性质、传播方式较接近的广告媒介归为一类。因此，一般有以下七类广告：

(1)印刷媒介广告，也称为平面媒体广告，即刊登于报纸、杂志、招贴、海报、宣传单、包装等媒介上的广告。

(2)电子媒介广告，是以电子媒介如广播、电视、电影等为传播载体的广告。

(3)户外媒介广告，是利用路牌、交通工具、霓虹灯等户外媒介所作的广告。还有利用热气球、飞艇甚至云层等作为媒介的空中广告。

(4)直邮广告，通过邮寄途径将传单、商品目录、订购单、产品信息等形式的广告直接传递给特定的组织或个人。

(5)销售现场广告，又称为售点广告或POP广告(Point of Purchase)，就是在商场或展销会等场所，通过实物展示、演示等方式进行广告信息的传播。有橱窗展示、商品陈列、模特表演、彩旗、条幅、展板等形式。

(6)数字互联媒介广告，是利用互联网作为传播载体的新兴广告形式之一，具有针对性、互动性强，传播范围广，反馈迅捷等特点，发展前景广阔。

(7)其他媒介广告，利用新闻发布会、体育活动、年历、各种文娱活动等形式而开展的广告。

以上这几种根据媒介来划分广告的方法较为传统。当今整合营销时代，是以整合营销传播的观点，针对目标受众的活动区域和范围，将广告分为：家中媒介广告如报纸、电视、杂志、直邮等媒介形式的广告；途中媒介广告如路牌、交通、霓虹灯等媒介形式的广告；购买地点媒介广告等。

随着科学技术水平的不断提高与发展，媒介的开发和使用也是日新月异地变化着，新兴媒介不断进入人们的视野，成为广告形式日益丰富的催化剂。

3. 按照广告目的分类

制定广告计划的前提是必须首先明确广告目的，才能做到有的放矢。根据广告目的确定广告内容和广告投放时机、广告所要采用的形式和媒介，可以将广告分为产品广告、企业广告、品牌广告、观念广告等。

（1）产品广告，又称商品广告。是以促进产品的销售为目的，通过向目标受众介绍有关商品信息，突出商品的特性，以引起目标受众和潜在消费者的关注。力求产生直接和即时的广告效果，在他们的心目中留下美好的产品形象。从而为提高产品的市场占有率，最终实现企业的目标埋下伏笔。

（2）企业广告，又称企业形象广告。是以树立企业形象，宣传企业理念，提高企业知名度为直接目的的广告。虽然企业广告的最终目的是为了实现利润，但它一般着眼于长远的营销目标和效果，侧重于传播企业的信念、宗旨或是企业的历史、发展状况、经营情况等信息，以改善和促进企业与公众的关系，增进企业的知名度和美誉度。它对产品的销售可能不会有立竿见影的效果。但由于企业声望的提高，使企业在公众心目中留下了较美好的印象，对加速企业的发展具有其他类别的广告所不具备的优势，是一种战略意义上的广告。具体还可以分为企业声誉广告、售后服务广告等类别。

（3）品牌广告，是以树立产品的品牌形象，提高品牌的市场占有率为直接目的，突出传播品牌的个性以塑造品牌的良好形象。品牌广告不直接介绍产品，而是以品牌作为传播的重心，从而为铺设经销渠道、促进该品牌下的产品的销售起到很好的配合作用。

（4）观念广告，即企业对影响到自身生存与发展的，并且也与公众的根本利益息息相关的问题发表看法，以引起公众和舆论的关注，最终达到影响政府立法或制定有利于本行业发展的政策与法规，或者是指以建立、改变某种消费观念和消费习惯的广告。观念广告有助于企业获得长远利益。

4. 按照广告传播区域分类

根据营销目标和市场区域的不同，广告传播的范围也就有很大的不同。

按照广告媒介的信息传播区域，可以将广告分为国际性广告、全国性广告和地区性广告等。

（1）国际性广告，又称为全球性广告，是广告主为实现国际营销目标，通过国际跨国传播媒介或者国外目标市场的传播媒介策划实施的广告活动。它在媒介选择和广告的制作技巧上都较能针对目标市场的受众心理特点和需求，是争取国外消费者，使产品迅速进入国际市场和开拓国际市场必不可少的手段。

（2）全国性广告，即面向全国受众而选择全国性的大众传播媒介的广告。这种广告的覆盖区域大、受众人数多、影响范围广、广告媒介费用高，较适用于地区差异小、通用性强、销量大的产品。因全国性广告的受众地域跨度大，广告应注意不同地区受众的接受特点。

（3）地区性广告，多是为配合企业的市场营销策略而限定在某一地区传播的广告，可分为地方性广告和区域性广告。地方性广告又称零售广告，为了配合密集型市场营销策略的实施，广告多采用地方报纸、电台、电视台、路牌等地方性的传播媒介，来促使受众使用或购买其产品，常见于生活消费品的广告，以联合广告的形式，由企业和零售店铺共同分担广告费用。其广告主一般为零售业、地产物业、服装业、地方工业等地方性企业。区域性广告是限定在国内一定区域如华南区、华北区或是在某个省份开展的广告活动。开展区域性广告的产品往往是地区选择性或是区域性需求较强的产品，如加湿器、防滑用具、游泳器材等。它是差异性市场营销策略的一个组成部分。

5. 按照广告的传播对象划分

各个不同的主体对象在商品的流通消费过程中所处的地位和发挥的作用是不同的。为配合企业的市场营销策略，广告信息的传播也就要针对不同的受众采用不同的策略。依据广告所指向的传播对象，可以将广告划分为工业企业广告、经销商广告、消费者广告、专业广告等。

（1）工业企业广告，又可称为生产资料广告。主要是向工业企业传播有关原材料、机械器材、零配件等生产资料的信息，常在专业杂志或专用媒体上发布广告。

（2）经销商广告，就是以经销商为传播对象的广告。它以获取大宗交易的订单为目的，向相关的进出口商、批发商、零售商、经销商提供样本、商品目录等商品信息，比较注重在专业贸易杂志上刊登广告。

（3）消费者广告，其传播对象直接指向商品的最终消费者，是由商品生产者或是经销商向消费者传播其商品的广告。

（4）专业广告，主要是针对职业团体或专业人士。他们由于专业身份、社会地位的特殊性和权威性，具有对社会消费行为的一定影响力，是购买决策的倡议者、影响者和鼓动者，如医生、美容师、建筑设计人员等。此类广告多介绍专业产品，选择专业媒介发布。

6. 按照媒体传播信息的时间分类

按照媒体传播信息时间的长短可以分为瞬间性媒体、短期性媒体和长期性媒体。

（1）瞬间性媒体，如电视、广播、电影幻灯等。

（2）短期性媒体，如报纸、海报、橱窗、广告牌等。

（3）长期性媒体，如产品说明书、产品包装、厂牌、商标、挂历等。

7. 按照媒体的统计程度分类

按照对媒体的广告发布数量和广告收费标准的统计程度来划分，可以分为计量媒体和非计量媒体。

（1）计量媒体，如电视、广播、报纸、杂志等。

（2）非计量媒体，如橱窗、戏剧及其他表演等。

8. 按照媒体传播内容分类

按照媒体传播内容来分类，可以分为单一性媒体和综合性媒体。

（1）单一性媒体，指只能传播某一种或某一方面的广告信息内容的媒体，如包装、橱窗、霓虹灯等。

（2）综合性媒体，指能够同时传播多种广告信息内容的媒体，如电视、广播、报纸、杂志等。

9. 按照媒体的关系分类

按照媒体与其广告主的关系来分类，可以分为间接媒体和专用媒体（或租用媒体和自有媒体）。

（1）间接媒体（或租用媒体），是指广告主通过租赁、购买等方式间接利用的媒体，如电视、广播、报纸、杂志、公共设施等。

（2）专用媒体（或自有媒体），是指属于广告主所有并能为广告主直接使用的媒体，如产品包装、邮寄、传单、橱窗、霓虹灯、挂历、展销会、宣传车等。

了解媒体的分类，一方面可以在选择广告媒体时，更准确地把握其特点，另一方面可以根据所要宣传的商品的特点、要宣传的广告内容及其表现手法，对同一类媒体进行比较，以选出最佳的广告媒体。

　　总之，不同的广告分类方法具有不同的目的和出发点，但它们都最终取决于广告主的需要或是企业营销策略的需要。特别是对于企业而言，广告是其市场营销的有力配合手段和工具。广告实践的发展会使广告的分类不断地发生变化。广告分类是我们认识广告、充分发挥广告作用的一种方法。

第五节　广告媒体的功能与作用

一、广告媒体的功能

　　广告媒体的功能较为复杂，可以从不同角度理解与解读，主要有以下几方面的功能：

　　1. 传播功能

　　美国著名传播专家施拉姆在《传播学概念》中写道："媒体就是在传播过程中，用以扩大并延伸信息的传播工具。"可见，广告媒体具有筛选、加工、扩散信息的功能。

　　2. 吸引功能

　　广告媒体是传播一定信息或宣传特定内容的工具与手段，因而广告媒体自身就具有一定的特色和吸引力，这种特色和吸引力，会强有力地吸引特定的消费者。因此，如果能将符合这种媒体特色的广告刊登其上，其宣传效果就会成倍增长。

　　3. 服务功能

　　广告媒体可以根据自身的特点，为广告主、广告经营机构、媒体受众提供有用的、真实的信息，满足不同层次的需要。广告主可以将企业的经营特色、产品等方面的供给信息提供给目标市场；广告经营机构可以通过广告媒体发布供求双方面的信息；广大受众可以通过广告媒体了解各种品牌产品方面的信息，为他们的购买决策提供依据。

　　4. 适应功能

　　广告媒体多种多样，可以适应不同广告信息的传播性质与要求，因而就可以满足不同广告主与广告公司的信息传播需要。不同广告主的广告商品具有不同的广告对象、广告地区和不同的宣传形式，同时也要受广告主自身经费的多少与周围环境(社会、市场、竞争等环境)的限制，因此就产生对广告媒体各自不同的要求。广告媒体的这种高度灵活和适应能力，能充分地满足广告信息的这些特定需要，更好地为广告宣传服务。

二、广告媒体的作用

1. 承载信息，传达信息

承载信息、传达信息即广告媒体可以承载广告信息，并且可以把它传达给目标受众。当然，不同的媒体承载的广告信息在数量、内容等方面是有差异的，同时，在传播的速度、范围等方面也是有差别的。

2. 吸引公众，接触公众

吸引公众、接触公众即广告媒体可以吸引不同的公众，使他们接触媒体，进而接受媒体传播的信息。各种广告媒体都拥有一定数量的接触者，如报纸读者、杂志读者、电视公众、电台听众等。但是，在吸引能力方面各种媒体是有差别的。

3. 适应需求，满足需求

适应需求、满足需求即广告媒体可以适应、满足不同广告主在利用广告媒体传播广告信息时的不同目的和需求，并设法满足这些要求。例如，传播时间的要求、信息容量的要求、信息表达方式的要求等。当然，不同媒体适应要求的能力也是有差别的。

4. 充当中介，做好中介

广告媒体是广告主与广告受众之间的桥梁，所起的作用是通过这一桥梁，把广告信息由广告主一方传递到广告受众一方，一旦信息到达广告受众，它的使命即告完成。广告媒体不是广告信息本身，"媒体（媒介）"的字面含义就充分表现了这一点。

第六节　广告媒体的新发展

随着人类社会的持续发展和科学技术的不断进步，广告媒体也在变化着、发展着。从古代的一些简单的传播媒体，如叫卖、招牌、烽火等，发展到后来的大众媒体，尤其是在现代社会，新兴的广告媒体物质被广泛采用，并且上升到领先地位，如电子媒体的影响远远超过了报纸、杂志等印刷媒体，尤其是网络媒体更是后来居上，使得现代广告媒体在现代材料科学、光电科学、印刷科技等自然科学和摄影艺术、绘画艺术、音响科技等人文艺术的支撑下影响和诱导着我们的生活消费、思维观念和物质文化领域。

一、广告向空中发展

当今社会，广告无孔不入，为标新立异而绞尽脑汁的广告商们已经开始打火箭和卫星的主意了。1992 年 3 月底，美国发射的运载火箭上携有的广告是美国电影明星诺尔德·施瓦辛格和他主演的《末路英雄》。施瓦辛格的名字出现在六个外部火箭助推器的表面上，而 16 米高的火箭主体的外壳上则装点着电影的名称《末路英雄》几个字，就连火箭所运送的科学卫星的表面也有这部惊险动作影片的广告标志。据说，这次火箭发射有 20 多个投标竞争者要把自己的广告打入太空，开广告上天之先河，而最终哥伦比亚电影公司花了 50 万美元得到了这次机会。虽然广告随运载火箭上天之后，只有宇航员能看到，但是通过媒体的宣传，以及这个事件本身所制造出的新闻效应，对这部影片所起到的宣传作用却是巨大的。

二、各种电话步入广告媒体

电话从最初意义上的听觉系统的通信工具发展为各类信息包括广告信息的传播媒体，是一个必然趋势。加拿大的一家广告公司，以家庭电话为目标，开创了电话广告业务。使用这家公司的电话系统，每当使用者拨完电话号码后，首先接通的是长约 4 秒钟的广告信息，如"某百货公司七折大酬宾"、"某餐厅即日起推出节日大餐"等，广告插播完毕后，通话线路才接通。

在我国，随着经济的快速发展，电话也早已经深入千家万户，许多城市的电信局都建立了信息服务台，可以为用户提供诸如电影的场次、城市的饮食服务点、旅游路线等服务信息，这其实就是一种广告业务。

进入 2000 年后，手机越来越普及，也越来越先进，截至 2004 年 10 月，国内移动手机用户达到 32503.4 万户，2010 年，则达到 6 亿户。中国的全球第一移动市场的地位更加巩固，而彩屏手机、彩信手机、智能手机已经成为市场的主流，高像素照相功能手机、运营商制定手机、双模双卡手机、MP3 音乐手机等也已经纷纷登台亮相。与此同时，手机作为新的广告媒体，也成为广告商们的新宠。广告主们利用手机接收短信的功能，把广告信息编辑成短信，发送给一定区域内的手机用户，这种手机短信广告不仅内容简要，而且发布及时。有些广告主也会发布彩信广告，图文并茂，生动形象。而手机上网功能的普及，也为广告主发布广告信息提供了新的平台。

三、广告媒体技术多样化

广告媒体技术的多样化，主要表现在两个方面：一是媒体技术种类的多样化；二是大众化主要媒体技术的改进。

媒体种类的多样化，除具体表现在四大广告媒体外，还随着现代通信技术的发展，衍生出许多形形色色的广告媒体技术，如网络、电话、录音、录像、图文传真、计算机通信、卫星通信、激光、电子广告牌、光纤广告、空中广告等。比如光纤媒体利用光导纤维技术来传输广告信息的图像，这种广告形式与电子显示广告相比，图像更加清晰，色彩更加艳丽。而在一些发达国家的大城市中，光纤广告既起到了传递广告信息的作用，同时又美化了城市。

由于高科技的应用，在发展出新的媒体技术的同时，发展了原有媒体的制作技术。摄像、摄影、制版及印刷技术的发展和改进，使广告媒体技术发生了质的飞跃。在这方面，最典型的范例是电视技术的改进，例如交互式－网络电视即 interactive personality television 的出现，过去的电视节目，一旦错过时间就看不到了，现在什么时间想看都可以，如果昨天有某个节目没看完，改天还可以接着看。

此外，近年来电子技术在广告测试方面也获得广泛应用，它使广告活动增加了科学性，为广告宣传效果的测定提供了客观依据，使对广告的效果描述进入了量化阶段，使广告目标命中率更高，效果更加明显。

四、互联网广告潜力无限

互联网最初由美国政府建立，其前身是20世纪60年代美国国防部研究计划署（ARPA）资助建立的 ARPAnet 网络，该网络把美国的部分军事机构和学术研究机构的计算机连接起来，主要用于科学研究和学术交流。进入20世纪90年代，互联网用户不断增多，互联网逐渐发展成为继报纸、杂志、广播、电视之后的第五大媒体。由于互联网网站众多，网上的信息非常繁杂，于是一种新的服务开始出现。很多网络服务商建立专门的网站为用户提供信息搜索服务，从而成为网络的进入门户，这些网站访问人数众多，一些生产厂商看到其中的巨大商业机会，从而在网络上发布产品信息，由此诞生了一种新的广告形式——互联网广告。与此同时，很多具有实力的传统广告公司及生产厂商建立自己的网站寻求网上商机，并在网络上发布产品信息和销售产品，众多企业的介入极大地促进了互联网广告的发展。

　　而由于互联网广告是一种推拉交互式的广告，即企业制作互联网网上广告(推动)，用户选择广告(拉近)，若用户对广告产生兴趣，可以进一步查询或直接在网上下订单(交互)，企业在进行互联网广告的同时，可以展开网上营销。

　　互联网广告种类非常之多，同时也有新闻、软文页面中的植入式广告等。比如说在网络游戏场景中，设置某品牌的广告，玩家在休闲娱乐的过程中不知不觉地就接触到了广告。有数据显示，只有17.76%的人看到电视广告不换台继续看下去，有50%的人看到电视广告就换台，但是像这种植入游戏中的广告，人们会不知不觉地接受它。

思考与实践

1. 广告的发展经历了哪几个时期？每个时期各有什么特点？
2. 广告信息可以分为哪几类？各有什么特点？
3. 试解释说明5W理论。
4. 什么是广告媒体？广告媒体可以分为哪几类？

第二章

广告媒体的特点

本章内容提要

　　报纸、杂志、电视、广播是最为常见的广告媒体，相比之下，这些媒体在传递广告信息方面各有优缺点，所以在广告运作中，应该根据产品或服务的受众的具体情况而选择合适的广告媒体。我们经常接触的广告媒体，还有电影院和录像带广告、户外广告、空中广告和流动广告牌、店内媒体、交通广告、黄页广告、电影和电视中的产品陈列等。此外，新媒体也与我们的生活越来越密切，如网络、手机、网络电视、楼宇广告电视、博客。传统媒体与新媒体之间并不能相互取代，而是相互补充、共同发展的关系。

关键名词

　　四大广告媒体　户外广告　交通广告　产品陈列新媒体

第一节　四大广告媒体的特点

一、大众传播媒体

大众传播媒体主要是指报纸、杂志、电视、广播、电影等媒体。特别是前四种，是广告传播活动中最为经常运用的媒体，通常被称为四大广告媒体。

（一）报纸

报纸广告在与其他媒体的竞争中耗费了高额费用；再加上报纸生产成本的上升导致了报业内部的合并。合并有利于采用新技术解决报纸媒体存在的问题，如印刷质量差，缺少声音、动作、颜色等。在线销量信息系统、电子图书馆、数据库出版和卫星传输的引进都是新技术给报业带来的改进。

报业也努力吸取杂志和广播（市场选择性）还有电视（全面的市场覆盖）的长处。市场选择性指媒体可以以特殊的消费者群体为对象。专门性报纸和自由式插页是典型的例子。如美国的《华尔街日报》和《金融时报》属于专门性的报纸，它们都集中在金融领域。广告主可以把自由插页放在有一定投递区域或邮递人群的报纸里。美国的《休斯敦邮报》就为 Arby's 公司将其西班牙语插页分发到西班牙语社区。

1. 报纸的结构

报纸可以依据三个标准分类：出版频率（每天或每周等）、规格和发行量。

出版频率。报纸一天或一周出版一次。例如美国现在大约共有 1530 种日报和 8000 种周报。日报通常在城市和较大的镇上发行，有早报、晚报和全日三种形式。早报的内容主要是对前一天发生的事件进行更为全面的报道，包括本地和全国新闻的详细报道和各种商业、金融、体育消息。晚报追踪当天新闻，并提前报道次天事件。它比早报更倾向于报道娱乐消息和新闻特写。如美国的《旧金山观察》是晚报典型的例子。大约 30% 的日报和少数周报也发行周末特刊。《芝加哥太阳报》就同时发行早报周末特刊。周末特刊比平时的要厚，含有大量新闻、广告和特别报道。城镇、郊区和小型城市更多的是发行周报，因为在这些地方，无论是新闻量还是广告量都不足以发行日报。这些周报强调的是地区新闻，他们深入报道本地新闻，忽略全国性新闻、体育新闻等。全国性广告主一般都避免在周报上做广告，因为所需费用太高，发行量又与日报差不多，还涉及到广告必须分散在不同的报纸上而导致令人头疼的管理问题。

规格。报纸的规格有对开大报和四开小报两种。在我国，报纸读者并没有特殊的倾向，喜欢阅读对开大报和喜欢阅读4开小报的读者各占约四分之一的比例，而超过一半的读者对报纸的规格尺寸持无所谓的态度。相对而言，北京、上海和武汉的读者对小报较为青睐，而成都和西安的读者对大报则情有独钟。报纸的格式不是固定僵化的，如美国的《今日美国》的成功表明，报纸能够并且一定会适应变化着的消费口味。《今日美国》的故事简单活泼，配以鲜明的图画，全部用彩色印刷，还有一系列的图表帮助读者简化当天的大事。而美国的《全日新闻》则是以小说形式编辑报纸的例子，它是受了《今日美国》的启发，为吸引年轻读者而设计的。

发行量。总的来说，报纸属于大众传播媒体，它试图接触到某个地区或国家的所有受众。为数不多的报纸在全国范围内发行，如《伦敦时报》和《今日美国》。这类报纸的发行量远远超过了那些只在部分地区发行的报纸的销量。有些报纸试图用别的方法接触到目标受众。最常见的是针对少数民族和非英语的外来人口的报纸。在美国，有超过200种报纸以黑人为主要对象。仅在纽约市，就有用汉语、西班牙语、俄语、意大利语、德语和越南语等各种语言出版的报纸。AT&T利用以美国黑人、亚洲人和西班牙人为主要读者的报纸来扩大其在地方的影响。和主流报纸一样，大多数这类报纸的广告主都是地方零售商，特别是外来民族开的餐馆、旅行社、银行和店铺。专门性的报纸适用于特殊的利益集团、宗教团体、政治同盟、工会以及专业性和友爱性的组织。

2. 报纸的读者

所有收入阶层、受教育程度、年龄、民族背景不同的人都是报纸的读者，他们广泛分布在城市、郊区、小镇、旅游胜地和农村地区。所有的统计指标都表明，报纸是一种坚实的大众传播媒体，大约68%的成年人都受其影响。在美国，经常读日报的人倾向于成为《星期日报》最忠实的读者，近一半的成年人接受《星期日报》和《周末报》的上门递送服务。在中等城市，报纸的递送程度是最高的，而在农村地区和大都市则是最低的。根据历史经验，20岁上下的年轻人很少阅读报纸。专家们担心，新兴的信息传播渠道的增加意味着新一代的年轻人不会再遵循这个趋势。

3. 报纸的广告

报纸上的广告大致分为三类：分类广告、展示广告和增刊广告。

分类广告。分类广告通常包含所有形式的商业信息，这些信息根据读者的兴趣被分成若干类，例如"求助"、"代售地产"、"代售汽车"等。这类广告大约占全部广告收入的40%。发展最快的一个领域就是在线分类广告。报纸是免费提供在线分类广告的，他们通过提高在线分类广告的费率来补贴成本。

展示广告。这是报纸广告最重要的一种形式。除了编辑区的任何版面，它都可以以任何大小的篇幅出现。展示广告可以进一步分为两类：地方性的（零售性的）和全国性的（一般性的）。全国和国际性的公司、组织和名人用全国性的展示广告来维持其品牌的影响力，或者支持地方零售商和促销活动。区域性的公司、组织和个人则以较低的费用刊登地方性的展示广告。两者的不同就体现在广告费用的差异上。

增刊广告。全国性和地方性的广告都可以在增刊上刊登广告。所谓增刊广告，是在一个星期内、主要是在报纸的周日版出现的，是辛迪加式或是地方单独刊登的彩色广告插页。目前很流行的是杂志式的增刊广告，它包括两种形式，一种形式是辛迪加式或是地方单独刊登的。独立出版商制作并且将企业联合的增刊广告分发给全国各地的报纸，出版商的商标和地方报纸一起出现在报头上，最有名的例子是美国周末（USA Weekend）。同一地区的一家或多家报纸都能制作地区性增刊广告。不管以哪种形式编辑，杂志的增刊广告从内容到形式上都更像杂志，而不是报纸。另一种形式的报纸增刊广告是自由式插入广告，或称作自由插页。这些提前印好的广告可以是一页，也可以多至30页，可以是黑白的，也可以是彩色的。它在其他地方事先印刷好，然后送到报社那里。因为要插入这些广告，报社要向广告主收取酬金，如果要在特定的某一期插入，还要另外收一定比例的费用。这种形式的报纸广告在零售商广告主的作用下普及得非常快。原因在于：它能更好地控制印刷质量和色彩精确度，且是很好的优惠券的载体。

4. 报纸的优势

市场覆盖范围。广告主可以通过报纸以很低的成本触及各种地方或区域市场，有独特偏好的群体、种族或是民族团体。

选择性购物。消费者可以利用报纸来进行有选择性的购物，因此，它对有明显竞争优势产品的广告主来说是非常有利的。

积极的消费者态度。一般的读者认为，报纸包括其广告，是及时和可信的信息来源。特别是因为消费者能够根据自己的需要选择什么时候读报，怎么读报，所以他们对待报纸广告的态度是相对积极的。

灵活性。报纸有地理上的灵活性：广告主可以选择在某些市场做广告，在某些市场不做。报纸还有制作上的灵活性：可变的广告格式，彩色广告，自由式插入广告，地区差别定价，样品展示，增刊广告……都是报纸广告的选择。

全国和地区间的互动。报纸为全国性的广告主和地区零售商提供了一个联系的桥梁。一个地区零售商可以通过刊登相似的广告很容易地参与到全国性的竞争中去。此外，需要迅速行动的计划，例如减价和发放优惠券，都可以很容易地通过地方报纸得以实施。

5. 报纸的劣势

生命周期短。人们读报时倾向于快速浏览，而且是一次性的。一份日报的平均生命周期只有短短的 24 小时，因此，其生命周期是很短的。

干扰度高。很多报纸因为刊登广告而显得杂乱不堪，尤其是超级市场做广告的那几天和星期日的报纸尤其如此，过量的信息削弱了任何单个广告的作用。即使是增刊广告，现在也因为太厚而显得更加混乱。

有限的覆盖面。报纸特定的市场的读者大多不是经常的读者。例如，报纸历来就没有影响到 20 岁以下的年轻人以及老年人和不住在大城市的外国人。由于成本太高而且全国性报纸很少，报纸也不能为全国性广告主提供所有的市场。

产品类型限制。报纸和所有的印刷媒体一样有着共同的缺陷。有些产品不能在报纸上做广告，例如要演示的产品。另外，专业的服务(医生、律师)和技工(管道工、电工)，也很容易被忽视。

再版印刷质量差。除了特殊的印刷技术和事先印好的插页，报纸虽然有新的生产技术引入，但与杂志、说明书和直接邮寄广告相比，报纸的再版质量仍然很差，尤其是彩色广告。另外，由于日报的制作速度要求很快，对生产过程更细致的准备和管理难以办到，而周刊和月刊出版物就可以做到这点。

6. 报纸产业的变化

技术的发展使报纸产业处于不断变化之中。有人预言，读者很快可以在一个平展的小型手持屏幕上看报。还有人认为，尽管技术——像声音文本、视频文本和传真——将使报纸产品更加丰富，但纸张印刷的报纸仍将是报纸媒体的选择，仍然会紧跟读者和广告主的需求，仍具有相当强的竞争力。一些专家认为报纸的未来将取决于它对更细分的特定市场的接触能力。以美国《达拉斯晨报》为例，它提供了多种形式的传达载体，如每周六版的宗教专题，还有双语对照的西班牙语版本。该报还帮助了一个广告主——国家银行得到重要的市场份额。国家银行曾经用它来推广新产品，向西班牙居民说明使用支票和储蓄账户的好处。还有正在进行的两个项目也很具意义。第一个是《每日新闻》的发展。它是一种根据读者的个人兴趣制作的报纸，以各种形式存在：可以显示在个人电脑的屏幕上、电视屏幕上，或者打印出来，或者通过声音传输。第二个是美国奈特里德报业集团（Knight-Ridder）正在发展的大众化报纸。它通过一个可随身携带的小型屏幕来附加个人需要的各种信息。这个系统还允许读者翻页剪切、保存文本和调出相关的背景资料，所有的操作只需要一只电子笔。

（二）杂志

杂志在接触特定读者群体方面是很有用的媒体，它的性质决定了它必须有独到的内容才能满足特定读者的需要。所以各类杂志在读者结构、风格等方面都极为不同。选择在哪种杂志做广告时，广告主有必要了解这种杂志区别于其他杂志的地方。

1. 杂志的优势

目标受众。杂志大多是以特定目标受众而发行的。如《瑞丽》杂志主要是针对女性服饰、美容方面的杂志，包括《服饰美容》、《伊人风尚》、《可爱先锋》和《瑞丽家具》。

受众接纳性高。杂志内容本身的权威性和可信性使广告也沾了它的光。很多杂志声称，在其刊物上出现的广告都使其产品更有吸引力。很明显，在《财富》上刊登的广告会使商界人士留下深刻的印象。

生命周期长。杂志是所有媒体中生命力最强的媒体。有些杂志，像《国家地理》和《消费者报告》被看成是权威的资料而不断被引用，可能永远也不会作废。其他如《电视导报》，在某一段时间会被频繁地使用。此外，杂志还有很大的发展潜力，因为它可以通过家人、朋友、顾客和同事获得更广泛的传播，有许多间接读者。

版式。人们倾向于较慢地阅读杂志，通常要用几天以上的时间，因此他们有时间阅读详细的报道。杂志可以有多页面、插页和专栏等，从而使版式更富于创造性和多样化。

视觉效果。杂志通常使用高质量的纸张印刷，因此有很好的视觉效果，可以印出更加精美的图片。印刷质量反映了内容质量。

销售促进作用。广告主可以有多种促销手段，如发放优惠券，提供样品或通过杂志发送资料卡等。

2. 杂志的劣势

有限的灵活性。杂志的截稿期早，广告必须在出版日之前就要提交。有些情况下，广告主在一份月刊出版的前两个月就要把彩色广告的版画送到印刷厂。采用桌面出版和卫星传输的杂志可以允许广告主在出版前几个小时才提交广告。另外，杂志对广告位置的提供也有局限。主要的版面，如封底和封二，可能早在几个月之前就售出了。

缺乏及时性。有些读者在杂志到手后很长时间都不去读它，所以，广告要作用到这些读者还需要一段时间。

成本高。例如，1996年，在美国《新闻周刊》杂志的全国版上做一则整页四色广告的费用是160827美元。像这样拥有大众读者的杂志，千人成本实在太高，而且它们向来不和其他媒体在这方面竞争。只有面向特定读者的杂志，费用会低一些，因为它们的读者是有限的。

递送问题。除了少数杂志，大多数杂志不是在所有的书报摊上都出售。如何使杂志到达目标受众是个较为严峻的问题。

（三）电视

电视系统主要包括：闭路与开路电视、公众电视、有线电视订户、地方性电视、特殊电视、联播节目和交互电视。

电视广告。与电视节目一样，电视广告也可以通过很多不同的方式播放。电视广告主可以通过广播联网、地方性电视或有线电视来播放商业广告。

1. 电视广告的形式

电视广告的实际形式取决于运用的是联网电视、地方性电视还是有线电视。联网电视可以通过其会员媒体进行赞助、分享和插播广告；地方性电视允许插播广告、地方性赞助和全国性赞助；有线电视系统允许面向全国和当地的插播；交互式电视允许面向全国和当地的插播。

赞助。广告主承担制作节目和提供配套广告的总的财务负担。赞助电视能对观众产生强有力的影响，因为广告主不仅可以控制广告播放的时段和长度，而且还能控制节目的内容和质量。然而，对于大多数广告主来说，制作和赞助一个长度为30~60 min的节目成本非常昂贵，所以，几个广告主联合制作节目，也是一种可行方案。例如很多体育赛事的赞助就是这样，每个赞助商可得到一定的广告时间。地方性广告主也可以提供独家赞助或与他人联合赞助。例如，一家地方银行可以赞助一所学校的足球赛，也可以赞助全国性的节目。

联合参与。只有10%的联网电视广告是赞助广告，其他的以分享的形式卖给广告主，他们买下15 s、30 s或者60 s的广告时间，在一个或多个节目中播放。广告主还可以购买定期或不定期的任何时间，这种方法与赞助相比不仅减少了风险和成本，而且在市场的覆盖面、目标受众、时间安排和预算方面都有很大的灵活性。然而，联合参与不像赞助那样能产生强烈效果，而且广告主不能控制节目的内容。此外，受欢迎节目的广告时段往往被大广告主包下，留下不太好的广告时段给小广告主。

插播广告。插播是在节目的间隙播放，是广告主向地方媒体做的地方性广告。电视台一家一家把10 s、20 s、30 s和60 s的广告时间卖给地方的、区域性的和全国的广告主，其中地方的广告占多数。节目的间隙并不是最好的广告时间，因为存在着很多的干扰因素——竞争性的广告、电视台的暂停、大众服务广告和其他干扰因素。而且，电视观众往往利用节目间隙时间离开电视机休息一下。

2. 电视的优势

成本效用。很多广告主把电视看做传播广告信息最有效的途径，因为它的到达面非常广。数以万计的观众定期看电视。电视不仅能达到很大比重的人口，而且还能到达印刷媒体不能有效到达的人群。

冲击力。电视画面和声音可以产生强烈的冲击力。这一性质在某种程度上引发了一定数量的消费者的参与，这与遇到一位说服力很强的销售员的购物经验很相似。电视也允许很大程度的创新，因为它将画面、声音、颜色、动作和戏剧结合起来。电视有令人难以置信的能力：它能使平凡的产品显得很重要，令人兴奋、有趣。如果广告令人喜爱，还能使消费者产生对赞助商的正面的联想。

影响。电视对我们的文化有着强烈的影响。对多数人来说，电视是一种主要的信息来源、娱乐形式和教育途径。它是我们生活中的一部分，以至于我们更容易相信那些在电视上做广告的公司（特别是戏剧和教育节目的赞助商），而不相信那些不做广告的公司。

3. 电视的劣势

费用高。电视广告的制作和播放的成本非常高。虽然人均成本低，但绝对费用可能很高，尤其是对于中小型公司来说。制作成本包括将广告做成胶片的成本和智力成本，像邀请名人做广告要上百万元。

干扰。电视广告的干扰非常多。国家广电局等有关部门对广告播放时间和时段的规定就是一种限制。另外，如果30 s的广告、电视台间隙广告、信用服务广告和大众服务广告增加，电视广告的可视性和说服力就会下降。还有很多地方性电视台对自己节目的促销也造成了对广告一定程度的干扰。

对观众没有选择性。虽然已有各种技术能够更好地定义消费者，但是电视广告对观众仍然缺乏选择性。由于广告主不能确信观众就是恰当的受众，于是广告有很多浪费的覆盖面，比如向并不符合目标市场特征的受众传递信息。

(四) 广播

1. 广播广告

在全国联网和当地电台都有广播广告。联网广播(network radio)是通过电话线或卫星与一个或多个全国性联网的一组地方会员广播电台。联网广播能提供及时的联网节目，许多地方或区域性的电台同时属于多家联网，每家联网都提供特别的节目，这样电台的时间安排就比较紧凑。ESPN 广播联网就是一例。每家电台都通过自己的天线发出联网的讯号，同时也存在区域性的联网(例如美国山间联网和格罗斯金广播集团)，它们对特定的州或农场主之类的特定受众进行广播。

联网广播广告。联网广播有着全面的覆盖率和高质量的节目，所以很受欢迎。在美国，至少 20 家全国性联网广播播放音乐会、脱口秀、体育赛事、戏剧等节目。卫星转播带来了重要的技术进步，卫星不仅提供了更好的声音，而且能够用不同的形式发送多个节目。联网广播被视为一种可行的全国性的广告媒体，对于食品、汽车和药物的广告主来说更是如此。美国有四大广播联网：Westwood One、CBS、ABC 和 Unistar。联网广播的发展带动了广播联播节目和无线联网的增加。会员广播电台增多的同时，广播联播节目也在增多，这就给打开新市场的公司提供了更多的广告机会。联播节目为广告主提供了各种高质量的、特别的节目。

插播广播广告。广告主通过一家电台而不是联网来做广告。广播联网提供预先设定的全国性的广告，也允许地方会员出卖插播广告时间，它为广告主提供了很大的灵活性。

总的来说，电台广告收入可以分为三种类别：联网的、插播的和地方的。联网收入最少，只占广播广告总收入的 5% 左右；地方广告收入占 90%；全国性插播广告收入占 5%。

2. 广播的优势

受众明确。广播能通过特别的节目到达特定类型的听众。它能够适应全国不同的地区，能在不同时间到达听众。例如，对于开车上下班的人，广播是一种理想的到达方式，这些广播时间叫驾驶时间，它为很多广告主提供最好的目标受众。

灵活性。在所有媒体中，广播截止期最短。文案可以直到播出前才交送，这样可以让广告主根据地方市场的情况、当前新闻事件甚至天气情况来做调整。例如，在雪后，一家地方的五金店铺就可以迅速地进行铁铲的促销。广播的灵活性还在于它愿意播放带有促销性质的插播广告。例如，为了促销饭店的比萨饼，广播电台播出促销性的有免费赠品的竞赛，让人们产生意愿并进行尝试。

可支付性。广播可能是最便宜的媒体，因为广播时间成本很低，而且可能被广泛地接收到。另外，制作广播广告的成本也很低，特别是当读信息的是地方电台的播音员时。广播的低成本和对目标群体很高的到达率使其成为非常好的辅助媒体。实际上，多数广播广告最恰当的地位是辅助性广告，以此来作为其他媒体广告的辅助方式。

想象。广播让听众有一个很大的想象空间。广播通过词语、声音效果、音乐和声调来让听众想象正在发生的事情。所以，有时广播被称为思想的剧院。

接受程度高。在地方范围内，广播的接受程度很高。广播并没有被想象为一个强迫性的刺激物。人们有自己喜欢的电台和广播员，并定期地收听，由这些电台和广播员传递的信息更容易被接受并保存。

3. 广播的劣势

易被疏忽。广播是个听觉媒体，听觉信息转瞬即逝，广告很有可能被漏掉或忘记。很多听众都把广播视为令人愉快的背景，而不去认真听它的内容。

缺乏视觉。声音的限制会阻碍创意。必须展示或观赏的产品并不适合做广播广告，制作出能令观众产生观看产品这种想法的广告非常难。幽默、音乐和声音效果的运用是最有效的方法。

干扰。竞争性广播电台的增多和循环播放，使得广播广告受到很大的干扰；广播听众往往倾向于将自己的精力分散于各种事情，听众听到或理解广播信息的可能性就大大降低了。

时间安排和购买的难度。想达到比较广的听众的广告主需要向好几家电台购买时间，时间安排和广告评价变得非常复杂。

缺乏控制。因为很大比重的广播都是谈话广播，总会有播音员说一些对部分观众或所有听众不利的话或主题，这就对赞助商产生负面影响。

第二节 其他各类广告媒体的特点

一、户外广告

随着人们旅游和休闲活动的增多以及高新科技的广泛运用，户外媒体已成为广告主的新宠，其增长速度远远高于传统电视、报纸和杂志媒体。特别是分众传媒在纳斯达克成功上市后展开一系列大刀阔斧的并购，市值屡创新高之后，"户外媒体"成为风险投资商们聚焦的新热点。

21 世纪，户外广告早已突破了形式单一的店招式广告牌类型，出现了更多的新型户外媒体——汽车车身广告、候车亭广告、地铁站广告、电梯广告、高立柱广告、三面翻广告、墙体广告、楼顶广告、霓虹灯、LED 显示屏等。户外广告伴随城市改革开放一路走来，正在告别粗放，进入优化与盘整的新发展阶段，以人为本、和谐发展方有未来。

户外广告取得一系列成功的原因在于：它能通过科技手段来保持广告效果；三维效果和尺寸的延伸可以更加吸引受众的注意。户外广告的使用十分广泛：在体育馆、超市、书店、酒店、购物商城、高速公路、建筑物上，人们都可以均可以捕捉到户外广告的踪影。

由于形象问题和媒体购买的难度问题，媒体购买者没有完全采用户外广告。

1. 户外广告的优势

广泛覆盖地方市场。安置合理的户外广告能够在地方市场白天黑夜地广泛展露，可以产生很高的到达率。

接触频度高。由于购买周期通常为 30 天，消费者常常多次接触户外广告，所以它可以达到较高的接触频度。

位置灵活性大。户外广告可以放置在公路两旁、店铺附近，或者采取活动的广告牌的形式。只要是法律未禁止的场所，户外广告均可放置。这样就可以覆盖地方市场、地区市场甚至全国市场。

创意新颖。户外广告可以采用大幅印刷、多种色彩以及其他很多方式来吸引受众的注意力。

能够创立知名度。户外广告具有很强的冲击力（而且要求信息十分简洁），所以可以建立高水平的知名度。

成本效率很高。与其他媒体相比，户外媒体的千人成本通常非常具有竞争力。

收效良好。户外广告通常能够直接影响销售业绩。

制作能力强。户外广告可以经常替换，因为现代科技缩减了制作的时间。

2. 户外广告的劣势

到达率的浪费。虽然户外广告可以将信息传达给特殊受众，但大多数情况下购买这一媒体会导致很高的到达率的浪费。因为并不是每个经过广告牌的人都是目标受众。

可传递的信息有限。由于大多数经过户外广告的受众行走速度较快，展露时间较短，因此广告信息必须是几个字或一个简短概括。太长的诉求通常对受众无效。

厌倦感。由于展露频度高，人们对户外广告的厌倦度也高。人们可能会因为每天看到同样的广告而感到厌烦。

成本高。由于制作招牌数目少，无法实现规模化生产，户外广告的费用相对昂贵的。

广告效果评估困难。对户外广告的到达率、到达频度及其他效果的评估的精确性是营销商面临的难题之一。

形象问题。户外广告不仅存在形象问题，而且消费者还可能忽视其存在。

二、空中广告和流动广告牌

空中广告。空中广告是指飞机在空中拉上标语、横幅，通过尾气在空中写字，进行广告宣传。广而言之，这些媒体的费用并不绝对昂贵，也有利于达到某些目标受众。一些地方广告主也用这种户外广告方式在某些特殊活动、销售会等场合进行广告宣传。

流动广告牌。有的公司将广告画在大众的甲壳虫汽车(Volkswagon Bee-tles)上，我们将这种广告形式称为甲壳虫广告牌；还有的公司将广告画在卡车和火车上；还有的将广告做在较小的广告牌上，然后将它固定在拖车上，在目标市场上行驶或停泊，以吸引受众的注意。这种广告形式的成本视广告所在地区以及流动广告牌公司的收费而定，公司无论规模大小，均可以使用这种媒体。许多广告主，诸如花旗集团等都使用这种方式。

三、店内媒体

广告主在超级市场或在其他店内以展示、横幅、货架标号等方式进行产品促销。还有其他方式如在购物手推车上播放录像，在有收据和奖券的售货亭内进行录像展示，使用发光二极管做成的广告板，以及在店内屏幕上播放广告片等，均属于卖点广告(POP广告)。IBM公司每年在这个宣传领域要花将近1500万美元。

美国零售商广告协会(POPAI)公布的数据显示，有近2/3的购买决策是由消费者在店内作出的，有些产品类别甚至有80%的购买属于冲动式购买。这些结果大大激发了广告主对店内媒体的兴趣。这种方式可以在购买场所趁消费者决策时接触到他们，既落得省事又能提供更多的信息，他们当然愿意在这一领域多投入资金了。

四、交通广告

交通广告虽然也使用广告牌、电子信号，与我们讨论过的户外广告相似，但交通广告的目标受众是那些接触商业交通工具的人们，如公共汽车、出租车、郊区火车、电梯、电车、飞机和地铁。一些包装商品公司如高露洁、亨氏、卡夫等，是主要投入这项花费的公司，它们青睐于交通广告的低成本和可确定的展露到达频度。

交通广告有三种形式：车厢广告，车身广告，车站、月台和站台海报。

车厢广告。公共汽车的座位上、行李架上有各种有关餐馆、电视或广播电台以及其他各种产品和服务的车厢广告。一种较新颖的车厢广告形式是电子信息版，它可以播出流动的广告信息。这种信息以可变动的方式更容易吸引受众的注意力。

车身广告。广告主采取各种户外交通招贴来促销产品和服务。这些车身广告出现在公共汽车的车厢两侧、后面和车顶，以及出租车、火车、地铁和电车的车身上。

车站、月台和站台海报。在火车站、地铁站、飞机场等站点的其他广告展示形式，如地面展示、电子信号牌均属交通广告。

1. 交通广告的优势

展露率高。市内形式的交通广告的主要优势在于广告可有较长的展露时间。对于一般交通工具而言，人们平均乘坐的时间为30~40 min，因此交通广告可以有充足的时间来接触受众。而乘坐飞机的旅客在等候航班时通常无处可去，无事可做，购买飞机票后，可能多次阅读上面的广告。而且，因为交通广告可接触受众的数目是确定的，所以该广告形式的展露人数也就可确定。每年有数以万计的人使用大众交通工具，从而为交通广告提供了大量的潜在受众。

到达频度高。由于人们每天的日程安排是固定的，所以经常乘坐公共汽车、地铁之类的交通工具的人们会重复接触到交通广告。例如，如果你每天坐同一路公车往返工作，一个月内你有可能看到同一广告 20～40 次之多。而且车站和广告牌的位置也会带来较高的展露到达度。

及时性。许多消费者都会乘坐公共交通工具前去店铺购物，所以某个特殊购物区的交通工具促销广告能够将产品信息非常及时地传播给受众。

地区可选性。特别是对地方广告主而言，交通广告的一个优势在于它能够将信息传递给某个地区的受众。

成本低。无论从绝对成本还是相对成本的角度而言，交通广告均是成本最低的广告之一。在公共汽车车厢两侧进行广告宣传的千人成本非常合理。

2. 交通广告的劣势

形象因素。对于大多数广告主来说，交通广告并不能十分理想地向受众表达产品或服务所要表达的形象。有的广告主认为，在公共汽车的车身或公共汽车站进行广告宣传，会不合理地反映公司形象。

到达率低。虽然交通广告可以覆盖广大的受众，但从总体来说，具有某些生活方式或行为特点的受众就可能不被包含在这种媒体的目标市场中。例如在乡村或郊区，大众交通工具很少见或者根本没有，那么交通广告对于这些地区的人们来说是无效的。

覆盖率存在浪费。虽然交通广告具有地区可选性的优点，但并不是所有乘坐交通工具或者看到交通广告的人都是潜在顾客。如果某种产品并不具有十分特殊的地理细分特点，这种交通广告形式会带来很大的覆盖率的浪费；交通广告还存在一个问题，同一辆车不可能每天行驶不同的路线，为了减少交通工具的磨损和毁坏，有的公司将城市线路改为更长的城区路线。因此，一辆公共汽车可能头一天到市中心区并到达目标受众群体，第二天却在郊区行驶，那里就没有多少市场潜力可言。

文案制作和广告创意的局限。在车厢上或座位上画上色彩绚丽、具有吸引力的广告似乎是不可能的。车内广告牌固然可以展示更多的文案信息，但车身广告上的文案信息总是一闪而过，所以文案诉求点必须简洁明了，短小精悍。

受众的心情。当人们站在或坐在拥挤的地铁站候车时,可能很难被指引着去阅读地铁广告,更别说去产生广告主所期望他们产生的心情。同时,当某些乘客匆匆忙忙地穿过飞机坪,在这种焦急的心情之下很少会注意到飞机票上的广告或飞机坪内放置的广告,这也会限制该广告的有效性。

五、黄页广告

黄页被称为定向媒体,因为一般性广告并不能为商品或服务创造知名度;但一旦消费者决定购买,黄页广告就会告诉他们到哪里可以买到该产品或服务的地点。黄页是购买循环中的最后一环。黄页广告包括特种电话簿、声讯手段(谈话黄页)、交互式黄页等多种形式。

1. 黄页广告的优势

适用性广。黄页的种类多种多样,据美国黄页出版商协会统计,每年消费者查看黄页的次数多于 194 亿次。

行为指导性强。当消费者正在考虑或已经决定购买某种产品和服务时,他们就会使用黄页。

成本低。与其他媒体相比,广告的幅面购买和制作成本相对较低。

接触频度高。因为黄页的使用时间长(每年出版一次),消费者接触它的次数也多。

无侵犯性。由于消费者会主动去使用黄页,他们不会感到广告给他们造成了侵犯。研究表明,消费者非常喜欢这种广告形式。

2. 黄页广告的劣势

市场零散化。黄页主要是地方性媒体,具有地方化特点。随着特种电话簿的增加,黄页上面所提供的信息均是非常特殊化的信息了。

时效性差。由于黄页每年只印一次,信息会很快过时。在再版之前,黄页上面的广告主可能已经改换地点、改变电话号码或倒闭。

缺少创造性。虽然黄页制作很灵活,但广告制作缺乏创造性。

延时性。在离印刷品出版还很久的时候就必须确定印刷日程,所以很难在最后期限以后再加入一个广告,而广告主则不得不等很长时间以期刊登广告,直到再版。

六、电影和电视中的产品陈列

这种广告方式是指在电影或电视节目中播出真正的产品。虽然这种形式在广告或促销活动中算不上有什么重要作用,但对某些公司来说,却十分有效。许多公司为了在电影电视节目中让制作商使用它们的产品，甚至宁愿自己掏钱。例如电影《失落的世界》(*The Lost World*)中，圣地亚哥的动物园、水世界以及 Horton 广场的中央购物商城均在影片中亮相。这是一种不需要广告媒体的广告，而且观众并未意识到产品正在促销⋯⋯他们常常把电影中出现的品牌看做故事情节注入现实性的一种载体。但这种广告方式对现实购买的影响却是真实可见的。例如，当电影《外星人》使用瑞斯波斯(Reese's Pieces)糖果之后，该产品的销售上升了 70%，而且有 800 家以前从未销售过这种糖果的影院也放下姿态，开始进货了。

1. 产品陈列的优势

展露次数多。每年看电影的人很多。在电影中进行产品陈列的潜在展露度是相当巨大的。而且这种展露形式，至少在电影院中，不受转台的影响。此外，通过产品陈列在电视节目中展露还能得到很高的收视率，并且可以使广告直接指向一个明确界定的目标受众群体。

接触频度高。由于产品在电影或电视节目中的使用方式不一，所以重复展露的机会很大。对喜欢反复观看某节目或电影的人就有很多的展露机会。

可协助其他媒体的使用。广告陈列还可以在其他促销工具的使用过程中充当辅助的角色。如美国金佰利(Kim Berly-Clark)公司围绕它的(Huggies)尿片出演电影婴儿期(Baby Boom)，开展了抽彩、奖券及电视广告等各种活动。

信源关联。当消费者看到他们所喜爱的明星穿着李(Lee)品牌的服装，喝着可口可乐(CocaCola)品牌的饮料，或者开着宝马汽车时，他们也会对这些产品产生喜爱的情绪，并留下好印象。这就是信息关联所产生的效应。例如青少年喜欢的电视剧中的人物都穿着日韩风格的服饰，很多年轻人就会开始朝着日韩的方向调整自己的穿衣风格。这样，E·LAND 的服饰就会热卖了。

成本低。由于是穿插在故事情节中，所以花费不会很高。

回想率高。许多公司对产品陈列的第二天回想率进行调查，研究了产品陈列的广告影响力，结果不一。强生婴儿洗发香波的回忆率是 20%，而家乐氏的玉米片却有 67% 的回忆率(均在电影 Raising Arizona 升起的地平线中有产品陈列)。产品陈列的平均回想率是 38%，而且，报道的这些数字均高于电视的收视回想率水平。

2. 产品陈列的劣势

绝对成本高。虽然在电影中产品陈列千人成本非常低，但绝对成本却可能高，使得许多广告主无法支付这种媒体的费用。例如，在迪斯尼的电影 Mr. Destiny 中，进行产品陈列的费用是 2 万美金，让演员提及该产品的费用是 4 万美金，让演员真正使用该产品的费用是 6 万美金。

展露时间短。虽然这种产品陈列的广告方式对观众具有影响力，但并不能保证观众会注意该产品。虽然有些产品的陈列方式比其他方式更加显著，但如果产品没有及时进入角色中，广告者就要冒着产品不被注视的风险。

诉求空间有限。片中不可能介绍产品的好处，或提供产品的细节信息，诉求方式也仅限于信息关联、使用和娱乐，对产品的宣传是间接隐晦的，产品展示的灵活性也受限于它在电影中的使用方式。

可控性差。在许多电影中，广告主无法确定产品展示的时间和方式。

受公众反应限制。许多看电视和电影的观众十分反感在电影或电视节目中播放广告。他们往往将节目内容与商业广告截然分开。如果产品陈列太具侵犯性，还会引起人们对品牌的消极情绪。

竞争性强。产品陈列的魅力使得将产品插入电影的竞争不断升温。宝马最初决定在电影公司 The Firm 中陈列，可是奔驰提出了更高的标价，所以宝马不得不退出该影片。

负面影响。在某些电影场景中，有些产品的陈列会引起观众的讨厌，或者会产生不良心情。

根据一二节的讨论，主要媒体特性比较，综合如表 2 – 1。

表 2 – 1　主要媒体特性

适用标准	电视	有线电视	广播	杂志	报纸	户外	交通
使用单位	30 s	30 s	60 s	彩页	单页		
千人成本 CPM	中	低	低	中	高	低	低
视听众选择性	尚可	良好	很好	最好	尚可	不好	不好
潜在到达率	95%	45%	60%	70%	85%	95%	95%
视听众累积速度	最好	好	好	不好	最好	尚可	尚可
地理适应性	最好	不好	最好	尚可	最好	最好	好
购买时机适应性	好	好	好	不好	最好	不好	尚可

第三节　新媒体

一、新媒体的发展

1. 新媒体的定义

关于新媒体的定义，专家、学者以及媒体工作者做过不少的探索，但是到目前为止，还没有一个统一的界定。从语义学上看，"新"一般用来描述与传统的、旧的、落后的事物不同的、更先进的和最近出现的事物。按照传播学奠基人施拉姆的界定，"媒体"一词具有两层含义：第一是指信息发布借助的具体载体，例如报纸、电视；第二是指发布信息的媒体机构，例如报社和电视台。把这两个词汇结合起来的"新媒体"，从字面上来看就是说：新近产生的，在机构或者技术上领先于旧的传统的媒体形式或者媒体结构。而自从这个词汇被专有化、特指化之后，其含义仅仅指第一层含义，即新的信息载体，而不涉及媒体机构。

新媒体这一概念可以从内涵和外延两个方面进行界定。就其内涵而言，新媒体是指 20 世纪后期在世界科学技术发生巨大进步的背景下，在社会信息传播领域出现的建立在数字技术基础上的能使传播信息大大扩展、传播速度大大加快、传播方式大大丰富、与传统媒体迥然相异的新型媒体。就其外延而言，新媒体主要包括光纤电缆通信网、都市型双向传播有线电视网、图文电视、电子计算机通信网、大型电脑数据库通信系统、通信卫星和卫星直播电视系统、高清晰度电视、互联网、手机短信和多媒体信息的互动平台、多媒体技术以及利用数字技术播放的广播网等。

2. 新媒体出现的背景

新媒体技术出现于 20 世纪中后期，以计算机的发明和网络技术的应用为科技基础和最主要的标志。这是一个诞生奇迹的时代，作为一件可能改变人类生活方式的大事件，互联网的诞生没有枪炮的伴随，没有流血牺牲的代价，而是在平缓地稳步前进。1946 年，第一台计算机 ENIAC 在美国诞生，为新媒体技术的发展提供了基础。1969 年，互联网（Internet）的雏形初现于美国，名为 ARPAnet，它是美国国防部高级研究计划署的一个实验性网络。接着，在 1983 年，一种新的网络协议（TCP/IP）（Transmission Control Protocol/Internet Protocol，即传输控制协议/网际协议）成了互联网络上的标准通信协议，这是全球互联网正式诞生的标志。除了这两件标志性的事件外，应该指出，数字技术的诞生和发展才是新媒体出现的最基本的科技基础。数字技术是电话、电脑、电视走向融合和发展多媒体的技术基础；数字技术使信息生成与采集、信息分配、信息处理、信息存储、信息显示可归并为信息内容、信息网、信息社会三大行业；数字技术使产品的成本相对其他技术而言随着产量的增多而变得更低，有利于面向需要大量产品的大众市场。因此，没有数字技术，就谈不上多媒体，更谈不上统一标准实现全球化。

新媒体技术之所以能够在 20 世纪末期诞生，也是其社会背景造成的。十月革命一声炮响，突破了资本主义的一统天下，开辟了人类历史的新纪元。这时候的前苏联成为了世界上第一个社会主义国家，在历史上曾经一度辉煌，成为世界上唯一一个能够与最发达的资本主义国家——美国相抗衡的社会主义大国。1960 年赫鲁晓夫在联合国讲台上宣布，到 2000 年前苏联经济将赶上美国时，并没有使人感到十分惊讶。从此，美国和前苏联开始全方位的国力竞争和军备竞赛。我们不难发现，世界上第一台计算机以及互联网络的前身就是在这个时候诞生于美国的。应该说，这场竞赛的结果是在全世界范围内引发了一场新的科技革命。

21 世纪是一个讲究人文精神和人性化生存的世纪。人们在经历了机器大工业之后，厌倦了机器给我们带来的各种不人性化影响。现在，"人性化"的提法越来越多地被人们使用到生活的各个方面之中：服务要人性化、设计要人性化、教育方式要人性化等，就连电脑这种机器，都在进一步要求人性化。这种与以往不同的标准，对新媒体技术的发展方向提出了新的要求。这是一个"以人为本"的年代，新传媒技术的目标正是为了满足人们的各种个人对于信息的需求。从手机短信定制到个人博客网页再到数字化互动电视，新媒体所提供的服务项目比以往任何传统媒体都更进一步地进行了细分。现代人渴望个性化的生存方式，强调自我，而这些人们所追求的以人为本的精神正为新媒体技术的发展奠定了人文基础。

3. 新媒体兴起的过程

新媒体的兴起过程首先是与技术基础分不开的，电脑的发明，互联网的出现和超文本传输协议（Hyper Text Transfer Protocol），HTTP 协议的发明是新媒体兴起的首发阵容。任何一种高深复杂的技术的面世，如果不能最终应用于人们的日常生活之中，就不能在真正的意义上被称为一项改变人类生活方式的技术。在所有的新媒体技术中，除了上面三者的突出贡献作用以外，还有一些其他的数字技术值得一提，它们的出现将数字技术从实验室带入了我们平常的生活，这其中最主要的成就还包括卫星电视、宽带网和手机无线服务平台。

卫星电视技术首先于 1974 年在美国试播成功，卫星电视技术将卫星的军事目的用途扩展到为人们服务的层面。虽然在试播成功后，卫星电视并没有在美国得到实际应用，但是这项技术却在日本和欧洲得到了广泛应用。卫星技术之所以会最终被应用于广播电视领域，这与广播电视的天性要求是分不开的。广播电视的天性要求全球化，希望更多的人能够收看到节目是它的终极目的，每增加一个用户，对于经营者来说是在零边际成本的同时可以享受到固定不变的高额边际收益。因此，卫星这种覆盖面最广的通信方式逐渐地被应用于广播电视是不足为奇的。

除了卫星电视技术，宽带网技术也是新媒体技术兴起的重要基础。以前的电信网在很长一段时间内都是以模拟技术为基础的，而且只能提供电话业务。而随着程控交换技术和公共通道信令系统的引入，网络能力和容量不断增强。当数字技术诞生并且被引入电信网的时候，它们的结合迸发出了新的火花，这就是我们今天所熟悉的宽带网技术。从此以后，网络的经济性和服务质量都获得了极大的改观。现在"宽带"一词对大部分使用者来说，它实现了流畅的在线视频播放。目前在中国，虽然在公众网上这一目标还并没有全面实现，但是在一些校园网中，流畅的在线视频播放技术已经相当成熟，并且其校园用户不在少数。造成这种差别的原因除了网络的速度外，还有收费标准的问题。

除了传统媒体中的广播媒体系统外，手机恐怕是在新媒体技术兴起过程中发展最为迅速的一种新媒体平台。20 世纪 90 年代手机业的迅猛爆发式的发展恐怕使那些已经预见到手机普及的电信行业专家也大为吃惊。1984 年，世界上第一台手机由摩托罗拉公司研制而成，这台手机重 2 磅，可通话半小时，售价 3995 美元。而对我国的人们来说，对于手机最早的记忆恐怕是以前被称为"大哥大"的东西，每月需要支付 1500 元左右的使用费用，这还不包括购置机器的费用。然而在随后的一些年中，手机价格的一降再降与技术的不停翻新把手机带入了寻常百姓家。虽然在手机技术发展的初级阶段，市场上销售的移动电话手持机的语音信号传输方式还是模拟式为主，但是随着数字技术的发展，手机通信技术也从根本上发生了变革。自从 GSM 技术兴起以来，数字式传输方式的手机马上替代了模拟式信号传输方式的手机。

卫星电视、宽带网和手机无线服务平台这三项数字技术的兴起，为数字技术席卷当今世界奠定了不可动摇的基础，也为数字技术在日后的多元化发展提供了可能。

二、新媒体的特点

与传统媒体相比，以数字技术为基础的新媒体拥有一些传统媒体无法比拟的优势特征。

1. 信号的高速度和高清晰度

数字技术应用于广播电视领域会使广播电视信号变得更加清晰，传送速度也在逐渐提升中。数字音频广播（DAB）和数字视频广播（DVB）等的出现，让我们体会到无线电广播从未有过的稳定和清晰程度，信号传送失误率大大降低。并且由于数字信息可以做压缩处理，因此能够在一定的发射容量或波段内传输更多的信息。

2. 高共享度和高互动性

共享是计算机网络技术最吸引人的特点之一，众多的软件在从单一功能升级的过程中都把文件共享和传输的功能考虑在内。目前几乎所有的在线聊天软件都可以实现文件的互传，其中有一些更已经实现了硬盘内容的直接共享。

3. 优越的信息深度、广度与发散度

在新媒体技术所能提供的海量信息中，这一点是毋庸置疑的，无论你在哪个新闻网站阅读新闻，你所看到的相关信息链接都是非常丰富的，时间背景信息、相关话题报道、各种专家评论甚至网友意见等，这些都是传统的平面媒体无法给予的。不论从信息的深度、广度还是发散度方面，新媒体都远远胜过了传统媒体。

4. 信息多媒体化

在新媒体技术的带动下，感受信息的多媒体化已经成为一个趋势。坐在一台连接到国际互联网的电脑面前，你可以同时使用你的眼睛、耳朵、嘴巴和手，更有国外科学家已经研究出了在网络上聊天的同时能够感受不同的气味。而立体电影更让你走出二维空间，真正地达到身临其境，这些都是只有新媒体技术才能给予的。

5. 信息的个性化定制

信息传播的极致水平就是信息的个人化定制，为每个人量身定做的信息所需要的高成本使得信息成为稀缺资源，因此，目前的新媒体技术能够为人们做到的，只是相对于传统媒体的信息个性化定制水平，从信息量角度讲，远未达到真正的个性化定制。

三、新媒体广告传播的优劣势

新媒体的发展日新月异，而且新媒体种类繁多，下面，以几种新媒体为例，分析新媒体广告传播的优劣势。

（一）互联网广告

国际互联网是指通过一系列互相连接的计算机在全世界范围内实现信息交换和传播的一种全球性工具。最初是为美国国防部的计划——互联网络或信息高速公路而开始实施的，现在已经可以与任何一个有计算机和调制解调器的人进行连接。

网络为营销商提供了一个向消费者直接出售产品的完美机会，互联网上的广告的一个主要目标就是促成直接的销售。互联网上的广告者还有以下的另外的目标：传播信息；创造声誉；收集调研信息；创造形象；刺激试购。

1. 互联网广告的优势

目标营销。由于互联网可以针对非常特定的群体做广告，所以它的浪费很小。

信息修整。在精确的目标选择结果下，信息可以完全针对目标受众的特定需要和愿望来设计。

交互能力。网络的双向互动性大大提高了消费者的参与度。站点的访问者已经对浏览公司或产品具有了足够的兴趣。

信息传递。一旦用户访问网站，他们可以获得大量有关产品说明设计、购买信息之类的信息资源，而新的信息的提供速度几乎是即时的。

销售潜力。因为这是一种直接的反映媒介，它促成销售的能力得到了很大的加强。

创造力。设计恰如其分的网站可以带来重复性的访问，公司同样可以从中获益，就像从它的产品和服务中获益一样。广告牌和网站可以频繁地修改以刺激消费者的兴趣和需要。

市场潜力。互联网正在飞速增长。当个人电脑向家庭渗透的不断增大以及人们对网络的兴趣和注意越来越多的时候，市场的潜力同样也在增长。

2. 互联网广告的劣势

衡量问题。由于这种媒介是一种全新的事物，能被人广泛采纳的有效的受众和效果衡量方法目前还没有建立。

网络拥挤。有关网络的一个最主要的抱怨就是传递信息所需要的时间。

冲突。由于广告量的激增，广告吸引注意的能力明显下降。一项调研表明，仅仅7.2%的网络用户们说他们经常或者总是会点击广告牌以获得更多的信息，而一半以上的人说他们从来就不曾这样做。电子邮件在作为建立营销关系的沟通方面正如洪水泛滥。

诈骗的潜在可能。媒体教育中心（The Center for Media Education）指出，广告尝试着用一些狡猾的广告信息瞄准儿童的时候，网络简直就是"充满诱饵的渔网"，他们已经呼吁政府增加对网络的管制。

成本。许多广告主相信，网络对于价位高的东西不失为一种有效的媒介，而对于价格较低的消费品如肥皂、糖果却往往不那么有效，相应的广告及交易的高成本限制了网络的魅力。

互联网络与整合营销沟通计划的联合。互联网的直接反映销售能力很容易得到确认。销售的潜力还可以通过与别的计划元素整合得以提高。网络广告既可以支持其他的广告媒体也可得到其他广告媒体的支持。作为支持，网络具有向有兴趣的消费者提供产品信息的无限制的潜力。同样有效的产品广告亦可以带来更多的人更频繁地访问网站。

销售促进。为吸引更多的人浏览网站，网络广告者正提供多种销售促进措施。例如给访问者优惠券或以保持网站的娱乐性来保证促销的价值。

公共关系。一些公司以提供研究机构或其他组织的资料博得网站浏览者的青睐。例如吉尼斯（Guinness）允许浏览者下载它的最新的电视告知性广告作为屏幕保护，以此来树立公司形象。

人员销售。网站可以有效地用来获得高质量的引导、识别消费者的需要以及直接人员销售的效果，软件开发商正在利用他们的网络得到消费者对产品发出抱怨以及改进建议的相关信息。

（二）手机

1. 手机短信/彩信

（1）手机短信/彩信传播的优势。

①传播及时。短信/彩信传播迅速及时，可以在瞬间传播到大量受众终端，而且支持国内和国际漫游，可以摆脱环境因素的制约。

②经济实惠。短信/彩信拥有按量计费、价格低廉的优势，除去无线电频率、通信网络和终端外，无须再耗费任何其他资源，传播成本比传统媒体低很多。

③灵活性高。短信/彩信收发操作简便易行，从发送短信的形式来说，既可以重复发送，也可以转发，还可以群发；用户都能在第一时间收到信息，可以在第一时间即时回复，也可以稍后回复或者不回复。手机短信/彩信还

有保存、查阅、编辑的功能。

④互动性强。接受者在接收到短信/彩信后，及时方便地参与信息的反馈和再创造。

(2)手机短信/彩信传播的劣势。

①信息承载量受限。手机短信作为传播的载体，信息承载量十分有限，在信息的全面性、翔实性、深刻性方面无法与传统媒体相提并论，受众无法了解全部内容。

②传播缺乏权威性。太简略、可读性低、不全面、不准确往往伤害了短信传播的权威性。

③对于一些中老年人来说，用手机发送短信还有一定的难度。

2.手机报纸

(1)手机报纸传播的优势。

①突破了时空限制，实现信息的即时传播和接收，这是手机报纸最大的优势。

②充分体现了多媒体优势。手机报纸是传统纸质报纸与电信增值服务跨平台合作孕育出的新的产物。

③互动性强，真正实现了传播流程的反馈。

④传播范围广。

⑤信息传播形式多样而且保存方便。

(2)手机报纸传播的劣势。

①信息容量小。手机的有限容量注定了手机报纸不可能承载过多的信息。

②阅读费力易疲劳。就算是最高端的手机，其屏幕大小也无法和一张报纸相提并论，每页容量有限，阅读起来比较费劲，在相当程度上影响读者的阅读快感。

③资费偏高。在文字量和图片量上来讲，手机报纸远不如传统报纸。

④信息内容同质化。手机报纸一般都是传统报纸的"彩信版"，内容原创性不多，缺乏创新性。

⑤读者阅读习惯的改变也需时日。

(三)网络电视

1.网络电视传播的优势

(1)整合各种媒体的优势于一身。网络电视整合了报纸、广播、电视、网络这四大媒体的各种功能，它兼具数据、文本、图形、图像、声音等表现方式，集各种媒体的传播优势于一身，动静结合、声像兼备，并且具备快速反应能力。

（2）交互性。通过网络电视，受众能够随时点播想要看的节目，而且还可以与其他受众进行沟通，发表自己的看法，更可以通过网络的检索功能，查找有关的内容。

（3）提供个性化的服务。网络电视并不等同于视频、音频点播，它能触及人们生活的方方面面，包括网上购物、网上炒股等。丰富多彩的节目将根据受众的不同口味分成不同的频道，使受众选择起来更加方便。

（4）优质的视听效果和海量的信息。

2. 网络电视传播的劣势

（1）节目资源匮乏。目前为网络电视提供节目的只有传统的电视台、广播电台以及为数不多的民营制作商。如果内容不能做到吸引受众，网络电视就不能更好地发展。

（2）传播技术条件的欠缺。目前，网络电视存在着网络连接速度慢，声音、画面质量不佳，网络延迟时间长的问题，没有突出广播、电视形象、生动的特色。另外，流媒体格式的不统一也给节目的生产、制作、存储等环节造成了影响。

（四）楼宇广告电视

1. 楼宇广告电视的优势

（1）分众性。楼宇广告电视的目标受众十分明确，就是有效锁定企业主、经理人和白领受众等。

（2）生动性。楼宇广告电视以数字科技与液晶电视相结合，将户外广告影视化，以音频视频相结合的方式，充分展示户外广告的主动性，强化受众的感知，改善受众的品牌认知，建立品牌偏好。

（3）收视强制性。楼宇广告电视的传播空间具有封闭性、隔离性、狭小性等特点，楼宇广告电视的传播内容与受众几乎是零距离地面对面，从而构成强制性的收视效果和收视心理。

（4）不可选择性。楼宇广告电视的传播渠道只有一个，无从选择，受众只好被动接受这种传播方式。

2. 楼宇广告电视的劣势

（1）只传递广告信息，过多的宣传倾向容易使人反感。

（2）楼宇广告电视传播的强制性可能招致抵触。

（3）随机性的媒介接触造成传播的信息内容不够完整。

（4）媒体传播的单向性。

（5）可利用资源的有限性。

（五）移动电视

1. 移动电视的优势

（1）传播渠道的多样性与伴随性。车载移动电视的受众可以在移动过程中接收数字电视节目信号，这不仅扩展了传统电视传播的有效范围和影响区域，而且突破了传播时间和空间上的局限性。移动电视集平面媒体、广播电视的优势于一体，具有直观、生动、"耳闻目睹"的电视特性，但也能通过插播、滚动字幕等平面手段，使其最大限度地吸纳其他媒体的优势，达到周期短、反应快、信息量大、生动活泼的传播效果。

（2）车载数字移动电视实现传播过程的具体环境是在行驶中的公交车等交通工具内，所以传播环境具有封闭性和强制性。

（3）传播受众的开放性和指向性。车载移动电视的受众构成是开放的、流动不定的、时常变化的。

（4）传播内容的丰富性与时效性。

2. 移动电视的劣势

（1）技术手段不成熟。移动电视面临着防止行车震动等许多技术问题，其接受条件还有待完善，提高画面质量。

（2）收视环境不理想和收视心理差。公交车、出租车、地铁等交通工具的环境一般都是声响嘈杂、人群拥挤的，收视环境不理想，而且，顾客的注意力很难集中。

（六）IPTV

IPTV 即交互网络电视，一般是指通过互联网络，特别是宽带互联网络传播视频节目的服务形式。

互动性是 IPTV 的重要特征之一。有人指出，IPTV 用户不再是被动的信息接受者，可以根据需要有选择地收视节目内容。

网络电视迅速发展的同时也暴露出了一些制度上的弊端。业界人士提出，"网络电视不仅是电信运营商的一场盛宴，对节目制作商而言，也是一个巨大的市场机会"，然而，"在新媒体产业领域，广播电视已不再享有原先的政策保护和市场垄断优势，与市场接轨的企业制度安排至关重要"。

数字交互电视是集合了电视传输影视节目的传统优势和网络交互传播优势的新型电视媒体，它的发展给电视传播方式带来了革新。有学者指出，数字交互电视"颠覆了电视观众的'受众'定位与电视传媒的'传者'定位"，"数字交互电视的互动传播，使传播者与接收者之间的位置不再是固定的或先前规定的，而是不断在互相共享的、移动的"。数字交互电视的发展还使得"大众传播研究的重心"转移到了"信息使用者"身上。数字电视的产业链有望增长。作为新媒体之一的数字电视同样在吸引着人们的眼球，有人指出，"可以预见，快速增长的数字电视用户将推动传媒产业价值链的快速发展，虽然要实现市场意义上的赢利仍需要一段时间的培育，但作为政府作用的体现、传媒产业政策的放开、数字电视产业政策的推进为传媒企业指明了发展道路，提供了新的发展平台"。

IPTV 主要有三个突出的特性：第一是超强的互动性；第二是服务的个性化；第三是传播的分众特性。

IP 网络的先天特性就是点对点，即互通。通过 IP，用户实现了与网络的互动，受众被动地观看电视变成主动地投身在电视节目中，这完全突破了传统媒体的限制。

但是，由于基础网络和技术方面的问题，政策方面的障碍，内容的匮乏以及商业模式上的困境等问题，导致目前 IPTV 的发展进程并不乐观。

（七）博客

从 2002 年博客正式在中国兴起以来，学界对它的研究就没有中断过。博客的发展使得有的研究者对其充满了信心，信息爆炸的互联网也的确需要具备信息收集、阐释、整理能力，同时提供个人想法的信息收集者，无论是否走向商业道路，无论是否代表个人或机构或政府组织，博客们有望成为公众的网络信息代言人。2010 年开始了信息微博化，使每个个体都成为了信息源。

2005 年 8 月，上海还举办了中国首届播客大赛。对于播客的研究始终避免不了与博客的对比。播客实现了从文字传播向音频、视频传播转化，增加了娱乐成分。播客还满足了人们自我表达、张扬个性的需求，同时还加强了媒介交流与互动。并且，播客将来会从业余走向专业，从免费走向收费，免费与收费播客共存。

第四节　新旧媒体共同发展

一、网络媒体对传统媒体的冲击

传统媒体主要指的是电视、报纸、杂志、广播这四种广为人知的信息传播方式。这四种媒体已经伴随了人类很长时间，然而，随着时代的进步，网络媒体成为人们尤其是城市中年轻一代钟爱的信息交流、传播方式，甚至成为大众生活中不可或缺的重要组成部分。网络媒体的发展趋势，给传统媒体带来了相当大的冲击，甚至威胁到了它们的生存，两者之间的冲突似乎不可避免而且愈演愈烈。但我们也应该看到，从某种意义来说，传统媒体的发展并没有因为网络媒体的挑战而落后，相反，由于网络媒体的刺激，传统媒体在一定程度上也开辟出了新的发展空间。

中国互联网络信息中心（CNNIC）2010 年 1 月 15 日发布的《第 25 次中国互联网络发展状况统计报告》（以下简称《报告》）数据显示，截至 2009 年 12 月，我国网民规模已达 3.84 亿人，互联网普及率进一步提升，达到 28.9%。我国手机网民年增加 1.2 亿人，手机上网已成为我国互联网用户的新增长点。受 3G 业务开展的影响，我国手机网民数量迅速增长，规模已达 2.33 亿人，占整体网民的 60.7%。手机和笔记本作为网民上网终端的使用率迅速攀升，互联网随身化、便携化的趋势日益明显。互联网越普及，受众分流的趋势就越明显。由于读者和观众花费在数字媒体上的时间更多，广告也在更大范围的传媒途径中分散。在网络媒体这样的冲击下，传统媒体面临十分严峻的形势，其收入增长正陷入停滞。

面对网络媒体诸多挑战，传统媒体调整机制、自我完善已经刻不容缓。网络媒体在带给传统媒体挑战的同时，也为传统媒体的发展提供了前所未有的机遇，传统媒体需要积极主动地利用网络优势来改进自身。

二、网络媒体与传统媒体的竞争优势

自诞生之日起，网络媒体便与以报纸、广播、电视为代表的传统媒体形成了激烈的竞争格局。网络媒体在竞争中所体现出来的优势，是传统媒体无法比拟也无法抗衡的先天优越性。

（1）信息传播的时效性。这是网络媒体传播新闻信息的一个独特优势。信息传播的时效性也被我们称为"全时性"，因此现在的网络新闻也被称为"全时新闻报道"。人们在获取新闻信息的时候，总是希望在最短的时间内获得最全面的报道，在这方面报纸显然最为滞后，广播和电视相对来说虽有一定的进步，但其新闻信息的发布也会受到诸如播出时段等条件的限制，人们只有通过"午间新闻"或"晚间新闻"才能了解当天发生的新闻事件。而网络新闻随时都可以发布，而且时刻都处在更新之中，完全不受时间上的限制，时效性远远强于传统媒体。人们随时都可以上网，了解最新的新闻动态。这一点在报道突发性事件上体现得尤为明显。美国总统大选结果、伊拉克处决前总统萨达姆等事件，都是通过网络新闻率先播报的。在媒体竞争日趋激烈的今天，这种信息传播的时效性，无疑使得网络在与传统媒体的竞争中占得先机。

（2）传播信息的广容性。也就是说，网络媒体传播的信息容量几乎无限，信息的来源也相当广泛。而传统媒体的报纸以"空间"为容器，苦于版面有限；广播、电视以"时间"为容器，要受到播出时段的制约。因此，传统媒体在发布新闻信息的时候，有时不得不对许多材料忍痛割爱。同时，由于对信息来源进行严格的把关处理，使得在内容上也有许多限制。一句话，传统媒体发布的信息是有限的，而网络媒体基本不受时间和空间的限制，这就使得网络媒体容纳新闻信息的手段扩展为空间和时间两个方面：在空间上，网络新闻是"海量"的；在时间上，网络新闻则是"无终点"的。因此，网络媒体能以更多的篇幅，从更多的角度和视野，向受众提供更全面的新闻信息，从而更好地满足不同受众阶层的需求。

（3）信息表现形式的多媒体综合性。众所周知，报纸是以抽象的文字方式表现信息，而广播以声音表现内容，电视则是以声、画结合的方式受到受众的广泛欢迎。可以说，每一种新的表现形式的出现都是新闻传播业的巨大变革。然而，上述这些表现形式，基本上都是各自独立的，只有网络媒体综合了上述所有传统媒体的信息传播方式，集文字、声音、画面、影像等多媒体于一身，能全方位、多视角、综合性地展示一个新闻事件的始末。

（4）传递方式的交互性。网络传播与传统的印刷传播、电讯传播最大的不同之处在于双向交互性，即互动性。网络媒体传播信息的其他属性——比如传播的广泛性、时效性，传播方式的书面化、图像化等——传统媒体也同样拥有，它们之间只是具有量上的较大差别。而对于传统媒体而言，互联网的交互性，是质的飞跃，具有革新性，有人甚至把这个新的传播纪元称为互动传播纪元。网络传播的这种交互性，极大地改变了传统媒体的传受关系。传统的大众传播方式是由点到面，传播者占据主动位置，他们按照自己的需要向受众发布信息。在网络传播中，通过网上新闻组、电子会议、电子公告牌、电子聚会、电子邮件等各种形式进行交流和对话，受众既可以利用网络公开发布自己的信息，也可以利用网络广泛地交流意见，这也正是网络媒体吸引受众的一大魅力所在，在很大程度上激发了受众的参与感。

（5）网络传播的"去中心化"。与各种传统的传播方式相比，网络媒体在传播新闻信息时展现出鲜明的"去中心化"趋势，主要体现在传播主体的消解和网民"去中心化"的思维意识。在网络传播过程中,传播主体"把关人"的权力瓦解,无数个体化的传播主体浮出水面。网络传播具有谁也无法占主导地位的"去中心化"的结构,这种传播结构在 BBS 以及网络聊天室中表现得尤为明显,受众在接受信息的时候,往往更看重观点、态度,而对任何现有权威、现成结论都持怀疑态度。可以说,是网络媒体引导并迎合了受众的这种"去中心化"趋势。报纸、广播、电视等传统媒体之间尽管有竞争,但因为各有特色从而形成了各自比较稳定的受众群体,彼此占有相对固定的市场份额,因此得以"和平相处",在竞争中共同发展。比如,报纸在传递新闻时,篇幅可长可短,内容以深见长,形式上通过字号的大小、字体的变化、图文的搭配给人以美感;广播以声音传递新闻信息,可以给人声情并茂的感觉,听众接收新闻基本不受交通、气候、位置等条件的限制等。那么在网络传播时代,传统媒体的传播优势渐弱,寻求与网络媒体的融合则是它们生存和发展的必然出路。

三、传统媒体与网络媒体的共赢策略

有迹象显示,纸媒长期下降的读者数量近年来可能已趋平稳,同时多数人都将互联网视为印刷媒体的一种补充,而非替代品,传统媒体仍然是很赚钱的生意。美国报纸行业的日销量高达 5500 万份,利润率达到不低的两位数,同时拥有强劲的现金流。因此,传统媒体能否在可预见的未来继续存在下去,并不是什么大问题,它们中的大多数显然将继续存在。传统媒体面临的真正问题是:在未来的生存竞争中应当采取何种策略?笔者认为,传统媒体必须以新的传播技术改变旧的传播形态,建立新的传播模式、开辟新的传播渠道、拓展新的经营思路,形成与网络媒体互动发展的新形态。

1. 传统媒体与网络媒体的融合共生正在成为一种趋势

(1)网络媒体与传统媒体存在着优势和局限方面的互补性。网络媒体自身的不足主要是受宽带限制和缺乏信息源,而这些不足都可以从传统媒体中得到有益的补充。一方面,传统媒体拥有四通八达的有线电视网,它们具有建成宽带高速传输网的现实可能性,将极大提高网络传输速度,并结合网络与电视的优点,为网络进入千家万户创造更加有利的条件。另一方面,传统媒体具有丰富的信息资源,这可以为网络媒体提供鲜活的内容和素材,传统媒体具有星罗棋布的信息采集网、经验丰富的信息采集加工人才、丰富多彩的信息数据库,这些在"内容为主"的网络媒体竞争中具有重要价值。传统媒体拥有雄厚的品牌资源,一些著名新闻机构在广大受众心中早已树立了良好

的传播形象,网络媒体与这些机构联合,就可以利用名牌效应,提高自身的权威性和可信度。网络媒体借助传统媒体的信息资源可以扩大信息采集渠道,传统媒体借助网络媒体可以以更低成本和更快速度传播信息。

(2)网络媒体在未来的发展,只有坚持对传统媒体的继承和创新才能发展得更加完善和迅速。雅虎(Yahoo)就是一个很鲜明的例子,它不断地在网络上面创新服务内容,或者是以精准的眼光买下有潜力的新兴服务纳为己有,并借由股票上市的关系筹得大量资金以及获得极高的市场价值。此外,网络的分布式特性,让网络媒体的成功门槛比传统媒体来得高。也就是说,要在网络媒体这个领域上面造成独占或者寡占,所要花费的力气比传统媒体要大得多,如网络服务的项目、网络内容的多寡、跨媒体的互相资源交流等。一个从网络发家的媒体集团,要同时处理这么多的内容,对资源以及时机的把握非常重要。美国在线 AOL 就是这样一个例子,从互联网服务提供商(internet service provider)ISP 的角色做起,进而经营网络社区,最后利用资本市场赋予它的能力,把传统媒体的内容收归己有,最后买下了时代华纳。

(3)网络为全方位的信息双向互动传播提供了可能。网络传播不受时空限制的特性,从根本上使网民获得了信息获取和传播的主动性和互动性。网络传播的功能包括文字传播与交流、音频和视频的传播与交流,网民只要配备一个简单的麦克风和摄像头,就可以在接收节目的同时,与节目主创人员或其他网民进行交流沟通。目前,网上很多信息和节目内容都有评论提示和转发提示,既供网民发表看法,作出直接的反馈,也便于网民以传播者的身份继续对该信息进行传播。加上网络信息和节目是异步播出,可满足各种不同受众和网民的需要。这样,网民和受众不再需要按线性的播出流程被动地接收由编辑编排好的节目内容,而可以在无限广阔的节目信息空间中,根据自己的爱好和需求检索、选择和传播节目。

2. 传统媒体与网络媒体共建、共赢策略

传统媒体与网络媒体共建、共赢的形式多种多样,要根据需要来设计、运用。随着随时随地互联互通的实现和网络道路的扩宽,传统媒体与网络的融合发展在技术上也变得简便易行。此时,市场呼唤更多的精彩内容和服务。作为拥有优势信息资源的传统媒体,也要从多方面来适应这种新的传播态势的要求。

(1)确立媒体的服务意识。制作为受众和网民所接受和喜爱的信息资源,将内容资源的经营作为保持传统媒体和网络媒体可持续发展的根本能源。以电子方式与受众联系并理解他们的需要,然后使用网络时代技术开发新的能力以实时响应这些需要，是网络媒体与传统媒体共建、共赢策略中的基础要求。不论是未来网络与传统媒体融合，还是传统媒体以新的面目在未来传媒环境的"网络界面"中继续发挥视听强势，只有真正"链接"受众需求，不断提供主流内容，才可能长盛不衰。

（2）采取多媒体联动的品牌整合营销。未来传统媒体与网络媒体的融合发展是在为受众创造更多参与机会的基础上，整合多种媒体的传播优势与效果，走传统媒体资源加网络支持的合作之路，为共同发展整合出核心价值。传统媒体一定要考虑到网络媒体信息海量、网络用户注意力有限的客观现实，注重自身的品牌建设和营销，借助网络实现自己品牌资源的多媒体联动。

（3）大力加强资金、技术、人力投入。由于欧美、澳洲和亚洲一些发达国家和地区的电信基础设施较为先进，带宽较宽，在1994年前这些国家和地区的主要媒体就已经实现了电子化，尤其是在美国、澳大利亚、日本和韩国等国家，媒体的网络化接近100%。与之形成鲜明对比的是，虽然我国报纸总拥有量为世界第一，但报业对信息技术的应用水平却非常落后，且不同程度地存在着制作简陋、信息量不多、缺乏广度和深度、品种也较单调等问题。因此，应当大力培养适应第四媒体的人才。现有新闻从业人员面临的一个重要任务是熟悉网络、更新知识、提高素质。

（4）提高时效，力保准确和深度。即时新闻是网络媒体的优势所在，在网络媒体与传统媒体的共建、共赢策略中，传统媒体要打破传统的截稿时限，增派编采人员或要求记者随时发稿，朝着将整个机制向"24小时新闻机器"的目标迈进。不仅如此，在信息采编方面，为提高时效，媒体必须做到发稿要快、截稿要晚、及时更新。

（5）充分发挥网络的互动性。利用网络这个面向全球的电子平台，传统新闻媒体可以建立与读者及其他客户的直接、互动的联系渠道，做足"互动、交互"的文章，增加互动性。

3. 传统媒体与网络媒体共建、共享的主要方式

网络媒体使传播者与受众渐渐融为一体，两者之间的沟通方式，已经不再是简单的反馈与交流，而是直接连通，传播者与受众这一转变使整个传播结构与传播效果发生了巨大变化，具有传统媒体无法比拟的传播优势。网络为传统媒体开辟了对外传播的新渠道，使传统媒体的影响力大大增强。网络无国界，弥补了传统媒体传播覆盖面有限的不足，通过网络，传统媒体的信息可以被传播到世界各地，并收到来自世界各地受众和网民的反馈信息。目

前，传统媒体与网络媒体共建、共享的方式主要有以下几种：

（1）信息参与方式。

在网页显著位置设立征集新闻采访线索栏目，让受众能直接参与到信息的生产过程中，采用邮件、BBS、留言板等方式，与媒体取得联系；对所传播的信息，可加入调查问卷，了解受众对相应信息的反馈。

（2）信息推广方式。在信息的特定位置，提供"转发"或"推荐给朋友"等功能，以实现信息的有效推广。

（3）信息评论方式。这是受众参与网络传播的最主要方式，可通过设立稳定的论坛，用"推荐话题"等方式，引导受众的关注，发表意见。我们常看到的"我说两句"就为网民随时发表见解提供了方便。

（4）网上调查方式。调查，是为了让大家看到大家的立场。媒体编辑和策划人员把可能会引起普遍社会关注的重要现象或焦点话题，根据主题预设几个答案，由网民选择，并及时刷新结果。

（5）网上直播方式。可以是嘉宾访谈，也可以是观众与网民之间聊天；可以是文字，也可以是视频；可以是单向的演讲，也可以是双向的对话。现场第一反应的真实性是直播的核心价值。

（6）社区建设方式。社区，是 BBS、直播、调查、邮箱、搜索、聊天室等网民从自身需要出发所使用的一站式服务的集合。根据社区的规模和参与者的成分，可将网络社区分为综合性社区和专业社区两种主要形式，每种社区通常又会按照不同的主题分为若干板块。

已有的实践和研究表明，在新的历史时期，传统媒体与网络媒体能够优势互补、互相包容、互相推进、共同发展。它们的关系是：一方面网络媒体将成为对 21 世纪人类文化、经济和生活影响最广泛、最深刻的新型媒体；另一方面传统媒体向多元化经营，向多媒体转变，新旧两种媒体的共建、共享将会迎来 21 世纪信息传播的新纪元。

思考与实践

1. 四大广告媒体是指哪些广告媒体？各有什么特点？
2. 试说明电影院广告的优势和劣势。
3. 户外广告有什么特点？
4. 广告新媒体有哪些特点？
5. 分析说明新旧媒体的关系。

第三章

媒体环境

本章内容提要

广告媒体的发展环境可以从多个层面来看：从宏观上看，包括国家经济发展、国家政治环境、国家政策环境、国际经济环境等，其中国家经济发展情况影响最为直接；从中观上看，与媒体关系密切的社会变革、技术进步等都有一定的影响；从微观上看，媒体环境主要是指各类媒体的发展情况。

广告要有创意，但是广告创意也并不是完全没有限制的，而是必须要适应各种媒体的形式要求。

关键名词

经济环境　中观环境　微观环境　传统媒体　网络媒体　广告创意

第一节 经济环境

经济环境对于媒体投资有直接的影响，经济景气时，媒体投资就呈扩张趋势，经济不景气时，媒体投资就呈下降趋势。如何分析媒体投资的经济环境？对于媒体投资分析人员来说，分析媒体投资的经济环境主要关注经济增长率，失业率，外汇汇率，通货膨胀水平等。总量分析法：指对影响宏观经济运行总量指标的因素及其变动规律进行分析，如对国内生产总值、消费额、投资额、银行贷款总额及物价水平等指标及其变动规律的分析等，进而说明整个经济的状态和全貌。

一、宏观经济运行主要指标

（1）国内生产总值（GDP）：指一定时期内（一般按年统计）在一国国内新创造的产品和劳务的价值总额。在宏观经济分析中，国内生产总值指标占有非常重要的地位，具有十分广泛的用途。国内生产总值的持续、稳定增长是政府着意追求的目标。

（2）工业增加值：指工业企业在报告期内以货币表现的工业生产活动的最终成果，是衡量国民经济的重要指标之一。

（3）失业率：指劳动力中失业人数所占的百分比。

（4）通货膨胀和通货膨胀率：通货膨胀是指用某种价格指数衡量的一般价格水平的持续上涨。通货膨胀率是指物价指数总水平与国民生产总值实际增长率之差。

（5）国际收支：一般是指一国居民在一定时期内与非居民在政治、经济、军事、文化及其他往来中所产生的全部交易的系统记录。

（6）固定资产投资规模：指一定时期在国民经济各部门、各行业固定资产再生产中投入资金的数量。投资规模是否适度，是影响经济稳定与增长的一个决定因素。投资规模过小，不利于为经济的进一步发展奠定物质技术基础；投资规模安排过大，超出了一定时期人力、物力和财力的可能，又会造成国民经济比例的失调，导致经济大起大落。投资主体多元化，主要包括政府投资、企业投资、外商投资（直接投资、间接投资）等三种。

（7）社会消费品零售总额：指国民经济各行业通过各种商品流通渠道向城乡居民和社会集团供应的消费品总额。按销售对象分为对居民的消费品零售额和对社会集团的消费品零售额。

（8）城乡居民储蓄存款余额：指某一时点城乡居民存入银行及农村信用社的储蓄金额，包括城镇居民储蓄存款和农民个人储蓄存款，不包括单位存款。

（9）利率：或称利息率，指在借贷期内所形成的利息额与所贷资金额的比率。利率直接反映的是信用关系中债务人使用资金的代价，也是债权人出让资金使用权的报酬。包括贴现率与再贴现率、同业拆借利率、回购利率、各项存贷款利率。

（10）汇率：指外汇市场上一国货币与他国货币相互交换的比率。

（11）国际储备：包括外汇储备、黄金储备、特别提款权、在国际货币基金组织的储备头寸。

二、宏观经济环境对广告影响

中国广告市场的发展明显受制于宏观经济环境。其对广告市场的影响有以下几个方面：国家经济发展，国家政治环境，国家政策环境，国际经济环境等。其中国家经济发展环境对广告业的影响最大也最为直接。国家经济发展环境对广告市场产生影响的主要因素有：国内生产总值，社会商品零售总值，城乡居民收入水平等。从生产、流通、分配、消费过程看，国内生产总值对广告经营的影响最为直接，其特点表现为稳定与同步。

随着中国市场经济体系的不断完善，广告市场正走向成熟。中国的经济发展与广告市场在互动中走向双赢。广告经营形势的好坏与国民经济的发展有着直接的关系。改革开放以来，中国经济发展取得了辉煌的成就。市场经济的建立使企业成为市场经济的主体，广告也逐渐成为企业开拓市场的自觉行为。良好的经济环境为广告市场的发展准备了充分的条件；而作为第三产业的重要组成部分，广告业的高速发展又形成了经济发展的重要推动力。目前以消费结构升级为核心的新一轮经济增长内在动力，以及中国加入 WTO 后成为"世界工厂"所引发的国际投资与出口增长的动力，以及城市化进程加快所引发的投资加快的动力，都将引领中国经济进入新一轮的经济增长周期。而这一切都为广告业的大发展提供了契机。

从 1981 年到 2007 年间，我国广告营业额从 1.18 亿元增长到 1741 亿元，增长了 1475 倍，广告营业额占 GDP 的比重从 1981 年的 0.024% 上升到了 2007 年的 0.9%。具体参见表 3 - 1。

表 3 – 1　中国广告业 1981—2007 年发展情况统计表

年份	全年广告经营额(万元)	广告额占国内生产总值比重(%)	人均广告费(元)	全国广告经营单位(户)	全国广告从业人员(人)	广告从业人员人均经营额(元)
1981	11800	0.024	0.118	1160	16160	7302
1990	250172.6	0.135	2.0188	11123	131970	18957
1991	350892.6	0.162	3.030	11769	134506	26088
1992	678675.4	0.255	5.792	16683	185428	36600
1993	1340873.6	0.388	11.314	31770	311967	42981
1994	2002623	0.429	16.709	43046	410094	48833
1995	2732690	0.475	22.562	48082	477371	57245
2000	7126632	0.808	56.300	70747	641116	111160
2007	17410000	0.9	130	173000	1113000	156424

资料来源：引自《中国广告年鉴》2008 年版"2007 年全国广告业发展综述"

　　中国广告业的发展与 GDP 的增长速度呈现很强的正相关性，其中社会消费品零售总额与广告业增长的相关性更强。据统计，1981—2005 年我国广告业的经营额、国内生产总值、社会消费品零售总额的年平均增长率分别为 36.19%、16.58%、16.04%，国内生产总值与社会消费品零售总额的变动幅度基本趋同，而广告经营额的年平均增长率是国内生产总值与社会消费品零售总额平均增长率的 2.2 倍。2006 年，全国广告经营额达 1573 亿元，比上年增长 156.7 亿元，增长率为 11.1%。截至 2007 年年底，中国广告经营额为 1741 亿元；广告从业人数 111.3 万人，相比 2006 年增长 7%；经营单位达到 17.3 万户，相比 2006 年增长 21.2%。

　　研究表明，房地产广告客户所占的比例最大，其次是家用电器、服装服饰、酒类、通信电子、教育培训、药品、保健食品、医疗器械、医疗服务、化妆品、汽车制造、烟草、旅游，这 14 类产业的发展带动了中国广告业的总体发展。

　　网络、手机、楼宇电视等新兴媒体的出现，为广告业提供了巨大的发展空间。以 2006 年 7 月为例，iTrend 互动趋势营销顾问数字媒体研究中心针对中国内地 60 个主流互联网网站的广告监测表明，按照刊例价进行计算，该月中国网络广告市场规模达到了 14.13 亿元人民币，其中新闻综合类网站的市场份额最高，接近 10 亿元人民币，其次是 IT 类、房产类、传统媒体类、地方区域类、财经类、游戏类、博客类和生活服务类。另据国际数据协调中心（International Data Coordination Ceatre）IDCC 统计资料，2006 年中国互联网网络广告市场营业收入规模达 49.8 亿元，2007 年比 2006 年增长 51.8%。楼宇电视广告市场，在 2010 年可能达到 200 亿元~500 亿元，占到目前中国广告业总体份额的 1/3；网络广告 2010 年的市场规模可以达到 157 亿元；手机广告的市场"扩容"速度则尚难预测。这些新兴媒体的出现，必然为广告业的规模扩张带来重要影响。

(1) 国内生产总值（GDP）变动对媒体投资的影响。经济周期是一个连续不断的过程，表现为扩张和收缩的交替出现，分为启动阶段、高涨阶段、衰退阶段、萧条阶段四个阶段。社会总需求与总供给协调增长，经济结构逐步合理，趋于平衡，经济增长来源于需求刺激并使得闲置的或利用率不高的资源得以更充分的利用，从而表明经济发展的势头良好，伴随总体经济成长，公司利润持续上升，股息和红利不断增长，企业经营环境不断改善，产销两旺，人们对经济形势形成了良好的预期，投资积极性得以提高，从而增加了对媒体投资的需求，促使媒体投资价格上涨。随着国内生产总值 GDP 的持续增长，国民收入和个人收入都不断得到提高，收入增加也将增加媒体资讯的需求，从而媒体投资价格上涨。

(2) 高通胀下的 GDP 增长。当总需求大大超过总供给，这将表现为高的通货膨胀率，这是经济形势恶化的征兆，表现为公司产品旺销，媒体投资会减少。如房地产业，房价高涨，房地产公司媒体投资就会下降。

中国 1978 年到 2008 年主要宏观数据如表 3-2。

表 3-2　1978—2008 年中国主要宏观经济指标

指　　　标	1978 年	1990 年	2000 年	2007 年	2008 年
总人口(年末)(万人)	96259	114333	126743	132129	132802
男性人口(万人)	49567	58904	65437	68048	68357
女性人口(万人)	46692	55429	61306	64081	64445
城镇人口(万人)	17245	30195	45906	59379	60667
乡村人口(万人)	79014	84138	80837	72750	72135
就业人员数(万人)	40152	64749	72085	76990	77480

续表

指　　标	1978 年	1990 年	2000 年	2007 年	2008 年
职工人数（万人）	9499	14059	11259	11427	11515
城镇登记失业人数（万人）	530	383	595	830	886
国民总收入（亿元）	3645.2	18718.3	98000.5	259258.9	302853.4
国内生产总值（亿元）	3645.2	18667.8	99214.6	257305.6	300670.0
第一产业（亿元）	1027.5	5062.0	14944.7	28627.0	34000.0
第二产业（亿元）	1745.2	7717.4	45555.9	124799.0	146183.4
第三产业（亿元）	872.5	5888.4	38714.0	103879.6	120486.6
全社会固定资产投资总额（亿元）		4517.0	32917.7	137324	172828.4
城镇（亿元）		3274.4	26221.8	117464.5	148738.3
房地产开发（亿元）		253.3	4984.1	25288.8	31203.2
农村（亿元）		1242.6	6695.9	19859.5	24090.1
国家财政收入（亿元）	1132.3	2937.1	13395.2	51321.8	61330.4
中央（亿元）	175.8	992.4	6989.2	27749.2	32680.6
地方（亿元）	956.5	1944.7	6406.1	23572.6	28649.8
国家财政支出（亿元）	1122.1	3083.6	15886.6	49781.4	62592.7
中央（亿元）	532.1	1004.5	5519.9	11442.1	13344.2
地方（亿元）	590.0	2079.1	10366.7	38339.3	49248.5
规模以上工业总产值（亿元）			85674	405177	507448
资产总计（亿元）			126211	353037	431306
主营业务收入（亿元）			84152	399717	500020
利润总额（亿元）			4393	27155	30562
建筑业企业从业人员（万人）		1011	1994	3134	3315
建筑业总产值（亿元）		1345	12498	51044	62037
客运量（万人）	253993	772682	1478573	2227761	2867892
铁路（万人）	81491	95712	105073	135670	146193
公路（万人）	149229	648085	1347392	2050680	2682114

续表

指　　标	1978 年	1990 年	2000 年	2007 年	2008 年
水运(万人)	23042	27225	19386	22835	20334
民航(万人)	231	1660	6722	18576	19251
货运量(万吨)	248946	970602	1358682	2275822	2587413
铁路(万吨)	110119	150681	178581	314237	330354
公路(万吨)	85182	724040	1038813	1639432	1916759
水运(万吨)	43292	80094	122391	281199	294510
民航(万吨)	6	37	197	402	408
管道(万吨)	10347	15750	18700	40552	45382
沿海规模以上港口货物吞吐量(万吨)	19834	48321	125603	388200	429599
邮电业务总量(亿元)	34.1	155.5	4792.7	19805.1	23649.5
函件(亿件)	28.4	54.9	77.7	69.5	73.0
报刊期发数(万份)	11250	20078	20090	13031	15658
移动电话年末用户(万户)		1.8	8453.3	54730.6	64124.5
固定电话年末用户(万户)	192.6	685.0	14482.9	36563.8	34035.9
城市(万户)	119.2	538.4	9311.6	24859.8	23155.9
农村(万户)	73.4	146.6	5171.3	11704.0	10880.0
公用电话(万户)	1.2	4.6	352.0	2991.9	2771.5
局用交换机容量(万门)	405.9	1231.8	17825.6	51034.6	50863.2
社会消费品零售总额(亿元)	1559	8300	39106	89210	108488
货物进出口总额(亿美元)	206.4	1154.4	4742.9	21737.3	25632.5
出口额(亿美元)	97.5	620.9	2492.0	12177.8	14306.9
进口额(亿美元)	108.9	533.5	2250.9	9559.5	11325.6
外商直接投资(亿美元)		34.9	407.2	747.7	924.0
外商其他投资(亿美元)		2.7	86.4	35.7	28.6
入境旅游过夜者人数(万人次)	71.6	1048.4	3122.9	5472.0	5304.9
国际旅游外汇收入(亿美元)	2.6	22.2	162.2	419.2	408.4

续表

指　　　标	1978 年	1990 年	2000 年	2007 年	2008 年
金融机构人民币各项存款余额（亿元）	1155	13943	123804	389371	466203
金融机构人民币各项贷款余额（亿元）	1890	17511	99371	261691	303395
普通高等学校学生（万人）	85.6	206.3	556.1	1884.9	2021.0
普通中学学生（万人）	6548.3	4586.0	7368.9	8243.3	8050.5
普通小学学生（万人）	14624.0	12241.4	13013.3	10564.0	10331.5
教育经费支出（亿元）			3849.1	12148.1	
图书出版数量（亿册）	37.7	56.4	62.7	62.9	69.4
故事片产量（部）	46	134	91	402	406
电视节目制作时间（万小时）		9.2	58.5	255.3	264.2
城镇居民平均每户家庭人口（人）		3.50	3.13	2.91	2.91
农村居民平均每户常住人口（人）		4.80	4.20	4.03	4.01
城镇居民人均可支配收入（元）	343	1510	6280	13786	15781
农村居民人均纯收入（元）	134	686	2253	4140	4761
城乡人民币储蓄存款余额（亿）	211	7120	64332	172534	217885
工资总额（亿元）	569	2951	10656	28244	33714
职工年平均工资（元）	615	2140	9371	24932	29229
社会保险基金收入（亿元）		187	2645	10812	13696

资料来源：http://www.stats.gov.cn/tjsj/ndsj/2009/indexch.htm

第二节　中观环境

中观环境主要是指与媒体关系密切的社会变革、技术进步等。

一、社会变革环境对广告的影响

广告处在一个广阔的社会环境和传播环境中，广告产业的发展和广告活动的开展，都无法脱离它所处的外部社会大环境、社会信息传播环境以及广告产业自身内部现实条件的制约。广告是在多环境因素的作用下发展，是一一般社会环境和传播环境综合作用的结果。

由于研究角度的不同，广告环境有时泛指整个广告产业存在和发展所处的世界，或者是指这个世界上一切影响广告产业发展的社会因素。泛指层面的广告环境不仅是直接影响广告产业发展进程的最重要因素，而且其影响力还可以达到具体广告活动。有时则是特指影响、制约具体广告活动的具体的特定的社会环境。如具体广告活动面对的特定的市场、消费者、传播环境、时间、空间以及其他一切对广告活动的策划、创意、实施等具有影响的因素。特指层面的广告环境则只是相对具体的广告活动而言，它是进行广告战略决策市场调研的重要对象。无数企业、产品的特定广告环境之和就构成影响整个广告产业发展的广告环境。

所以，广告环境是由以下两个层次的各影响因素构成，即由传播体制、传播媒介、广告产业、广告主、广告对象及竞争品牌等因素构成的广告传播环境和由社会的经济、科技、文化、政治、法律等因素构成的广告的一般社会环境。一般社会环境发挥着更大的作用，它不但从根本上决定广告传播环境，也直接影响着广告的生存和发展。

一方面，广告受到特定的社会经济、文化等环境因素的鲜明影响，是反映特定的社会存在的一面镜子；另一方面，广告本身就是社会经济、文化的一个组成部分，对整个社会发生着潜移默化、且又巨大的影响。今天，广告已经成为市场营销的重要手段，是大众传播媒体传播的重要内容之一。从数量、规模、覆盖面等方面衡量，广告传播的影响力已经很大，对环境的作用也越来越明显地显现出来。广告收入已成为大众传播媒介生存、发展的最主要的经济支柱，成为媒体经营最主要的问题。它每天影响着消费者的消费观念、购买行为和消费习惯，影响着市场竞争的态势和格局，影响着企业的经营和发展，在社会的经济、文化生活中扮演着相当重要的角色。随着企业和消费者对广告的依赖程度的加深，广告对经济、文化生活的影响作用也越来越大。

二、技术进步环境对广告的影响

20世纪90年代，随着以网络为代表的新传播科技的冲击，中国市场日益国际化，中国广告传播社会形态发生了剧烈变化，传播媒体及传播环境的变化让人眼花缭乱，主要表现为：媒体格局的变化、广告活动的变化、广告观念的变化。

媒体格局的变化主要是指媒体数量、媒体种类和有效沟通方式的日益多样化。大众传播出现向分众化、小众化、个人化发展的趋势，四大传统媒体的格局已被各类新兴媒体打破，受众的媒体选择面越来越宽，媒体能够覆盖的受众群越来越小，广告投放效果被大大稀释了。同时由于整合营销传播观念的日益普及和日趋昂贵的媒体广告费用，使得能与消费者进行直接有效沟通的方法和手段赢得了广告客户的青睐，如直接邮寄广告(direct mail advertising)、销售促进(sales promotion)等沟通方式的费用增长速度已明显高于传统广告媒体的费用增长。

21世纪，人类社会又将进入一个加速发展时期，其发展速度和发展结果都难以预测。它面临着新挑战即全球化经济、全球化贸易对全球化广告传播的现实需求，整合营销对整合营销传播的现实要求，网络媒介对传统媒体以及传统媒体广告的冲击等，这些现代广告在未来发展所要面临的巨大挑战，也是现代广告未来发展的基本趋向。相应地这些变化对21世纪的广告实践和广告人也提出了新要求。全球市场一体化趋势，中国开放程度越高，越需要能够胜任国际市场营销、国际传播的人才。

三、消费者广告环境变化

广告发展至今，作为消费文化中的一员，现今的消费者个人从小的时候起就学会了识别广告，并能做出非常成熟的理解。消费者基本上都知道广告主希望他们如何理解广告，但他们也有自己的需求、习惯和偏好的理解方式，他们还知道其他消费者对这个产品或这条讯息的看法。鉴于这些因素，他们对广告的理解会使广告既具有一定的意义，能满足自己的需求，同时又不会完全违背广告主对消费者的期望。处于社会嬗变中的消费者，观念、思想和行为都发生了潜移默化的转变，他们观看广告但不一定会对其产生行动，推崇品牌但不迷信品牌，跟随潮流但又标榜自我。同时，社会分层也将消费者分隔成不同的群体，这些群体具有不同的消费心理和消费行为。消费者对广告的要求已经不拘泥于提供信息、方便生活的作用，他们更要求广告能够带来审美效果以及教化功能。

第三节　微观环境

广告媒体的微观环境主要是指各类媒体的发展情况，具体是指传统媒体和网络媒体普及程度。

一、电视媒体

我国电视普及程度提高，特别是国家实施"村村通"工程后，电视普及率超过了95%。2009年全国共有广播电台251座，电视台272座，广播电视台2087座，教育台44座；有线电视网络400多万千米；广播节目、电视节目综合人口覆盖率分别为96.31%、97.23%，比2008年分别增长0.35%、0.28%。

农村数字电影放映工程、农村电影公共服务体系建设取得重要成果。2009年已完成了对4个直辖市、310个地级市、2333个县级地区、2.61万个乡镇、43.65万个行政村的覆盖，农村数字电影流动放映体系和覆盖全国的农村数字电影服务网络初步形成。2009年全年落实中央财政公益性放映场次补贴专项资金3.3亿元，共放映农村电影781万多场，比上年增加66万场；观众达18.15亿人次，比上年增加2.15亿人次。参见表3-3。

电视环境的变化，主要观察下列指标的变化程度。

(1)电视机普及率。即一个国家或者一个地区拥有电视机的户数或人口数与总户数或总人口之比。

(2)有线电视普及率。

(3)当地电视频道数；接受广告的商业频道数；各频道类型及覆盖率。

对电视的分类，主要体现在频道上：

①以接受广告与否可划分为商业频道和非商业频道。

A. 商业频道：可以接受广告。

B. 非商业频道：不能接受广告，如公益频道、付费频道(频道经营者以收取用户费用为经营方式，频道内不再接受广告)等。

②以频道的节目内容可划分为综合频道、新闻频道、体育频道、戏剧频道等。

③以传播方式可划分为卫星频道、无线频道、有线频道等。

A.卫星频道：是指用户可以通过蝶形接收器接收，但大部分由有线电视台接收后，再通过有线系统传送给用户，因此，各个市场的有线系统普及程度对当地的卫星频道覆盖率具有绝对影响。

B.无线频道：包括全国频道、省频道和市频道。覆盖率主要受电视机普及率影响。

C.有线频道：用户通过有线系统接收。在一个地区内，不同的系统可能提供不同的频道及覆盖地区。

表 3 - 3　电视事业发展情况

指　　标	2006 年	2007 年	2008 年
电视节目综合人口覆盖率（％）	96.23	96.58	96.95
农村（％）	95.56	95.60	96.06
全国有线广播电视用户数（万户）	13995	15325	16398
农村（万户）	5490	6180	6568
数字电视用户数（万户）	1266	2686	4528
有线广播电视入户率（％）	37.02	39.90	41.63
农村（％）	22.86	25.57	26.81
电视节目套数（套）	3092	3214	3287
公共电视（套）	2983	3127	3198
付费电视（套）	109	87	89
全年制作电视节目时间（万小时）	261.80	255.33	264.19
全年公共电视节目播出时间（万小时）	1360.45	1454.70	1495.34
全年电视剧播出数（万部）	22.73	22.57	22.57
全年电视剧播出数（万集）	490.27	534.97	550.43
进口电视剧播出数（部）	13311	10652	9251
进口电视剧播出数（万集）	25.08	26.42	22.96
全年动画电视播出数（部）	15743	14015	15447
全年动画电视播出数（万集）	46.21	51.34	51.85
进口动画电视播出数（部）	1865	1551	1419
进口动画电视播出数（万集）	6.04	5.97	4.56
全年对外电视节目播出套数（套）	29	34	33
全年对外电视节目播出时间（万小时）	19.03	22.55	22.46

资料来源：http：//www.stats.gov.cn/tjsj/ndsj/2009/indexch.htm

（4）各时段 HUT（household using TV）及频道占有率；HUT 全年季节性变化。HUT 即家庭开机率，是指在一天中的某一特定时间内，拥有电视机的家庭中收看节目的户数占总户数的比例。开机率的高低，因季节、一天中的时段、地理区域和目标市场的不同而不同，这些变化反映了消费者的生活习惯和工作状态，如早晨因人们去工作而降低，傍晚因人们回家而升高，深夜因人们入睡再降低。开机率是从整体的角度去了解家庭与个人或对象阶层的总和收视情况，主要的意义在于对同市场、不同时期收视状况的了解。央视一索福瑞媒介研究有限公司 CSM 测量体系里，开机率即所有频道收视率。天气变化也是影响开机率的一个重要因素。

（5）设定对象在各时段的 PUT 及频道占有率；PUT 全年季节性变化。PUT（people using TV）即个人开机率，指在特定时间内，所有收看任何电视节目的人口数占总（电视）人口数的百分比。个人开机率的高低，因季节、一天中的时段、地理区域和目标市场的不同而不同，这些变化反映了消费者的生活习惯和工作状态。个人开机率是从整体的角度去了解个人或对象阶层的总和收视情况，主要的意义在于对同市场、不同时期收视状况的了解。天气变化也是影响个人开机率的一个重要因素。

（6）各频道观众组合；昨日收看电视人口（所有频道及个别频道过去 7 天收看电视人口）；所有频道及个别频道各时段的观众组合（一般采用过去 7 天资料分析以获取较常态资讯）；节目视听众占有率。节目视听众占有率（share），是指收看某一特定节目开机率的百分数，说明某一节目或电台在总收视或收视听众中占有多少百分数。节目视听众占有率并不表示拥有电视机的总家户数，而只是在某一特定时间那些"正在看电视的"家户数。

节目视听众占有率 =（视听节目的户数/视听开机户数）×100%

（7）平均开机时数。即总人口及各个阶层的每天平均开机时数。

（8）各频道节目安排行程。

（9）各节目的对象阶层收视率及排名。对象阶层收视率是对象阶层中收看某节目的人口占对象阶层总人口的比例。

（10）各节目或时段折扣及单价。包括指定位置及特别节庆等的加价。

（11）各节目的千人成本，每一收视点成本及排名。

（12）广告淡旺季分布；广告干扰度评估。

（13）广告段落安排（节前、节内、标版等）；广告段落的数量；每个段落长度；广告秒数规定。

（14）购买渠道与机会。即可以通过哪些渠道去购买媒体，有无节目赞助或节目交换广告等机会。

（15）购买执行规定。包括订单期限、确认期限、材料规格、材料缴交期限、付款条件、审批程序等。

二、广播媒体

我国的广播事业发展较快。广播节目综合人口覆盖率和技术水平不断提高见表3－4、表3－5。

表3－4　广播事业发展情况

指　　标	2006 年	2007 年	2008 年
广播节目综合人口覆盖率（％）	95.04	95.43	95.96
农村（％）	94.11	94.12	94.74
广播节目套数（套）	2366	2433	2437
公共广播（套）	2365	2432	2436
付费广播（套）			
全年制作广播节目时间（万小时）	619.2	633.3	649.4
全年公共广播节目播出时间（万小时）	1078.05	1127.24	1162.97
全年对外广播节目播出套数（套）	55	77	145
全年对外广播节目播出时间（万小时）	38.52	46.15	50.84

资料来源：http：//www.stats.gov.cn/tjsj/ndsj/2009/indexch.htm

表3－5　广播电视技术及其他

指　　标	2006 年	2007 年	2008 年
全国广播电视总收入（亿元）	1099.12	1316.40	1583.91
全国广播电视从业人员数（万人）	62.43	64.53	67.17
中、短波转播发射台（座）	800	802	808
调频转播发射台（万座）	1.67	1.06	1.21
电视转播发射台（万座）	2.72	1.82	1.85
有线广播电视传输干线网络总长（万千米）	272.2	301.3	320.5

资料来源：http：//www.stats.gov.cn/tjsj/ndsj/2009/indexch.htm

对于广播环境的考察，主要分析以下指标：
（1）收音机普及率。
（2）当地广播频道数；接受广告的商业频道数；各频道覆盖率。

（3）各时段 HUT 及全年季节性变化。

（4）设定对象在各时段的 PUT 及全年季节性变化。

（5）各频道观众组合；昨日收听广播人口；所有频道及个别频道各时段的听众组合（一般是根据过去 7 天资料分析以获取较常态资讯）。

（6）平均收听时数。即总人口及各个阶层的每天平均开机时数。

（7）各频道节目行程安排。

（8）各节目的对象阶层收听率及排名。

（9）各节目或时段折扣及单价。包括指定位置及特别节庆等的加价。

（10）各节目的 CPM/CPR 及排名。

（11）广告淡旺季分布。

（12）广告段落安排（节前、节内、标版等）；每个段落长度。

（13）购买渠道和机会。即可以通过哪些渠道去购买媒体，有无节目赞助或节目交换广告等机会。

（14）购买执行规定。包括订单期限、确认期限、材料规格、材料缴交期限、付款条件、审批程序等。

三、平面媒体

平面媒体一般主要是研究报纸和期刊。我国改革开放后 30 多年时间，报纸和期刊发展较快，特别是最近十多年，我国的报纸和期刊发展实现了从量到质的转变。

（一）报纸

2009 年全国共出版报纸 1937 种，平均期印数 20837.15 万份，总印数 439.11 亿份，总印张 1969.4 亿印张，定价总金额 351.72 亿元，折合用纸量 452.96 万 t。与上年相比，种数下降 0.31%，平均期印数下降 1.5%，总印数下降 0.86%，总印张增长 2%，定价总金额增长 10.62%。

（1）全国性和省级报纸 1050 种，平均期印数 15672.59 万份，总印数 301.38 亿份，总印张 1324.94 亿印张。占报纸总品种 54.21%，占总印数 68.63%，占总印张 67.28%。与上年相比种数持平，平均期印数下降 2.55%，总印数下降 1.73%，总印张增长 1.57%。其中：

全国性报纸 225 种，平均期印数 2880.53 万份，总印数 63.86 亿份，总印张 189.61 亿印张；占报纸总品种 11.62%，占总印数 14.54%，占总印张 9.63%。与上年相比种数增长 0.45%，平均期印数下降 2.18%，总印数下降 0.66%，总印张下降 0.9%。

省级报纸 825 种，平均期印数 12792.06 万份，总印数 237.52 亿份，总印张 1135.33 亿印张；占报纸总品种 42.59%，占总印数 54.09%，占总印张 57.65%。与上年相比种数下降 0.12%，平均期印数下降 2.63%，总印数下降 2.01%，总印张增长 2%。

（2）地、市级报纸 871 种，平均期印数 5131.16 万份，总印数 136.83 亿份，总印张 642.78 亿印张；占报纸总品种 44.97%，占总印数 31.16%，占总印张 32.64%。与上年相比种数下降 0.68%，平均期印数增长 1.78%，总印数增长 1.04%，总印张增长 2.84%。

（3）县级报纸 16 种，平均期印数 33.4 万份，总印数 0.9 亿份，总印张 1.67 亿印张；占报纸总品种 0.83%，占总印数 0.2%，占总印张 0.08%。与上年相比种数持平，平均期印数增长 7.26%，总印数增长 10.41%，总印张增长 50.89%。

（4）综合报纸 806 种，平均期印数 9064.17 万份，总印数 301.43 亿份，总印张 1636.26 亿印张；占报纸总品种 41.61%，占总印数 68.65%，占总印张 83.08%。与上年相比种数持平，平均期印数增长 0.97%，总印数增长 0.42%，总印张增长 5.1%。

（5）专业报纸 1131 种，平均期印数 11772.98 万份，总印数 137.68 亿份，总印张 333.14 亿印张；占报纸总品种 58.39%，占总印数 31.35%，占总印张 16.92%。与上年相比种数下降 0.53%，平均期印数下降 3.32%，总印数下降 3.54%，总印张下降 10.85%。[①]

1978 年到 2008 年我国报纸的出版变化情况如表 3-6。

（二）期刊

2009 年全国共出版期刊 9851 种，平均期印数 16457 万册，总印数 31.53 亿册，总印张 166.24 亿印张，定价总金额 202.35 亿元，折合用纸量 39.06 万吨（含高校学报、公报、政报、年鉴 1742 种，平均期印数 348.34 万册，总印数 3781.28 万册，总印张 263262 千印张）。与上年相比，种数增长 3.16%，平均期印数下降 1.85%，总印数增长 1.7%，总印张增长 5.22%，定价总金额增长 7.96%。

（1）综合类 485 种，平均期印数 1967 万册（平均每种期印数 4.06 万册），总印数 45240 万册，总印张 1942992 千印张；占期刊总品种 4.92%，总印数 14.35%，占总印张 11.69%。与上年相比，种数增长 1.25%，平均期印数下

降 2.19%，总印数增长 1.17%，总印张下降 5.67%。

表 3-6　报纸出版情况

年　份	报　　纸			
	种数(种)	平均期印数(万份)	总印数(亿份)	总印张(亿印张)
1978	186	4280	127.8	113.5
1980	188	6236	140.4	141.7
1985	1445	19107	246.8	202.8
1990	1444	14670	211.3	182.8
1995	2089	17644	263.3	359.6
1996	2163	17877	274.3	392.4
1997	2149	18259	287.6	459.8
1998	2053	18211	300.4	540.0
1999	2038	18632	318.4	636.7
2000	2007	17914	329.3	799.8
2001	2111	18130	351.1	938.9
2002	2137	18721	367.8	1067.4
2003	2119	19072	383.1	1235.6
2004	1922	19522	402.4	1524.8
2005	1931	19549	412.6	1613.1
2006	1938	19703	424.5	1658.9
2007	1938	20545	438.0	1700.8
2008	1943	21155	442.9	1930.6

资料来源：http://www.stats.gov.cn/tjsj/ndsj/2009/indexch.htm

　　(2)哲学、社会科学类 2456 种，平均期印数 6019 万册(平均每种期印数 2.45 万册)，总印数 109569 万册，总印张 5821954 千印张；占期刊总品种 24.93%，占总印数 34.76%，占总印张 35.02%。与上年相比，种数增长 5%，平均期印数增长 2.19%，总印数增长 5.9%，总印张增长 13.16%。

　　(3)自然科学、技术类 4926 种，平均期印数 3131 万册(平均每种期印数

0.64万册），总印数46228万册，总印张3139032千印张；占期刊总品种50.01%，占总印数14.66%，占总印张18.88%。与上年相比，种数增长2.75%，平均期印数下降5.66%，总印数下降4.03%，总印张下降0.39%。

（4）文化、教育类1204种，平均期印数2774万册（平均每种期印数2.3万册），总印数57738万册，总印张3186813千印张；占期刊总品种12.22%，占总印数18.31%，占总印张19.17%。与上年相比，种数增长2.47%，平均期印数下降1.77%，总印数增长4.19%，总印张增长14.72%。

（5）文学、艺术类631种，平均期印数1400万册（平均每种期印数2.22万册），总印数29864万册，总印张1570497千印张；占期刊总品种6.41%，占总印数9.47%，占总印张9.45%。与上年相比，种数增长2.94%，平均期印数下降9.03%，总印数下降10.06%，总印张下降11.36%。

（6）少儿读物类98种，平均期印数1034万册（平均每种期印数10.55万册），总印数24127万册，总印张697293千印张；占期刊总品种0.99%，占总印数7.65%，占总印张4.19%。与上年相比种数持平，平均期印数下降1.71%，总印数增长4.52%，总印张增长4.48%。

（7）画刊类51种，平均期印数132万册（平均每种期印数2.59万册），总印数2484万册，总印张265508千印张；占期刊总品种0.52%，占总印数0.79%，占总印张1.60%。与上年相比种数持平，平均期印数持平，总印数增长2.14%，总印张增长17.86%。

1978年到2008年我国期刊发展变化情况如表3－7。

（三）对于平面媒体的考察，主要分析以下指标

（1）市场上报刊数量和分类。

以发行周期划分，有日刊、周刊、双周刊、月刊、季刊等。

以刊物尺寸划分，有32开、16开、8开、对开等。

（2）各报刊发行量及全年季节性变化。

发行量可分为：机关订阅发行量、个人订阅发行量、零售发行量、传阅发行量；付费发行量、免费发行量；宣称发行量、稽核发行量。

（3）各报刊的读者组合。包括所有报刊及个别报刊的昨日阅读报刊人口，过去7天阅读报刊人口，过去1个月阅读报刊人口，过去3个月阅读报刊人口。

（4）平均阅读份数。即总人口及对象阶层的平均阅读份数。

（5）刊物阅读地点；平均阅读时数。

（6）各报刊的对象阶层阅读率及排名。

表 3 - 7　期刊出版情况

年份	期　刊			
	种数(种)	平均期印数(万册)	总印数(亿册)	总印张(亿印张)
1978	930	6200	7.6	22.7
1980	2191	10298	11.3	36.7
1985	4705	23952	25.6	77.3
1990	5751	16156	17.9	48.1
1995	7583	19794	23.4	67.0
1996	7916	19300	23.1	68.1
1997	7918	20046	24.4	73.3
1998	7999	20928	25.4	79.9
1999	8187	21845	28.5	96.8
2000	8725	21544	29.4	100.0
2001	8889	20697	28.9	100.9
2002	9029	20406	29.5	106.4
2003	9074	19909	29.5	109.1
2004	9490	17208	28.3	110.5
2005	9468	16286	27.6	125.3
2006	9468	16435	28.5	136.9
2007	9468	16697	30.4	157.9
2008	9549	16767	31.0	158.0

资料来源:http://www.stats.gov.cn/tjsj/ndsj/2009/indexch.htm

(7)各报刊内容中最受读者欢迎栏目。

(8)各刊物折扣及单价。包括各种版面。

(9)各报刊的 CPM 及排名。

(10)各报刊广告干扰度评估;广告页占总页数比率。

(11)广告淡旺季分布。

(12)广告版面安排(封面、封底、内页等)以及版位安排(栏、半版、全版、跨页等)。

（13）购买机会。即内文编辑配合机会、扩大发行机会、特殊版面购买弹性等。

（14）购买执行规定。包括订单期限、确认期限、材料规格、材料缴交期限、付款条件、审批程序等。

四、户外媒体

关于户外媒体，传统认为是设置在户外的一些媒体表现形式。这个概念是狭义且不准确的。随着广告业的繁荣发展，户外媒体应该有更准确的定义。户外媒体是存在于公共空间的一种传播介质。户外媒体两个基本要素，一是户外媒体存在的空间问题，二是属于一种传播介质，也就是有其传播的特定人群。因此，户外媒体的广告主要研究以下几点：

（1）市场上既有存在户外媒体的种类、形态、地点、尺寸、材质等。

（2）重要地点，即人口集中地、交通要道等的户外载具评估。

（3）各主要户外载具的购买状况，如供给方资讯、供需状况、价格弹性、价格、最低合约期限、现有合约状况等。

（4）各地区的人流特性，如收入、职业等。

（5）任何建立户外载具机会、地点。

五、网络发展

截至 2010 年 12 月底，我国网民规模突破 4.5 亿大关，达到 4.57 亿，较 2009 年年底增加 7330 万人；互联网普及率攀升至 34.3%，较 2009 年提高 5.4 个百分点。我国手机网民规模达 3.03 亿，较 2009 年年底增加 6930 万人。手机网民在总体网民中的比例进一步提高，从 2009 年年末的 60.7% 提升至 66.2%。手机网民较传统互联网网民增幅更大，依然构成拉动中国总体网民规模攀升的主要动力。

当前，娱乐类应用在我国网络应用中呈现下滑趋势，电子商务类互联网应用则成为我国互联网经济发展最快、最迅速的主力军。网络购物用户年增长 48.6%，是用户增长最快的应用，而网上支付和网上银行也以 45.8% 和 48.2% 的年增长率，远远超过其他类网络应用，我国更多的经济活动正在加速步入互联网时代。与电子商务类应用规模和模式的快速增长，网络娱乐进入相对平稳的发展期。《报告》显示，2010 年大部分娱乐类应用渗透率均已下滑，网络音乐、网络游戏和网络视频的用户渗透率分别下降 4.2%、2.4% 和 0.4%，用户规模增幅相对较小。

当前，中小企业纷纷试水"网络营销"。《报告》显示，中小企业互联网接入比例达 92.7%，规模较大的企业互联网接入比例更是接近 100%。43% 的中国企业拥有独立网站或在电子商务平台建立网店；57.2% 的企业利用互联网与客户沟通，为客户提供咨询服务；中小企业电子商务/网络营销应用水平为 42.1%，其中电子邮件以 21.3% 的比例成为"最普遍的互联网营销方式"。

第四节　媒体与广告创意

广告创意，不可能是自由无限的。不自由来自于媒体的形式要求。媒体传播的价值链吻合于目标受众的生活形态，因此，由媒体而生活，由生活而受众，创意要在媒体的每个环节中走过，一定要适应媒体的形式要求。

1. 视频

视频创意要求创意的动态性、戏剧性。好的电视广告创意应该是没有太多的画外解说、对话，而是用画面和音乐、音响来讲故事的创意。

电视广告与平面广告、广播广告最大的不同，就是使用的叙事语言不一样。电视广告的叙事语言是视听语言，也就是电影的叙事语言。

好的创意不是靠广告的播出频次让观众记住，如果创意足够好，就会引发收视人群的"口碑效应"，给人深刻印象的电视广告创意不需要拍长达几分钟的导演工作版，直接用 30 s 或者 15 s 就可以讲一个完整的好故事。电影没有严格的时间限制，既可以 90 多分钟讲一个故事，也可以 3 个多小时讲一个故事，但电视广告有严格的时间限制：30 s，15 s 和 5 s。好的广告创意必须有时间概念，必须在严格规定的时间里完成叙事，否则，就是个最终要流产的创意。

2. 平面

平面媒体要求创意画面的直观性、想象性。平面在二维空间中调动文案、图形、色彩和版面编排的组合性来达成创意。好的平面能激发视觉表现力，激发消费者的想象空间。好的平面更注重画面符号的视觉化和象征化，注重色彩的表现和印制的精美，因此这些要素对平面创意来讲都是必须关注的。它涉及运用的图片的精度、生动、可信等质量因素。

3. 户外

户外广告要求创意的属地性、冲击性。因为户外广告涉及特定的空间和区域，尤其是要与行走的人们沟通，所以特别要考察发布的位置、运用的材质乃至画面的冲击力。现在，户外广告的媒体变化特别大，正向着看板大型化、电子程控化、光色动感化、视频互动化等方向发展，所以对材质的要求愈来愈高。

4. 广播

广播媒体要求创意的亲和性、想象性。广播以声音造型，因此，要特别研究广播行为发生的空间和时间，强调创意的易懂易听的特点，注意旋律、节奏、音响等元素的配合。

思考与实践

1. 宏观经济环境对广告有哪些影响？
2. 广告媒体的中观环境是指什么？
3. 消费者广告环境变化对广告媒体产生了什么影响？
4. 平面广告在广告创意方面有什么要求？

第四章

广告媒体的评估

本章内容提要

对广告媒体进行评估，可以从质和量两个方面来衡量，质化因素指的是说服的深度及效果，而量化因素计算的是广度及成本效率。对于媒体质的考核，主要是从接触关注度、干扰度、编辑环境、广告环境和相关性方面来考察。广告媒体还有一系列的综合评价指标，视听众暴露度、暴露频次、每视听率点成本等。各种媒体也有自己的评价方法，电波媒体可以用日记法、个人收视记录器法、被动式记录器法测量；印刷媒体的评估基础来自于发行量与阅读人口的调查；户外媒体在评估上可以从高度、尺寸、能见角度、质材及露出时间等方面进行考量。

关键名词

ICEAR   收视（听）率   每视听率点成本   到达率曲线
和接触频率   媒介组合

第一节　媒体评估的质与量

一、媒体质的评估意义

媒体评估在一般的作业上大多偏向数量评估，即媒体的涵盖、接触人口、千人成本等，看重的是人数或人头数等媒体效率上的评估，然而，广告主媒体投资的目的是要达成广告效果，如知名度的建立、偏好度的提高等，即媒体效果，从这个效果思考，媒体投资评估不应只关注接触人口的问题，还要涉及接触效果。"购买数量庞大的接触人口，但如果未能达到建立知名或偏好等目的，则媒体投资只是徒然浪费资源。"数量上的媒体接触人口固然是媒体效果产生的基础，然而整体效果的产出还涉及媒体质的问题。在量化因素评估上的一个基本假设是：设定同一类别下的媒体载具对于各广告活动都是等值，即不同的电视节目所产出的每个百分点收视率对任何品牌及广告活动都是同样价值。不同的刊物所提供的阅读人口对所有品牌及活动也是等值。但事实上，各电视节目因其时段、形态等不同，对个别品牌及活动所提供的价值将有所不同；不同的刊物因其在读者心中地位的差异，也将影响刊登广告的说服效果。所谓媒体的质，即是指不能根据统计加以量化，但实际影响媒体投资效果的因素。质化因素和量化因素最大的差异是，量化因素计算的是广度及成本效率，而质化因素指的是说服的深度及效果。

二、媒体质的评估 KPI 指标

按照一般的原理对企业考核可以有很多指标，从各个角度对企业进行全面综合的考核，但是，有一些企业考核指标并不重要，因此，我们可以从体现一个企业最关键的指标进行考核就可以了，这就是关键绩效指标。关键绩效指标 KPI 是 key performance indicator 三个英文单词的缩写。对于媒体质的考核，其 KPI 就是"ICEAR"，即接触关注度(involvement)、干扰度(clutter)、编辑环境(editorial environment)、广告环境(adervertising environment)和相关性(relevence)。

1. 接触关注度

作为一个位于封闭的视线清洁的空间内显著位置的创新媒体，其关注度可以定为100%。接触关注度与收视率调查关注受众"有没有收看"不同，它指的是当受众接触媒体时的"质量"。其基本的假设是，受众专注地接触媒体

时的广告效果比漫不经心地接触时高。所谓广告效果，指的就是广告被收视
及记忆的程度。在传统的收视率资料加入质量指数可以更准确地评估媒体效
果，方法上主要是以问卷调查受众对各节目的收看频次及连续性、主动选择
收看或被动参与收看、节目喜欢程度及错过收看的失望程度等来测定各节目
的关注度。

　　比如，根据调查，对电视剧、综艺及新闻三种不同形态的电视节目所测
得的关注度为：

电视剧：62%

综艺节目：51%

新闻节目：70%

各节目加权收视率，在取得关注度数据后即可加以运算，如表4-1。

表4-1　收视率与关注度

节　目	节目形态	收视率(%)	关注指数	加权收视率(%)
A节目	电视剧	25	62	16
B节目	电视剧	18	62	11
C节目	电视剧	30	62	19
D节目	综艺	32	51	16
E节目	新闻	21	70	15
F节目	新闻	33	70	23

　　对于未能提供直接关注度的市场，则只能以相关信息加以主观判断。
例如：

　　(1)以收视率资料检视各节目的收视连续性，即检视单一节目在连续的
时段里的收视变化以及在一定期间里的观众重叠性，如表4-2。

表4-2　以收视率检视节目的收视连续性

时段	A节目收视率(%)	B节目收视率(%)
18:01-8:15	21	32
18:16-18:30	23	12
18:45-19:00	21	21

判断：在收视率上，A、B 两个节目同为 21，但再检查收视连续性时，发现 A 节目的收视较为稳定，B 节目则起伏较大。这种现象可以解释为 A 节目拥有忠诚度较高的观众群，而 B 节目观众群则忠诚度较低。

（2）相同的情况下，假设 A 节目与 B 节目皆为每周播出一次，把时段放大为较长的期间，以此来比较同一节目在每次播出时的观众群是否固定，也可以了解关注度的差异，如表 4 - 3。

表 4 - 3　以一定期间内的收视率检视节目的收视连续性

时　段	A 节目	B 节目
第 1 周平均收视率(%)	21	21
第 2 周平均收视率(%)	23	25
第 3 周平均收视率(%)	22	27
第 4 周平均收视率(%)	25	18
四周平均收视率(%)	22.8	22.8
总收视率(%)	91	91
到达率(%)	28	60
接触频率(次)	3.25	1.52

①A 节目在四周（次）的播出中观众平均收看次数为 3.25 次，而 B 节目则只有 1.52 次，可以认为 A 节目具有较高的关注度。

②以节目形态划分来主观判定各形态节目关注度（指数）。

在操作上，可以先设定最高关注节目形态的指数为 100，其余节目形态则以比较值主观设定。如设定新闻节目指数为 100，戏剧节目与新闻节目关注度的比值约为 90∶100，因此设定戏剧节目指数为 90，同样方式可以设定综艺节目指数为 75。

以节目形态划分的指数设定必须考虑到对象阶层的差异，因为各不相同的对象阶层对不同的节目形态的态度不同，将导致关注度（指数）上的差异。

③以节目播出时段划分来主观判定各时段关注度（指数）。关注度（指数）因观众在不同时间的媒体接触态度也会有所差异。以一般日常作息时间为准，可以把一天的时段划分为：

清晨时段（06∶00—08∶00）

白天时段（09:00—17:00）

前边缘时段（17:00—19:00）

主时段（19:00—22:00）

后边缘时段（22:00—24:00）

清晨时段为上班或上学准备时间，媒体接触通常较为匆促，而使关注度较低。白天时段在一般状况下为上班或上学时间，收视人口也通常忙于其他事物使关注程度偏向中至低；前边缘时段为下班、放学及做饭、吃饭时间，收视者常常不专心，使关注程度偏向中等；主时段为饭后闲暇时段，收视较专心，但播出节目不一定是喜好的节目，因此关注程度偏向中到高；后边缘时段，外界干扰较小，家中收视成员也较少，可以选择较感兴趣的节目，因此关注程度通常为一天中最高。

2. 干扰度

广告占有媒体载具的时间或版面的比率直接影响到干扰程度。因此广告所占有媒体载具的时间或版面的比率将影响广告效果。广告所占有比率越高，表示受众所受干扰度越高，效果越低。如表4－4、表4－5。

表4－4　平面干扰度

刊物	总页数	广告页数	广告占比（%）
A 刊物	90	16	18
B 刊物	120	24	20
C 刊物	145	20	14

表4－5　电波干扰度

节目	总长度（s）	广告长度（s）	广告占比（%）
A 节目	1800	150	8
B 节目	3600	600	17
C 节目	4500	500	11

在计算干扰度时，同品类竞争品牌的干扰对广告影响较其他品类广告高。为真实反映此种现象，在分析上可以直接将竞争品牌广告页数或秒数加权，以计算加权干扰度。

3. 编辑环境

编辑环境指媒体载具所提供的编辑内容对品牌及广告创意的适切性。这种适切性可以从两个方面说明：

（1）载具形象。载具本身存在于市场上一段时间后，在视听众心目中会形成一定的形象。载具本身的形象将吸引具有相同心理倾向的视听众，因此具有较高媒体价值。

（2）载具地位。载具地位指特定媒体载具在其类别里所占有的地位。领导地位排名与视听众多少相关，但并不一定就是视听众多，载具的地位排名就靠前。居领导地位的载具对其视听众具有较大的影响力，将连带使在该载具出现的广告具有较大说服效果。

4. 广告环境

广告环境指载具承载其他广告所呈现的媒体环境。干扰度（指数）是计算载具内广告的量，而广告环境则是指载具内广告的质。对广告环境进行评估的意义在于，如果载具所承载的其他广告都是形象较佳的品牌或品类，受连带影响，本品牌也会被消费者归类为同等形象的品牌。反之亦反。

5. 相关性

相关性指产品类别或创意内容与载具本身在主题上的相关性，例如运动类商品刊登在体育类刊物上。相关性的意义在于消费者对该类型的载具有较高的兴趣，因此他们选择接触该载具，品牌依此线索可以接触到对本品类或创意表现方式具有较高兴趣的群体。

媒体人员在实际操作媒体载具评估时，有时可能会出现量与质的评估互相矛盾冲突的结果。在这种状况下，媒体人员必须持有的重要观念是，从品牌所处的位置以及所要达成的目标，去辨认各项量与质的评估项目的结果及各项目对达成品牌目标的重要性，且依其重要性制定比值，以得出量与质的综合指数，并根据此指数选择媒体载具，如表4-6。

说明：

（1）为整合所有评估项目，并加以运算，必须先把所有项目的数值换算成指数，然后再加以整合，成为综合指数。

（2）在数值换算成指数的运算过程中，有些项目为正相关，即数值越大越好，如收视率、关注度、广告环境及相关性等项目；有些项目则为负相关，即数值越小越好，如CPR及干扰度等。在整合各正相关项目及负相关项目时，必须注意其运算方式的不同。

表 4 - 6　量与质的综合评估

	量化评估				质化评估					加权数据（%）
	收视率（%）	收视率指数（%）	CPR收视点成本	CPR指数（%）	关注度指数（%）	干扰度指数（%）	编辑环境指数（%）	广告环境指数（%）	相关性指数（%）	
重要性		20		40	20	5	5	5	5	100
A节目	30	100	73333	91	100	60	90	90	100	93
B节目	18	60	66667	100	80	100	60	80	60	83
C节目	24	80	75000	89	70	80	100	90	80	83
D节目	9	30	88889	75	90	90	60	100	70	70
E节目	15	50	100000	67	50	60	80	60	70	60

（3）正相关项目的运算方式为：以项目中最高的数值为固定分母，再以项目中各载具数值除以该最高数值，因此最高数值载具所获指数即为100，其他载具则依比率降低。如表4 - 6的收视率项目上，A节目的30%收视率为最高，因此固定30为分母，其他节目指数是以该节目收视率数值除以30再乘以100，即得到该节目在收视率上的指数，如B节目的18除以30乘以100，C节目的24除以30乘以100等。

（4）负相关项目的运算方式与正相关相反，即以最低数值为固定分子，再除以各载具在该项目上的数值，如此最低数值载具所获指数即为100，其他载具则依比率降低。如在CPR项目上，B节目的66667为最低，C节目为66667除以75000乘以100，即为89。

（5）各量化与质化项目的衡量主要是根据各项目品牌广告重要性比率设定，总数为1（即100%），如表4 - 6所举例子，量比与质比因素对品牌重要性的比率为60∶40。在量化项目中投资效率最为重要，设定CPR权值为40。

（6）加权指数为根据各评估项目的重要性及载具在各项目中的指数所计算出来的各载具的总积分，从而进行载具量与质的综合评估。

计算方法为载具在各评估项目中所得到的指数乘以该指数重要性权值的总和。例如：

A节目的加权指数运算为：

$(100 \times 20\%) + (91 \times 40\%) + (100 \times 20\%) + (60 \times 5\%) + (90 \times 5\%) + (90 \times 5\%) + (100 \times 5\%) = 93.4 \approx 93$

B 节目的加权指数运算为：

（60×20%）+（100×40%）+（80×20%）+（100×5%）+（60×5%）+
（80×5%）+（60×5%）=83

与量化评估相同，不宜运用在跨媒体类别的评估。

第二节　广告媒体的综合评价指标

一、相关统计指标解释

1. 收视（听）率（Rating）

这是指接收某一特定电视节目或广播节目的人数（或家户数）的百分数。收视（听）率是广播电视媒体中重要的术语之一，其计算是这样的：如果 10 户电视家户的 4 户在看 A 节目，A 节目的收视率便为（4÷10）×100%，即 40%；如果 10 户电视家户共有 20 人，只有 2 人在看 B 节目，则 B 节目的收视率为（2÷20）×100%，即 10%。

2. 毛评点（Gross Rating Points，简称 GRPs）

这是指特定个别广告媒体所送达的收视（听）率总数。毛评点提供说明送达的总视（听）众，而不关心是否重叠或重复暴露于个别广告媒体之下，因此，用毛额（gross）这个词。对于个人或家户，他们暴露于广告下多少次就计算多少次。毛评点的计算方法是：

$$毛评点 = 播出次数 \times 播出时的收视（听）率$$

3. 受众暴露度（Impression）

受众暴露度是所有广告暴露次数的总和。受众暴露度等同于 GRPs 和总额定点数（Total rating points，TRPs），只不过它是以人数（或家庭数）而不是以百分数的形式来表达的。把它称为受众总暴露度其含义也是相同的，无须考虑重复率。

（1）计算方法。

方法一：用每一电视节目的观众数乘以计划在每个节目中播出的广告数，再把乘积相加。

受众暴露度 = 节目1 观众数×该节目中广告次数 + 节目2 观众数×该节目中广告次数 + …

方法二：计算 GRPs 值（收听率乘以广告播放的次数），然后乘以市场人数基数（乘以市场人数基数是还原了观看节目的人数）。

受众暴露度 = 收视听率 × 广告播放的次数 × 市场人数基数

（2）受众暴露度的作用。

第一个作用是用于销售手册，以及用于向零售商提供关于产品广告范围和长度的宣传品等（让客户知道有多少人看广告）。

第二个作用是对比媒介计划。因为任何形式的媒介都可以计算受众暴露度。它是用来比较不同媒介工具或不同媒介计划受众总传递数的一个便捷的方法。

第三个作用是计算，可以利用它计算受众构成和计算千人成本。

4. 暴露频次（Frequency）

这是指个人（或家庭）暴露于广告讯息的"平均"次数，它是以一个人（或家庭）所看节目相加之和与个人（或家庭）数做比值而产生的。

5. 每收视听率点成本（Cost-Per-Rating Point，CPP）与每毛评点成本（Cost/GRP）

这些都是广告总费用与收视听率的总点数或毛评点的总点数的比值。

对于媒体评估，除了从质的方面进行评估外，还可以从量的方面加以评估。媒体量的评估也是用一系列的指标进行考核。

6. 千人成本（cost-per-thousand, thousand 由拉丁文 Mille 而来，简称 CPM）

千人成本是一个媒体或媒介计划每传递 1000 人次所需的成本。计算方法是用成本除以传递量，然后把商乘以 1000。

$$千人成本 = \frac{成本（广告费用）}{广告传递的量} \times 1000$$

千人成本越低，媒体的成本效益越高。媒体的成本效益越高，投入的每一元所暴露的频次就越多。

例 4 - 1：某日化厂为其产品 A 和产品 B 在电视上投放广告，前者为女用洗面奶，后者为男用洗面奶，两个产品分别使用了 1 个广告，投放的频率和媒介也各不相同。A 产品的广告费用 60 万元电视广告，受众 672 万人次，B 产品为 20 万元报纸广告，受众 149 万人次，请你计算各自的千人次成本。如果可能，请你试着比较这两个数字。

解：

（1）计算两种产品的千人次成本。

产品 A：60 万（成本）÷ 672 万人次（投放量）× 1000 = 0.09 元 × 1000 = 90 元

产品 B：20 万（成本）÷ 149 万人次（投放量）× 1000 = 0.13 元 × 1000 =

130 元

（2）在比较两种媒介工具或两个计划时，一定要明确 CPM 值是针对同一个人口群的。例如，把节目 A 在 18～34 岁女性中的 CPM 同节目 B 在 18～34 岁男性中的 CPM 做比较是毫无意义的。

例 4 - 2：在例 4 - 1 中请你计算对两个市场投放广告的平均千人次成本。

解：

产品 A：60 万（成本）÷672 万人次（投放量）×1000 = 0.09 元×1000 = 90 元

产品 B：20 万（成本）÷149 万人次（投放量）×1000 = 0.13 元×1000 = 130 元

90 + 130 = 220 元

220 ÷ 2 = 110 元

例 4 - 3：在例 4 - 1 中请你计算平均千人次成本。

解：

产品 A：60 万（成本）

产品 B：20 万（成本）

产品 A：672 万人次（投放量）

产品 B：149 万人次（投放量）

总成本：60 + 20 = 80 万

总投放量：672 + 149 = 821 万人次

千人成本：80 万÷821 万人次×1000 = 97 元

计算平均千人成本的时候应当严格地按照计算公式，否则会出现错误。

$$千人次成本 CPM1 = \frac{\dfrac{60\ 万（成本）}{672\ 万人次（投放量）} + \dfrac{20\ 万（成本）}{149\ 万人次（投放量）}}{2} \times 1000$$

$$千人次成本 = \left[\frac{60\ 万（成本）\times 2}{672\ 万人次（投放量）} + \frac{20\ 万（成本）\times 2}{149\ 万人次（投放量）} \right] \times 1000$$

$$千人次成本 = \frac{60\ 万（成本）\times 2 \times 149\ 万人次 + 20\ 万成本 \times 2 \times 149\ 万人次}{672\ 万人次（投放量）\times 149\ 万人次} \times$$

$1000 = 0.11 \times 1000 = 110$ 元

$$千人成本 CPM2 = \frac{60\ 万成本 + 20\ 万成本}{672\ 万人次（投放量）+ 149\ 万人次（投放量）} \times 1000 =$$

$0.097 \times 1000 = 97$ 元

CPM1 ≠ CPM2

（1）电波媒体千人成本 CMP。

电波媒体千人成本指对不同的电波媒体各节目，广告每接触 1000 人所需花费金额。

计算方法

$$千人成本 CPM = \frac{A 节目广告单价 \times 1000}{总人口数 \times 电视普及率 \times 节目收视率}$$

例 4 – 4：请计算表 4 – 7 中各节目的千人成本。

表 4 – 7　收视状况

节目	总人口数(千人)	电视普及率(%)	收视率(%)	30 s 广告单价(元)
A 节目	3785	97	32	22000
B 节目	3785	97	25	18000
C 节目	3785	97	18	13000
D 节目	3785	97	10	10000
E 节目	3785	97	7	8000

解：

计算结果如表 4 – 8。

表 4 – 8　计算结果

节目	总人口数(千人)	电视机普及率(%)	收视率(%)	30 s 广告单价(元)	CPM
A 节目	3785	97	32	22000	19
B 节目	3785	97	25	18000	20
C 节目	3785	97	18	13000	20
D 节目	3785	97	10	10000	27
E 节目	3785	97	7	8000	31

例 4 – 5：您作为广告公司的媒介人员，要向湖南、上海、北京、海南、浙江 5 个备选的上星频道的 5 个节目投放广告，其中湖南的 30 s，5 次套播广告的价格 366666 元，实际操作价格可以打 3 折；上海 3 次套播 30 s 价格 411428 元，实际操作价格为 3.5 折；北京 30 s 价格 333333 元，买一次送一次

的价格政策，实际操作价格为 3 折；海南 30 s 价格 66666 元，3 折；浙江 30 s 价格 100000 元，4 折。具体情况计算表 4 - 9 中各频道的千人成本。

表 4 - 9 基本情况

节目	总人口数(千人)	电视普及率(%)	收视率(%)
湖南	47853	97	32
上海	13463	98	25
北京	16432	99	18
海南	10872	95	10
浙江	34256	97	7

计算如下：

湖南 30 s 单价：366666 ÷ 5 × 0.3 = 22000。其余单价见表 4 - 10。

表 4 - 10 计算后 30 s 实际价格

节目	总人口数(千人)	电视普及率(%)	收视率(%)	30 s 广告单价(元)
湖南	47853	97	32	22000
上海	13463	98	25	48000
北京	16432	99	18	50000
海南	10872	95	10	20000
浙江	34256	97	7	40000

各频道的千人成本见表 4 - 11。

表 4 - 11 CPM 计算结果

节目	总人口数(千人)	电视普及率(%)	收视率(%)	30 s 广告单价(元)	CPM
湖南	47853	97	32	22000	1.5
上海	13463	98	25	48000	15
北京	16432	99	18	50000	17
海南	10872	95	10	20000	19
浙江	34256	97	7	40000	17

（2）每视听率点成本 CPP。

每视听率点成本是指购买一个视听率点的成本，即一个广告单元（例如 30 s 的广告）的成本除以一个特定人口群的视听率。

$$每视听率点成本\ CPR = \frac{节目广告单价}{节目视听率}$$

例 4 - 6：在例 4 - 5 中，请您计算表 4 - 12 中各频道的每视听率点成本。

解：

计算结果如表 4 - 12。

表 4 - 12　CPP 计算结果

节目	总人口数（千人）	电视普及率（%）	收视率（%）	30 s 广告单价（元）	CPR（元）
湖南	47853	97	32	22000	68750
上海	13463	98	25	48000	192000
北京	16432	99	18	50000	277778
海南	10872	95	10	20000	200000
浙江	34256	97	7	40000	571429

注：由于术语的名称就是每视听率点成本，所以在计算 CPR 或利用 CPR 数据制定媒介计划之前，你需要确定你所要的视听率。在上面电视的例子中，如果视听率是针对家庭的，那么得出的 CPR 也是针对家庭的；如果视听率是针对女性的，那么得出的 CPR 也是针对女性的。

对 CPR 的估计要建立在购买历史和对未来市场状况的估计基础之上。（因为节目的视听率总是因为时间、节目的制作、其他节目的竞争等因素的影响而变动。）

（3）千人成本 CPM 与每视听率点成本 CPR。

CPM 与 CPR 的意义主要是在各节目互相之间的比较性上，而不在其绝对性。

CPM 的作用是通过数据的分析，去比较各节目在投资效率上的差异，以此为依据从媒体市场所提供的载具中，选出较划算的载具。因此，CPM 用在不同节目的比较上。

当 CPM 或 CPR 被用于市场投入成本效率评估时，必须特别注意，应该使用 CPM，而不能使用 CPR。因为各市场的收视率是建立在当地的家庭或人口基础上的比率。在不同市场、不同规模的家庭数与人口数的前提下,相同的收视率所代表的家庭与人口数却可能有相当大的差距。

CPM 和 CPR 不能运用在跨媒体类别的比较上。媒体类别的选择是根据品牌在媒体特性与功能上的需求,选择符合品牌要求的媒体类别。媒体载具的选择则是在评估类别载具的投资效率,以作为载具选择的客观依据。

6. 触达率(Reach)

触达率是指在特定的时间段内,暴露于一种媒体计划的不同人数(或家庭数)。触达率通常用百分比来表示。它适用于所有媒体形式。触达的意义是指收看某个节目或阅读某份报纸(媒体)的受众就是被触达的受众。其计算方法如下:

$$触达率 = 实际触达人数 ÷ 总人口数$$

受众的达到率不应该跟暴露于消费一种媒体中广告的实际人数相混淆。

达到率仅仅是对预期暴露于某种媒体,因而有机会听到或看到广告的受众(或人数)百分比的一种估计。英国的媒介计划者使用术语"收看机遇"(OTS)代替达到率。

为了计算达到率,观众只能计算一次,无论他们观看了多少节目或暴露于多少个广告。同样原理适用于所有的媒介。

例如,为了计算杂志的达到率,读者只能被计算一次,无论他们阅读了多少杂志。

例4-7:包含三种杂志的一个针对女性消费者的广告计划。杂志触达率的机制与电视相同,如图4-1。杂志 A 女性读者占女性总人数的20%。其

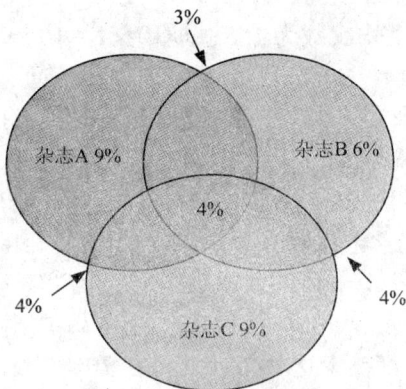

图4-1 阅读状况

中的一些女读者也阅读杂志 B 或杂志 C，有些人三种杂志都阅读。阅读杂志 A 的、占女性总人数的 20% 的读者是杂志 A 的总读者，只阅读杂志 A 的读者是它的绝对读者，那些既阅读杂志 A 也阅读其他杂志的读者就是重复读者。

9% 只读 A(绝对读者)

3% 只读 A 和 B

4% 只读 A 和 C

4% 只读 A、B 和 C

20% 读 A

7. 接触频率(Frequency)

接触频率就是个人(或家庭)暴露于一种媒介日程所传递的广告信息、广告宣传或一个特定的媒介工具的次数的平均次数。例 4 - 7 的接触频率计算步骤如下：

(1) 只阅读杂志 A 的读者被计算一次，只阅读杂志 B 或杂志 C 的读者也一样。把每一种杂志的达到率乘以 1，然后再把乘积相加，继续为 2 次或 3 次的达到率运用乘法(×2 或 ×3)，我们得出 60% 的总和——相当于 60 的总视听率 GRPs 借助总和 60 和净和 50(达到率)。

(2) 我们可以计算出接触频率为 1.2(即 60/50 = 1.2)。

$$接触频率 = \frac{触达率 1 \times 1 + 触达率 2 \times 2 + 触达率 3 \times 3 + \cdots}{媒介组合触达率} = \frac{总暴露度}{媒介组合触达率}$$

总暴露度是次数，所以单位不一致，还原到比例应为总视听率，即：

$$接触频率 = \frac{总视听率}{媒介组合触达率}$$

如果 10 个人每年出一次差，另外 10 个人每年两次，那么你就可以断定这 20 个人群体的出差平均次数为 1.5，即 10 ×1 + 10 ×2 = 30，30/20 = 1.5。

例如，17 个人只收看一个节目(A 或 B 或 C 或 D)；11 个人看两个节目；7 个人看 3 个节目；5 个人看 4 个节目。如果我们把所有这些都加在一起，那么这 40 个人总共要看 80 个节目。如果每个节目投放一个广告，将暴露于 80 个广告中。运用除法，我们得出平均每个人暴露于 2 个广告。

例 4 - 8：在一个包含电视媒介和杂志媒介的媒介组合中，电视在 40% 的达到率中产生相当于 80 个节目的效果(视听率为 80%)，平均的接触频率为 2.0。杂志覆盖 50% 的人口，平均接触频率为 1.2，相当于 60 次的插播广告。利用随机配合技术，我们确定这一个计划将在 70% 的人口中产生相当于 140 次的广告信息，平均每个人的接触频率为 2.0。

表 4 – 13 计算结果

	相当于节目和插播广告次数	触达率	接触频率
电视	80	40%	2.0
杂志	60	50%	1.2
组合	140	70%	2.0

从表 4 – 13 可以看到,这种组合的接触频率(2.0)与电视相同。这是一致的。组合媒介的平均接触频率不可能少于单独的媒介,但是它可以大于其中任何一种媒介。当你制定媒介计划的时候,你需要知道你的目标受众中将有多少人会暴露于你的广告信息中——触达率;你到达的受众平均每人可能会暴露于广告信息多少次——接触频率;目标受众的总传递量是多少——总视听率。

二、触达率曲线和接触频率

设想有 15 个媒介组合(假定是电视节目),根据原始调查资料,得到这些组合实际产生的达到率,并绘制出达到率曲线,如图 4 – 2。利用公式,可以计算出相应的接触频率。

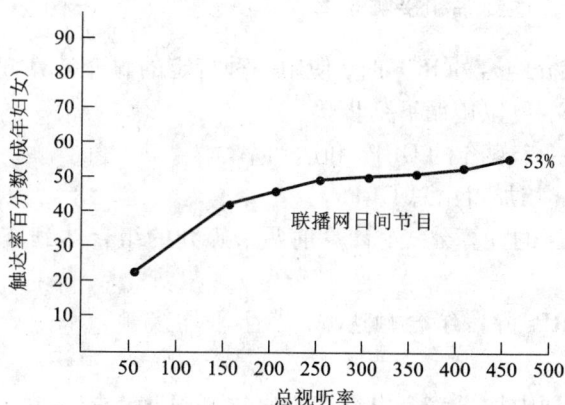

图 4 – 2 达到率曲线

由于达到率和接触频率是 GRPs 的相关函数,所以如果知道了 GRPs 和达到率,你就可以确定平均接触频率。

达到率的累积方式是逐渐递减的——当媒介计划中的 GRPs 越来越高时，相应地，达到率的累积速度会越来越小，因此在较高的 GRPs 的情况下，曲线会逐渐趋平。达到率曲线和接触频率关系如下：

（1）媒介工具间的受众重复率越高，达到率累积的比率越低；相反，重复率越低，比率越高。

（2）达到率累积的比率越低，接触频率累积的比率越快；相反，达到率累积的比率越高，接触频率累积的比率越慢。

印刷媒介中的达到率和接触频率

杂志和报纸不需要利用 GRPs 来估计触达率和接触频率，但是 R/F（触达率/接触频率）的基本公式仍然为：

$$接触频率 = \frac{总暴露度}{媒介组合触达率}$$

例 4 − 9：某市场的三种杂志（可以替换成报纸），杂志 A 覆盖（即被阅读）300000 人，其中 12500 人也读杂志 B，75000 人不读杂志 B。杂志 A 和 B 的总读者数为 500000，不重复的净受众为 375000 人。杂志 C 被加入到这一计划，把总传递量提高到 600000，净传递量为 400000。利用 R/F 计算模式，我们能确定此计划被覆盖的平均每个人将有可能暴露于你的广告计划 1.5 次。

三、媒介组合达到率和接触频率

我们计算媒介组合的 R/F 时，使用一种特定的媒介计算方式。为了确定组合媒介的 R/F，可以遵循下列步骤：

（1）确定每一个媒介的 GRPs 和达到率。

（2）把 GRPs 相加得出总 GRPs。

（3）利用恰当的计算公式，计算前两个媒介的组合达到率或者使用随机配合技巧。

（4）用总 GRPs 除以组合触达率，产生平均接触频率。不要计算单个接触频率的平均数。

（5）每在计划中加入一个媒介就重复这一过程。控制固定 GRPs 的达到率和接触频率。

达到率的累积是随着 GRPs（或覆盖率）的增加而增加的。我们也看到接触频率是用 GRPs 除以达到率方式来计算的。通过控制达到率累积的比率，我们在某种程度上可以控制接触频率的水平。

如果你的媒介预算恰恰允许购买100个GRPs，那么，你就可以不断改变矩阵以获得各种不同的形状——提供许多不同的达到率和接触频率模式。

如果你把电视广告安排在5个不同的电视节目中，而且这些节目之间的相对重复率很小。你将会累积得到比接触频率多得多的达到率——随着每加入一个新的电视节目，就可以触达更多的新观众。相反，如果你把广告都集中在一个电视节目中（让我们假设这个节目连续播放并不会吸引新的观众），那么，你为了累积接触频率，就限制了达到率。

GRPs和受众暴露度是在不考虑受众重复的情况下计算出来的指标（允许出现重复值），是总传递量的标志。但是二者都不能表示有多少不同的人暴露于一种媒介，而达到率可以做到这一点。

四、有效触达率与广告暴露率的数量和强度

单纯从数字的角度来看，媒介计划者的目标就是把这一总体暴露率最大化——为投入的每一元钱提供最大的传递量。暴露机会的最大化绝不仅限于传递的达到率和接触频率，它是指一个媒介计划在注定有效的接触频率水平上所触达的受众的百分比（或数量）。

有效达到率，指在规定的接触频率水平下，一个媒介计划所触达的人口群的数量或百分比。

有效接触频率，指达到率注定被有效传递的那一种接触频率水平。如果你确定的有效水平为3次，那么你要分析几种媒介方案，选择能在暴露次数至少为3的受众群中传递最大达到率的那一种媒介组合。有效达到率概念使用于所有的媒介。就像所有媒介可以以总达到率和接触频率为基础进行分析一样，它们也可以在有效达到率基础上进行分析。

1. 多少接触频率才算足够

赫尔曼·埃宾豪斯在1885年罗列出一系列毫无意义的音节，并记忆这些音节，然后每隔一段时间记录下他所能记住的东西，以此来检测他的记忆力。这种学习过程需要反复地复习这些无意义的音节词——或者当时记忆，或者过一段时间。这种复习就如同我们现在所说的接触频率。

埃宾豪斯发现复习这些音节词的频率越快，记忆力的持久性越强。正如他所陈述的，人类记忆力忘却的比率与重复率呈反比。然而这只是针对更多的接触频率而不是较少的接触频率的一种观点。在一个媒介计划中，它不是关于有效传播所需的确切的接触频率水平的陈述。

2. 斯蒂芬·格瑞塞关于消费者如何对广告作出反应概括出了 6 个连续阶段

(1)在引起高度注意之前，几次偶然暴露于广告信息（开始对产品产生一些基本兴趣）。

(2)对广告的实质内容（信息性的）或激励背景（娱乐性的）产生兴趣。

(3)对广告持续性的但是逐渐下降的兴趣。

(4)由于熟悉，心理上排斥广告信息。

(5)不断地、反复地意识到广告信息，现在是作为一个负面的刺激因素。

(6)逐渐增大的反感。

3. 莱思·杰克波维斯三个阶段

(1)学习期。从广告中汲取的新知，或有价值的有趣的或相关的信息。

(2)满足期。是指吸收和消化广告信息的所有要素。

(3)满足期后开始的衰退期。可以导致厌烦，受众知道了所有关于这条信息应该知道的一切，不再需要更多的刺激，而且很可能主观上不想接受这种信息。

满足期是较为理想的接触频率范围——开始于充分学习发生后的最低水平，结束于衰退期开始之前的某个接触频率水平。埃文·阿切巴姆把这种满足期范围称为有效视听率点（ERPs）。如果这种阶段性的确存在，确定有效接触频率水平的下一步就是量化每一个关键满足点的接触频率水平。

4. 有效性 = 3 次以上

一个非常流行的观点就是 3 次以上的接触是理想的水平。这种观点基于赫伯特·科鲁格曼的研究成果，他在 1972 年假定"学习—满足—衰退"过程的前两步正好需要 3 次暴露，他命名为：

"这是什么"（第一步）

"它的特征和内容是什么"（第二步）

"真正的提醒者"（第三步）

(1)第一次暴露是认识性反应。就像第一次接触任何事物一样，就是"这是什么"的那类反应。

(2)第二次暴露是个性化反应和评价。想进一步了解它的特征和内容是什么。

(3)到了第三次暴露，受众知道他自己已经经历了"是什么"，"特征和内容"两个阶段，第三次暴露就变成了真正的提醒者。但是它也是脱离的开端，以及从完整的计划中收回注意力的开端。

米切尔·纳普利兹撰写了关于三击理论的回顾、评论和总结，列出了关于接触频率和其有效性的关键的历史事件。纳普利兹的结论是：

（1）在一个购买周期内，让目标消费者接受一次广告几乎没有任何效果。

（2）由于第一次接触通常都是无效的，奏效的媒介计划的中心目标应该把重点放在增加接触频率上而不是达到率上。

（3）证据充分证明，在一个购买周期内，两次的暴露频率是无效果的。

（4）总的来说，在一个购买周期内，理想的暴露频率显然应该至少在3次以上。

（5）在一个品牌购买周期内，暴露3次以后，或者经过4次，甚至8次之后……上升频率继续以下降的比率强化着广告的效果。

（6）非常大的和知名的品牌——在各自的产品种类中具有统治性的市场占有率和优势的广告分量——显然与较小品牌或一般品牌相比，对暴露频率有不同的市场反应。

（7）或许由于电视各时间段不同的暴露环境，所以暴露频率在各时段对广告的反应有不同的影响。

（8）一种品牌在广告方面的花费占同类产品广告总支出的百分比，对品牌使用者购买的可能性有重大的正面影响。

（9）我们看不到任何证据说明频率反应原理或规律是依据媒体而变化的。

（10）尽管关于暴露频率和它与广告效果的相互关系存在普遍的规律，品牌的不同影响也是同样重要的。

（11）预算相同的不同的媒介计划，在频率反应方面的杠杆作用是不容置疑的。这时，你就可以得出结论，3次是与消费者有效交流所需的最小值。然而，许多变量都可以对你的决定产生影响。

5. 约瑟夫·奥斯多频率方阵

约瑟夫·奥斯多认为在做决定的过程中，应该从3个主要的方面（3组）来考虑。把你的品牌放在对称轴的左边或右边，这样可以帮助你决定哪一个频率水平最合适。

从表4-14中得知任何一个事先设想好的频率水平，无论是1次、3次、3次以上还是它们之间的任何一个频率水平，在任何情况下都不可能应用于每一个广告信息。

表 4 – 14 奥斯多的频率方阵

市场营销群	
低频率	高频率
认可的品牌	新品牌
较高的品牌占有率	较低的品牌占有率
占统治地位的品牌	小的、不知名的品牌
忠诚的使用者	偶尔的使用者
较长的购买周期	较短的购买周期
偶尔使用	每天、经常使用
较低的竞争水平	较高的竞争水平
成人—老年人为目标	儿童—青少年为目标
信息群	
低频率	高频率
简单的信息	复杂的信息
独一无二的信息	非独一无二的信息
持续的宣传运动	新的宣传运动
产品销售	形象吸引力
较小的广告单元组	较大的广告单元组
较高的厌烦期潜力	经久的信息
较大的广告单元	较小的、短的广告单元
媒介群	
低频率	高频率
整齐的媒体	非常杂乱的媒体
补充型的编辑环境	中立型的编辑环境
高度关注的媒体工具	关注程度较低的媒体工具
持续的日程安排	有规律的间歇性日程安排
较少的媒介	许多媒介
每一媒体工程的重复暴露	每一媒体工程的一次性暴露

　　所有媒介频率反映的是对媒体的暴露率，而不一定是对那种媒体中广告的暴露率。媒介分析中报告的 3 次的频率是 3 次看到广告信息的"机会"，而不一定是消费者将会看到的确定的和绝对的次数。

　　6. 广告厌烦期

　　广告厌烦期就是一条广告信息失去了有效沟通的能力的接触频率水平或

时间点。

厌烦期可以被看做：

（1）衰退开始的地方。消费者已经吸收了足够多他或她需终了解（或想了解）的信息。超出这一点之外的任何多余的暴露都是浪费，甚至有可能对做广告的产品是有害的。

（2）传播沟通失效。在一个水平上，一个广告已经被意识到失去了沟通、说服或产生正面效应的能力。这一水平之外的更多的暴露会被认为是产生负面效应的，或者顶多是无效的。

（3）对目标实现毫无作用。"当一条广告不能再像以前那样实现宣传目标时，它就开始令人厌烦了。"

五、重复率

重复率是指暴露于一种以上媒介工具或一个以上广告信息的媒体受众媒体组合所触达的受众的数量和百分比。在本章例 4 - 7 中我们把每一杂志的绝对读者与重复读者相加，重复读者只能被计算一次。

杂志 A：9% + 3% + 4% + 4% = 20%

杂志 B：6% + 3% + 4% + 4% = 17%

杂志 C：9% + 4% + 4% + 4% = 21%

例 4 - 10：A 节目是针对青少年儿童而制作的，在这个群体中，该节目的收视率是 21%。B 节目同样是针对这一群体而制作的，该节目的收视率为 16%。C 节目与前两个栏目有着相同的定位，其收视率为 15%。其中同时看 A、B 节目的人数为 574 人，占这个群体的 5%；同时看 A、B、C 节目的人数占总人口群的 2%；同时看 A、C 节目的人数为 459 人；只看 C 节目的人数为 344 人。请你画出三个节目的收视情况的分布图，如图 4 - 3，并计算总的达到率。

解：

总人口数：574 人 ÷ 0.05 = 11480 人

同时看 A、C 节目的人数的百分比：459 人 ÷ 11480 人 = 4%

只看 A、C 节目，不看 B 节目的人数：4% - 2% = 2%

只看 C 节目的人数的百分比：344 人 ÷ 11480 人 = 3%

只看 B、C 节目，不看 A 节目的人数的百分比：15% - 4% - 3% = 5%

同时看 A、B、C 节目的人数：11480 人 × 0.02 = 230 人

只看 A、B 节目，不看 C 节目的人数的百分比：574 人 - 230 人 = 344 人

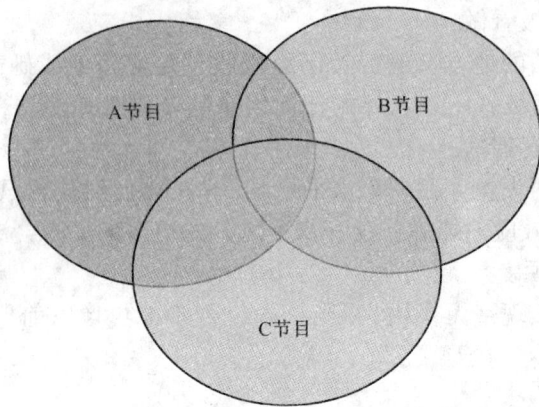

图4-3 收视情况分布图

只看 A、B 节目，不看 C 节目的人数的百分比：344 ÷ 11480 = 3%
只看 A 节目的人数的百分比：21% - 3% - 2% - 2% = 14%
只看 B 节目的人数的百分比：16% - 3% - 2% - 3% = 8%
无重复收视人数比例：21% + 8% + 3% + 3% = 35% = 总的达到率

六、达到率的累积

当其他媒介被加入一个媒介计划时，达到率通常会提高（不重复的受众累积相加），这就是为什么达到率有时也被称为累积计算触达率或累积触达率。当新的媒介不断地加入到这个计划中来的时候，累积触达率就不断提高。一般来说，累积达到近 100% 的达到率，需要有 24 个视听率分别为 20 的不同的媒介工具。

表示达到率累积状况的图表有时被称为达到率曲线。图形呈曲线形，如图4-4，因为加入的媒介工具越多，重复率就越高。如果在媒介工具之间不存在重复的情况，那么达到率就可以是直线性累积。

1. 重复率和达到率之间的关系

媒介工具间的重复率的百分比与累积达到率之间呈反比。重复率越低，达到率越高。一种媒介绝对受众（不重复的受众）相对总受众的比例越高，累积的达到率就越高，见表4-15。

一般来讲，在所有的其他变量相同的情况下，当媒介按照规模从大到小的顺序排列时，达到率累积得最快。

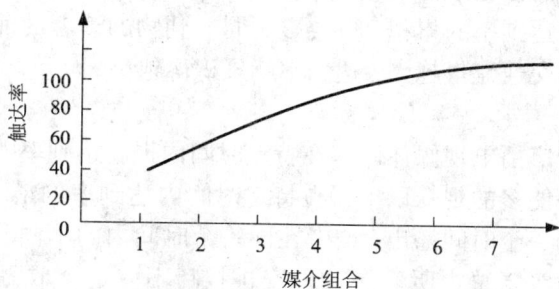

图 4 - 4　触达率曲线

表 4 - 15　媒介组合触达率

媒介工具	总受众	重复的受众	未重复的受众	达到率
A	400000	100000	300000	75%
B	200000	100000	100000	50%
总计	600000	200000	400000	67%
A	400000	50000	350000	87.5%
C	200000	50000	150000	75%
总计	600000	100000	500000	83%

2. 达到率累积的时间跨度

电子媒介的时间跨度是瞬间的，因为接受的时间是瞬间的，但直邮、杂志、报纸和户外媒介具有耐久性。由于这种固有的耐久性，印刷媒介在一段时间内累积计算总受众，而不是瞬间的。

一种特定媒介工具能在消费者眼中存在的时间长度影响印刷媒介累积总受众达到率的速度。对于杂志来说，这种存在时间就是所说的期刊寿命。比如印刷的时间间隔越短，触达率累积得越快。日报比周刊累积受众的速度要快，周刊比月刊的速度要快。例如两种周刊和两种月刊的受众累积，这四种刊物的总受众基本相同；到第 5 周，周刊已经累积了它们的所有读者，而月刊在第 10 周才做到。阅读一期特定刊物的人数越多，累积的速度越慢。（因为重复读者的情况较多。）新闻报道及时或以新闻为主的出版物通常消费得最快，因此累积达到率也越快，对消费者的参考价值越大（例如一本关于急救或与职业对口的专业杂志或增刊）。一本杂志或报纸增刊的寿命越长，这一点可能会影响达到率的累积，也会影响同一刊物的读者的回头率。户外招贴画或广告牌的交通流量越大，达到率就累积得越快。

3. 路障

路障指用于广播电视媒体以求在特定时间内提高达到率的一种广告安排技巧。拦下尽可能多的观众以求得在特定时间内达到率的最大值。（如安排不同的节目在同一个时间播出，或者在同一个时间内的不同节目中播出，使其达到率近似地等于总视听率。）这种安排技巧不一定会取得与在不同时间安排广告同样的成本效益。

精确定时指只有广告信息十分精确地在同一时间的所有节目中播出时，达到率才会等于单独的视听率的总和。（换频道的现象很可能会出现受众重复的情况。）

成本效益指在每一天的特定时间，竞争的电视节目有不同的广告成本结构。一些节目索要的广告价格要高于其他节目，造成各个节目不同的 CPM（千人成本）。因此，在一个特定的时间段内购买多个节目会导致不得不购买相对效益较差（高 CPM）的节目。

4. 媒介组合

媒介组合指利用两种或更多种形式的媒介，例如电视和杂志组合，或广播、户外和报纸组合。

使用媒介组合的原因：①加快达到率累积。如果你首先购买了一个视听率为 20 的电视节目（这样，可以传递你的目标受众的 20%），而且如果加入一个覆盖率为 20 的杂志，那么你会产生比加入另一个视听率为 20 的电视节目更多的附加达到率。②可以传递那些没有消费第一种媒介的人们，或者仅仅轻微地暴露于第一种媒介的人们。③在你已经从第一种媒介中获得最适度的达到率之后，可以利用可能较便宜的第二种媒介为你的广告提供额外的重复暴露。④利用一种媒介的某些内在价值，这种媒介也许在你最初选择媒介形式时不是最为重要的，但可以选择用来增强广告创意效果的媒介（例如广播中的音乐）等。⑤当选择广播电视作为主要的媒介时，可在印刷媒介上分发优惠券。⑥可以传递主要媒介瞄准的受众之外的其他目标受众（例如，利用广播触达青少年，利用报纸触达成年人）。⑦在特定的时间段内增强达到率，就是说，在一个规定的时间内，扩大传递量。例如，利用一两周的电视，作为以月刊为基础的媒介计划的补充，或者在开始长达一年的电视广告计划之前，增加一个广播媒介计划。

5. 媒介组合的随机配合

绝大多数用于估计媒介组合达到率的公式或多或少是建立在被接受的统计方法基础之上的，这种方法就是随机配合。这种方式假定，没有被第一种媒介触达的受众将有机会被暴露于第二种媒介中，并与没有被暴露于第二种媒介的受众构成直接的比例关系。这种机会随着没有被第二种媒介触达的受众比例的增加而增加。我们假定你的电视日程表将触达 60% 的目标受众，杂志将触达 50%。这意味着你的目标受众的 40% 将不能被电视触达，而有50% 不能被杂志触达。然后把每一媒介不能触达的百分比相乘，你就会得到不能被二者触达的受众的百分比：没有被电视触达的 40%，没有被杂志触达的 50%，没有被任何一种媒介触达的 20%。用可能的总达到率 100% 减去不能触达的 20% 等于 80%，这就是此媒介计划预期触达的百分率，如图 4 - 5。

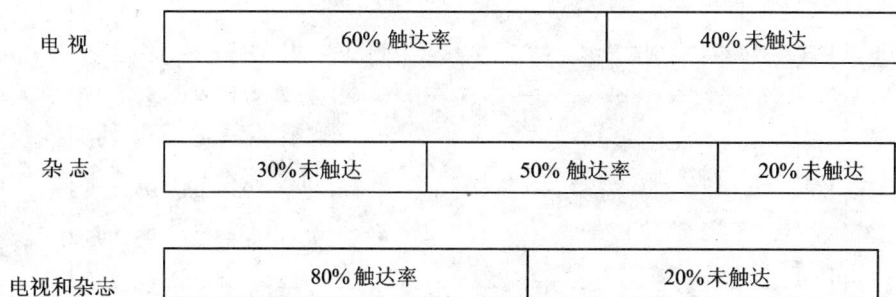

电 视	60% 触达率	40% 未触达

杂 志	30% 未触达	50% 触达率	20% 未触达

电视和杂志	80% 触达率	20% 未触达

图 4 - 5　媒体组合触达率

（1）组合触达率快查表。表 4 - 16 是利用随机配合技巧计算得出的两种形式媒介的组合触达率。对于图 4 - 5，利用表 4 - 16 你可以：

在横轴上找到第一种媒介电视的达到率：60；

在纵轴上找到第二种媒介杂志的达到率：50；

电视触达率 60 和杂志触达率 50 的交叉点就是二者的组合达到率：80。

（2）三种或更多媒介的组合。如果有三种或更多种媒介组合，那么，也要应用相同的程序。找出前两种媒介的组合触达率，然后找出这个组合触达率与第三种媒介达到率的交叉点。

例如，如果你打算利用的三种形式的媒介的达到率分别为 50、40 和 30，其媒介组合触达率见表 4 - 17。

表 4 - 16 随机配合列表

第一种媒介的触达率

<table>
<tr><td></td><td>25</td><td>30</td><td>35</td><td>40</td><td>45</td><td>50</td><td>55</td><td>60</td><td>65</td><td>70</td><td>75</td><td>80</td><td>85</td><td>90</td><td>95</td></tr>
<tr><td>25</td><td>46</td><td>47</td><td>51</td><td>55</td><td>59</td><td>62</td><td>66</td><td>70</td><td>74</td><td>77</td><td>81</td><td>85</td><td>89</td><td>92</td><td>95</td></tr>
<tr><td>30</td><td>—</td><td>51</td><td>54</td><td>58</td><td>61</td><td>65</td><td>68</td><td>72</td><td>75</td><td>79</td><td>82</td><td>86</td><td>90</td><td>93</td><td>95</td></tr>
<tr><td>35</td><td>—</td><td>—</td><td>58</td><td>61</td><td>64</td><td>67</td><td>71</td><td>74</td><td>77</td><td>80</td><td>84</td><td>87</td><td>90</td><td>93</td><td>95</td></tr>
<tr><td>40</td><td>—</td><td>—</td><td>—</td><td>64</td><td>67</td><td>70</td><td>73</td><td>76</td><td>79</td><td>82</td><td>85</td><td>88</td><td>91</td><td>94</td><td>95</td></tr>
<tr><td>45</td><td>—</td><td>—</td><td>—</td><td>—</td><td>70</td><td>72</td><td>75</td><td>78</td><td>81</td><td>83</td><td>86</td><td>89</td><td>92</td><td>94</td><td>95</td></tr>
<tr><td>50</td><td>—</td><td>—</td><td>—</td><td>—</td><td>—</td><td>75</td><td>77</td><td>80</td><td>82</td><td>85</td><td>87</td><td>90</td><td>92</td><td>95</td><td>95</td></tr>
<tr><td>55</td><td>—</td><td>—</td><td>—</td><td>—</td><td>—</td><td>—</td><td>80</td><td>82</td><td>84</td><td>86</td><td>89</td><td>91</td><td>93</td><td>95</td><td>95</td></tr>
<tr><td>60</td><td>—</td><td>—</td><td>—</td><td>—</td><td>—</td><td>—</td><td>—</td><td>84</td><td>86</td><td>85</td><td>90</td><td>92</td><td>94</td><td>95</td><td>95</td></tr>
<tr><td>65</td><td>—</td><td>—</td><td>—</td><td>—</td><td>—</td><td>—</td><td>—</td><td>—</td><td>88</td><td>89</td><td>91</td><td>93</td><td>95</td><td>95</td><td>95</td></tr>
<tr><td>70</td><td>—</td><td>—</td><td>—</td><td>—</td><td>—</td><td>—</td><td>—</td><td>—</td><td>—</td><td>91</td><td>92</td><td>94</td><td>95</td><td>95</td><td>95</td></tr>
<tr><td>75</td><td>—</td><td>—</td><td>—</td><td>—</td><td>—</td><td>—</td><td>—</td><td>—</td><td>—</td><td>—</td><td>94</td><td>95</td><td>95</td><td>95</td><td>95</td></tr>
<tr><td>80</td><td>—</td><td>—</td><td>—</td><td>—</td><td>—</td><td>—</td><td>—</td><td>—</td><td>—</td><td>—</td><td>—</td><td>95</td><td>95</td><td>95</td><td>95</td></tr>
<tr><td>85</td><td>—</td><td>—</td><td>—</td><td>—</td><td>—</td><td>—</td><td>—</td><td>—</td><td>—</td><td>—</td><td>—</td><td>—</td><td>95</td><td>95</td><td>95</td></tr>
<tr><td>90</td><td>—</td><td>—</td><td>—</td><td>—</td><td>—</td><td>—</td><td>—</td><td>—</td><td>—</td><td>—</td><td>—</td><td>—</td><td>—</td><td>95</td><td>95</td></tr>
<tr><td>95</td><td>—</td><td>—</td><td>—</td><td>—</td><td>—</td><td>—</td><td>—</td><td>—</td><td>—</td><td>—</td><td>—</td><td>—</td><td>—</td><td>—</td><td>95</td></tr>
</table>

第二种媒介的达到率

表 4 - 17 媒介组合达到率

	达到率
媒介 A	50%
媒介 B	40%
媒介 A + B	70%（从表 4 - 16 中查找）
媒介 C	30%
媒介 A + B + C	79%（从表 4 - 16 中查找）

（3）触达率的唯一性问题。即使安排了多个媒介计划，也未必能够覆盖到所有的受众，也就是不太可能产生 100% 的达到率。

达到率的唯一性问题就是指只接受某一种媒介（节目）而不接受其他媒介（节目）的情况。

（4）计算唯一达到率的程序：

①以图 4 - 5 为例。任意组合两种媒介（如电视为媒介 A，杂志为媒介 B）的组合（最终）触达率为：电视的触达率为 60，杂志为 50，查表 4 - 16，组合触达率为 80。

②用组合触达率减去媒介 A 的触达率，那么就得出仅暴露于媒介 B 的受众触达率：80 - 60 = 20（B 的唯一触达率）。

③用组合触达率减去媒介 B 的触达率，那么会产生仅暴露于媒介 A 的受众触达率：80 - 50 = 30（A 的唯一触达率）。

④用组合触达率减去媒体 A 的唯一触达率和媒体 B 的唯一触达率，就得出同时暴露于两种媒介的受众触达率：80 - （20 + 30）= 30（二者触达率）。

我们可以得出以下结论：

电视达到率占总人口的 60%。

杂志达到率占总人口的 50%。

电视和杂志所能触达的受众占总人口的 80%。

电视的唯一触达率为 30%。

杂志的唯一触达率为 20%。

电视和杂志的二者触达率为 30%。

此广告计划不能触达的受众占总人口的 20%，以上数据见图 4 - 6。

问题：在哪一点上你应该停止在媒体中累积达到率，并开始加入第二种媒介？

实际上，确定触达率多少才足够的办法并不存在。随着新的媒介不断地加入，累积达到率不断提高，但是随着每一次加入，累积产生递减的回报率。何时加入第二种媒介的办法是：你可以画出一个特定媒介内可获得的累积达到率，挑出你认为达到率曲线已开始"趋平"的那一点，也就是说，从此点开始，新加入的附加达到率越来越小。利用同一图表，你可以选择一个你认可的行动起点，使用"趋平"标记，把这一成本从你的总预算中刨除，把剩下的钱用于第二种媒介。

电视	60%触达率	40%未触达

杂志	30%未触达	50%触达率	20%未触达

电视和杂志	80%触达率	20%未触达

电视唯一触达率30%	电视和杂志二者触达率30%	杂志唯一触达率20%	未触达20%

图4-6　达到率的唯一性问题

(5)成本分析法。用成本分析确定每附加视听率的成本,为你的决定提供定量的内容。

例如杂志 B 向杂志 A 添加 8 个达到率点,每点成本为 5000 元,杂志 C 添加了 5 个达到率点,每点成本为 7000 元。

在达到率点成本提高较快的时候应当停止或转向其他的媒介找到趋平点,见图4-7。

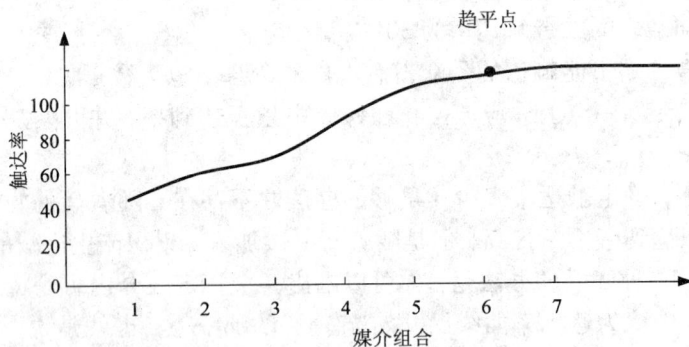

图4-7　触达率曲线图

第三节 电波媒体的评价指标

一、电视媒体评估工具

1. 电视媒体评估工具收集受众数据的方法

（1）日记法。在各样本户留置收视日记，以人工填写的方式，记录样本户的家庭成员每天收视状况。

（2）个人收视记录器法。被调查家庭安装收视记录器，记录器上设有按钮，记录观众离开或者收视的情况。

（3）被动式记录器法。安装记录仪器，存储观众容貌，自动识别观众，记录收看情况。目前主要采取的是日记法和个人收视记录器法。

2. 日记法与个人收视记录器法的比较

使用收视数据时的一个重要观念是，收视人口及收视率经常被直接解释为收看特定节目的人口及比率。实际上，收视人口及收视率指的只是暴露于某特定节目的人口数或比率，并不一定被观众实际"收看"到。把收视数据当成实际收看，将使媒体效果被过度高估。日记法与个人收视记录器法的比较见表4－18。

3. 观众组合

观众组合分析有两个子功能。

（1）媒体经营。每一个电视节目都有其固定的收视阶层，观众的组成可以提供对原设定阶层准确度的评估，了解一个节目既有的观众组成状况，也可以提供节目制作修正方向，以加强吸引既有的设定收视层（设定消费群），或吸引其他收视群（新消费者），提高收视率（即销售）。

（2）媒体使用。观众组合资讯所提供的是节目的定位及浪费检验。产品的定位和节目的定位是否吻合，可以知道广告的投放是划算还是浪费。

4. 媒体区域分布分析

媒体区域分布分析可以了解跨区域媒体在各区域的分布状况，对跨区域行销的品牌将提供媒体整合及提高购买效率的机会评估。

表4－18　　两种方法比较

	日记法	个人收视记录器法
调查方式	人工填写	人工按键后仪器自动记录
时间单位	由于人工填写,通常只能以15 min以上为计算单位,常用的单位为15 min或30 min	仪器自动记录,因此可以细分到以秒为单位,一般以30 s或1 min为单位(主要为资讯量上的考虑)
收视率	由于人工填写,受测者只能记录收看的节目或时段,而无法记录收看的广告,因此提供的收视率为节目收视率或时段收视率,而无法提供广告收视率。在收视行为上,广告并非收视目的,因此在广告出现、节目中断的时段往往造成观众流失(转台或做其他事情),而使节目收视与广告收视之间产生一定落差。这种落差将受频道数、节目形态、时段及其他频道节目等因素的影响	记录器自动记录收视状况,因此除了节目收视率外,也可以提供广告收视率
准确度	较低,由于无法记录广告收视率,且样本的记录者会有时因未当场填写而以回忆方式记录	较高,由于仪器自动记录,因此可以细到广告收视率,且可以利用每秒收视率分析广告的创意冲击力
误差评估	整体偏高,且因受测者有时以回忆方式填写,致使高知名度且经常收看的节目所测得的收视率高于实际收视率;反之,较少收看的节目所测得的收视率则低于实际收视率	整体偏低。记录器在电视开机而未按任何代表收视者按键时会发出提醒讯息,然而在第二个或以上收视者加入收视时则无法察觉,且收视者在加入收视时常因忘记键入代表自己的按键,致使测得的收视率偏低
提供方式	以问卷回收,键入电脑整理,再提供给用户	通过电话线传输(或以人工收集)资料,直接转入电脑运算
提供速度	由于问卷回收及键入电脑需要时间,提供收视率的时间约为10天,即当天可以提供10天前收视率	通过网络回收资讯,数据回收速度较快,最快可以隔日提供前一天收视率
成本	由于操作较简单,所以成本较低	较高
样本限制	限制较小,样本可以依人口结构合理分配	在电话普及率较低地区,取样较为困难,勉强取样可能造成样本分布偏差

二、电波媒体评估指标

相关内容见第三章第三节内容及本章第二节。

第四节　印刷媒体的评价指标

印刷媒体的评估基础来自于发行量与阅读人口的调查。发行量为评估广告效果的基础；阅读人口则是在刊物发行量基础下，经过传阅所产生的扩散效果。

发行量：刊物发行到读者手中的份数。

印制量：一份刊物每期实际印制的份数。

发行量与印制量经常被混为一谈，实际上，二者不同之处为发行量为实际到达读者手中的份数，而印制量则是一份刊物的印刷数量，包括发行到读者手上的份数、退回份数和出版机构存档数。因此发行量应该小于或等于印制量。发行量、印制量的评估重点为刊物的单期印制数量、发行数量。

发行量可以细分为付费发行量和非付费发行量；又可分为订阅发行量、零售发行量和赠阅发行量；还可分为宣称发行量和稽核发行量。

订阅发行量：发行量中属于长期订阅部分的发行量。

零售发行量：发行量中属于单期购买的发行量。

赠阅发行量：发行量中以非付费方式发行出的份数。

三种主要类型的发行量在评估上有其不同的价值，订阅发行量的读者对刊物具有较强烈的信心与兴趣，对刊物的投入程度也较高，因此具有较高价值；零售发行量次之；赠阅发行量价值最低。

宣称发行量：由刊物本身根据实际印制量扣除未发行份数所宣布的发行量，为宣称发行量。

稽核发行量：由独立的第三单位对刊物发行量加以查证后，所提供的发行量数据。稽核发行量资讯由于经过第三单位的查证，因此较公正可信。在一般的情况下，没有查证的宣称发行量往往较实际发行量夸大。第三方独立的机构一般由 ABC 承担。

ABC（Audit Bureau of Circulation）发行量稽核机构，是由广告主、广告公司及刊物所合力组成的非营利性组织，通过严格的查证，提供付费发行量认证。ABC 源于美国，现已为各媒体成熟市场所广泛使用。

阅读人口资讯：阅读人口资讯包括一个市场各阶层对各刊物的接触状

况、一份刊物在各市场的读者组合，及设定对象阶层在各市场对各刊物的阅读率及阅读人口。阅读人口资讯一般通过刊物读者调查和刊物接触调查两种方式取得。

刊物读者调查：刊物本身通过对读者的抽样调查取得的有关刊物在各地区传阅率、阅读人口、读者组合、阅读时间及地点等资讯。

刊物接触调查：由第三单位通过对读者的抽样调查取得调查地区各刊物的阅读率、阅读人口、读者组合、阅读时间及地点等资讯。

在发行员经过查证的情况下，刊物提供的阅读人口资讯将具有较高可信度。在一般情况下，通常使用第三单位提供的资讯，因其立场较为公正，且无利害关系，资讯可信度也较高。

阅读人口：在固定时间内阅读特定刊物的人数。

阅读率：在固定时间内阅读特定刊物的人数占总人数的比率。

对象阅读人口：在固定时间内，对象阶层阅读特定刊物的人数。

对象阅读率：在固定时间内，对象阶层阅读特定刊物的人数占总人数的比率。

阅读人口与发行量不同的是发行量是从刊物角度出发去了解每期发行份数，而阅读人口则是从读者角度去了解接触个别刊物的人数。

阅读人口可以分为付费阅读人口和传阅人口。

付费阅读人口：在阅读人口中属于付费取得刊物的阅读人数。

传阅人口：在阅读人口中属于非付费间接取得的阅读人数。

与发行量分类意义相同，付费阅读人口具有较高价值，传阅人口则价值较低。

传阅率：指每份刊物被传阅的比率，一份刊物被3个人所阅读，其传阅率即为3；被5个人所阅读，传阅率即为5。

平均传阅率：即为每一份刊物平均被传阅的比率。

阅读人口、发行量与传阅率之间的关系为：

$$阅读人口 = 发行量 \times 传阅率$$

阅读人口特性：指每份刊物阅读人口的统计变量结构，包括性别、年龄、教育、职业、收入等，其计算方式与电视的频道或节目的观众组合相同。

刊物地区分布：对于跨地区发行的刊物而言，刊物在不同区域内有不同的媒体接触状况，形成刊物在地区分布上的差异。在执行上，有些刊物会依不同形式加以分版，如依地区分为华东版、华南版等。

第五节　户外媒体的评价指标

户外媒体为地区性媒体，因此评估主要在媒体和受众两个角度上，跨区域的评估意义不大。

受众的角度：设定目标对象在活动路线所可能接触到户外广告的地缘位置价值，即户外载具所可能接触目标消费者的数量。评估的方式为在户外载具所在地，以摄像机从能见的各角度在载具露出时间摄下经过的人群、面孔正面朝向户外载具的总人数，即为该载具的接触人口。

户外载具本身的形式及大小，即载具本身的被注意的能力，可以从高度、尺寸、能见角度、材质及露出时间等来评估。

高度：户外媒体的高度是指受众能看见媒体内容的适当高度。

尺寸：户外媒体的尺寸指的是受众看到的尺寸。

能见角度：即载具所有可以被看到的角度。正面角度接触效果较为完整，侧面效果较差；受人潮流向的影响，来向具有较佳效果，去向则效果不如来向。

材质：户外载具材质所涉及的是呈现创意的能力以及载具本身的吸引力，包括呈现精致创意的能力、载具的亮度以及声音等。

户外载具所接触的是流动的受众，受众从各种不同的距离、角度接触不同高度与材质的载具所产生的效果将有所不同。因此，为使评估具有量化客观的标准，首先将整个接触面分隔为数个区域。单面载具一般可以划分成9个区域，各区域拥有相同的受众人数；再依各区域在上述评估项目上的指数计算出各载具的价值。

指数的设定可以依照下列方式加以量化。

高度指数：设定平视高度（约10～20 m的高度）为100，以载具高度的中心点为准，往上（或下）每提高（或降低）10 m则递减10。

尺寸指数：以载具面积计算。以所有备选载具中具有最大面积的为100，然后依各载具在不同距离所见尺寸大小比率定出各载具在分隔区域中的指数。

能见指数：以载具正面且距离最近的区域为100，距离较远则指数递减；载具侧面角度指数：是以侧面角度观察的载具尺寸比率为指数，距离较远则指数同时递减。

材质指数：以主观认定为主，可以先主观设定一个最符合要求的材质为

100，再根据各不同材质相对于这个最佳材质制定指数。如：PVC 材质可以进行精致印刷且颜色亮丽，在所有材质中最能符合商品创意表现需求，设定其指数为 100。油漆方式容易失真且颜色较暗，仅及 PVC 的 70%，因此设定其指数为 70。

根据上面评估指标，可以计算出表 4-19 各区受众人数。

表 4-19　户外载具评估——载具 X

	受众人数	高度指数（%）	尺寸指数（%）	能见指数（%）	材质指数（%）	合计（人）
A 区	7500	80	100	100	80	4800
B 区	9200	100	85	90	80	5630
C 区	12000	90	70	80	80	4838
D 区	1400	80	100	50	80	448
E 区	2300	100	85	60	80	938
F 区	4500	90	70	70	80	1588
G 区	2400	80	100	55	80	845
H 区	3500	100	85	65	80	1547
I 区	5000	90	70	75	80	1890
合计						22524

根据上述计算结果，B、A、C 区户外广告受众人数较多，效果较好（图 4-8 和表 4-20）。

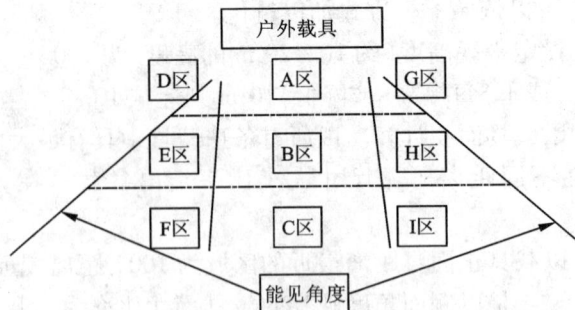

图 4-8　户外载具评估因素

表 4 – 20 户外载具评估——载具 Y

	受众人数	高度指数 （%）	尺寸指数 （%）	能见指数 （%）	材质指数 （%）	合计 （人）
A 区	9500	70	85	100	100	5653
B 区	12000	90	70	90	100	6804
C 区	11500	80	55	80	100	4048
D 区	2500	70	85	50	100	744
E 区	3400	90	70	60	100	1285
F 区	5500	80	55	70	100	1694
G 区	2800	70	85	55	100	916
H 区	4500	90	70	65	100	1843
I 区	6500	80	55	75	100	2145
合计						25132

思考与实践

1. 解释说明 ICEAR。
2. 试说明千人成本 CPM 与每视听率点成本 CPP 之间的区别。
3. 说明触达率曲线和接触频率之间的关系。
4. 什么叫做广告厌烦期？
5. 试说明使用媒介组合的原因。

第五章

广告媒体成本与管理

本章内容提要

制定广告费用预算是广告活动中的重要环节，制定广告费用预算时要考虑到很多方面的因素，例如产品生命周期、竞争对手、销售目标、市场范围等。可从占有率的角度拟定媒体预算、从讯息认知的角度拟定媒体预算。制定广告费用预算，应该具备战略观念、弹性观念、整体观念、竞争观念以及效益观念。广告费用预算的制定，要按照调查研究、综合分析、拟订方案、确立方案、落实方案这几个步骤来完成，可以通过分析、综合和主观计算的方法来制定广告费用预算。此外，还要从销售目标、产品特性、销售范围、销售对象、市场状况等方面来合理地分配广告费用预算。

关键名词

广告费用　广告费用预算　占有率　固定比率法　变动比率法　竞争对抗法

第一节　广告媒体成本构成

一、广告费用与广告费用预算

广告费用与广告费用预算是两个密不可分的概念，两者有时分开使用，有时合并使用。广告费用，一般是指在广告活动中所使用的总费用。广告费用预算，是指经过详细周密的策划，规定出在未来一定时间内从事广告活动所需的总费用与分类费用。因此，广告费用可以说是在广告活动中所需经费的一般概念，而广告费用预算则是广告财务管理中的专用概念，是企业财务计划中的一种。

二、广告费用预算的意义

广告费用预算，是根据企业营销目标和广告目标，经过详细周密的计划规定出未来一定时间内（通常是 1 年）开展广告活动所需的总费用和分类费用。广告费用预算是企业营销计划和广告计划的有机组成部分，是企业广告活动的重要环节。从微观经济角度来看，广告费用预算是企业销售计划与广告计划的一个有机组成部分，是企业活动中的一个重要环节。现代企业不但将广告费用预算纳入企业营销计划之中，而且将其作为提高企业与产品声誉的一项重大投资，以至于某些西方企业的广告费用占到该企业销售额的30%～50%，因此广告费用预算恰当与否，直接关系到企业的销售利润和经营发展。因此，无论是国民经济的宏观广告费用预算，还是企业经营的微观广告费用预算，都是促进我国社会主义经济有计划按比例地向前发展，取得最佳经济效益的有效方法与手段。

广告费用预算主要意义是：

（1）可以使广告活动更为科学化。对广告费用进行科学预算和分配，可以避免企业广告费用预算确定的主观性和盲目性，使广告费用预算真正建立在科学的基础之上，使广告投资产生最佳效益。

（2）可以使广告活动得到更加有效的控制。根据广告目标的要求，科学合理地确定广告费用预算，可以使广告费用的使用更为合理和适度，减少偏差和错误，有效地控制广告活动的进行。

（3）可以更好地评估广告活动。对广告费用进行科学预算，合理确定各笔广告费用使用的目标要求，可以为在广告活动结束之后评价每一项具体的广告活动的费用支出、取得的效果、广告费用总投入的总体效益提供衡量的依据。

广告费用预算对广告活动的积极意义是多方面的。需要强调的是，广告费用预算是整体策划中的一环，只有广告整体的各环节都解决好，才能保证广告活动的成功。

三、广告费用的分类

在着手制定广告费用预算之前，我们必须对广告费用的含义及其性质有明确的认识与了解。一般来说，广告费用是指直接或间接地为推进企业的广告活动而付出的经费。直接广告费用是指企业直接用于广告上的设计制作费用和媒体费用，间接广告费用是指企业间接用于广告上的行政管理费用。

依据企业广告费用的性质与作用，企业广告费用还可以分为自营广告费用与他营广告费用，固定广告费用与变动广告费用。自营广告费用是指企业自营广告业务时所使用的直接广告费用与间接广告费用；他营广告费用是指企业将广告实施活动委托广告专业部门所需的一些费用；固定广告费用是指在一定时期内相对固定的自营广告的组织人员费用及其他一般管理费用；变动广告费用是指因广告实施的数量、距离、面积、时间等各种因素的影响而起变化的费用。其中变动广告费用又因广告所使用的媒体种类的不同，可分为比例广告费用、递增广告费用与递减广告费用。比例广告费用是指随广告实施量大小全部呈比例变化的费用；递增广告费用是指随广告实施量的增加而递增的广告费用；递减广告费用是指随广告实施量的增加而递减的广告费用。

虽然广告费用经以上的分类可有一个较清晰的认识，但是究竟哪些广告费用应划入直接广告费用、间接广告费用、自营广告费用、他营广告费用、固定广告费用与变动广告费用，各个企业却不尽相同，这就给广告费用的统一计划与管理带来了困难。广告费用的划分历来有争议，美国《印刷品》杂志对广告费用的划分较为精确，它将广告费用分为白、灰、黑三色单子，白色单子是可以支出的广告费用，灰色单子是考虑是否支出的广告费用，黑色单子是不得支出的广告费用，详见表 5 – 1。

以上广告费用的划分虽然比较准确，但又显得过于繁杂。在实际应用中，对于中小型企业来说只需根据自己常用广告费用的支出项目情况，大致划分即可应用，而对于大中型企业则必须对灰色单子上的项目加以明确的界定。

表5-1　广告费用分类表

分类			主要费用项目
白色单子	必须作为广告费用结算的费用项目	时间及其他空间广告媒介费	一般报纸、一般杂志、行业报纸、农业报纸、行业杂志、剧场广告、户外广告、店内广告、新产品、宣传小册子、人名录、直接邮送、标签(可用于做广告的地方,如陈列窗)、商品目录、面向店铺和消费者的机关杂志、电影、幻灯、出口广告、特约经销广告一切印刷品
		管理费	广告部门有关人员的工资、广告部门办公用品和备用品费。付给广告代理业和广告制作者以及顾问的手续费和佣金,为广告部门工作的推销员的各项费用、广告部门工作人员的广告业务旅差费(有的公司把此项费用列入特别管理费)
		制作费	有关美术设计、印刷、制版、纸型、电气版、照相、广播、电视等方面的制作费,包装设计(只涉及广告部分),其他
		杂费	广告材料的运送费(包括邮费及其他投递费),陈列窗的装修服务费,涉及白表的各项费用
灰色单子	可作为也可不作为广告费用结算的费用项目		样品费、推销表演费、商品展览会、挨户访问劝诱费、房租、水电费、广告部门的存品减价处理费、电话费、广告部门其他各项经费、推销员推销用的公司杂志费、宣传汽车费、加价费、有关广告的协会和团体费、推销员用于广告的皮包费、工厂和事务所的合同费、推销员使用的商品目录费、研究及调查费、对销售店的协助支付的广告折扣
黑色单子	绝对不能作为广告费用结算的费用项目		奉送品费、邀请游览费、商品陈列所的目录费、给慈善及宗教及互助组织的捐献品费、纸盒费、标签费、商品说明书费、包装费、新闻宣传员的酬谢金、除广告部门外使用的消耗品费、价格表制作费、推销员的名片费、分发给工厂人员的机关杂志费、特殊介绍费、行业工会费、老主顾和新主顾的接待费、年度报告书费、陈列室租费、推销会议费,推销用样本费、工作人员生活福利活动费、娱乐费

　　从表5-1可以看出,作为广告媒介费、管理费、制作费和杂费等可以支出的广告费用项目的多少,是根据企业经常性的广告活动范围来决定的,而考虑是否支出的广告费用与不得支出的广告费用的项目,究竟哪些应列入哪些不应列入企业广告费开支,则要根据企业如何处理广告与销售促进和公共

关系宣传的关系来定,如果将销售促进与公共关系宣传列入广告之中,那么就可以列广告费用统一开支,否则就不应列入。

四、广告投资、销售与利润的关系

(1)广告投资与销售成正相关,但相关性递减。每单位的广告投资对销售的产出将随投资的提升而递减。即投入第一个100万、第二个100万、第三个100万,对销售的产出并不等值,而形成递减的趋势(图5-1)。

(2)品牌在广告投资较少且拥有较大回收的阶段,所获得的利润较高;当继续广告投资但销售并未成等比率上升时,销售量虽然提高,但利润则渐渐下降。

(3)销售在达到一定极限后即不再成长(即市场占有率不可能达到100%),再继续广告投资终将使利润下降到亏本的程度。因此占有率最高品牌并不必然是利润最高品牌,利润最高的品牌也通常并非占有率最高品牌。

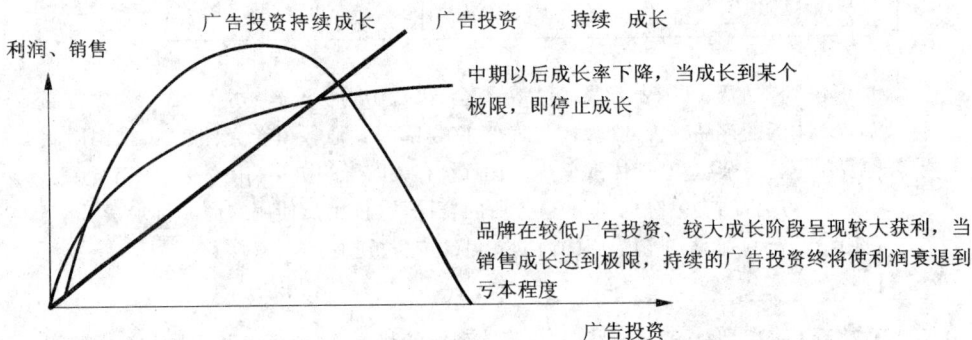

图5-1 广告投资、销售成长与利润之间的关系

(4)广告对销售的影响程度会因不同的品类或品牌而有所不同:既有品牌相对于新品牌不同;高单价商品相对于低单价商品不同;冲动型购买相对于慎虑型购买不同;使用与购买频率上的差异的不同。

五、影响广告费用预算的因素

广告费用预算与企业营销活动、广告活动、市场环境密切相关,因而影响广告费用预算的因素是多方面的。

1. 产品生命周期因素

产品生命周期分为四个发展时期，即投入期、成长期、成熟期、衰退期。产品所处的生命周期的阶段不同，广告费用预算亦有差别。

2. 竞争对手因素

制定广告费用预算，必须考虑竞争对手的因素。一般情况下，竞争对手的市场占有率、品牌知名度、广告费用等都影响企业的广告费用预算。尤其是在产品的成长期和成熟期，由于竞争非常激烈，产品差异越来越小，利用广告争夺消费者是企业竞争的重要手段之一。这就需要根据竞争对手的广告策略和经费状况，来确定自己的广告费用预算。

3. 销售目标因素

企业预定的销售数量、销售额和销售利润等销售目标，直接影响着广告费用预算。企业为了增加销售数量，达到预定的销售目标，重要手段之一是增加广告费用。

4. 市场范围的因素

产品的市场范围，主要指产品销售范围的大小、潜在销售范围的大小及其地区分散程度。市场上本产品的销售范围的大小，影响广告费用的多少。产品在市场上的覆盖面越大，广告费用在通常情况下也就越多。

5. 广告媒介的因素

不同的媒介，其制作和发布费用不同，即使同类媒介，由于其覆盖率和接收率的不同，广告费用也不相同。如电视广告制作费用高于报纸广告费用，中央电视台的播放费则比地方电视台要高许多。因此，媒介选用不同，则广告费用多少不同。同时，在制定广告费用预算时，还要考虑媒介费用的变动情况，如发布费用涨价，要保持原计划发布量，就要增加广告费用。

6. 企业财力因素

企业财力状况直接影响广告费用预算。大、中型企业，实力雄厚，广告费用自然就比小企业多得多。有时候，企业出于营销战略考虑，筹集资金投向广告活动，也导致企业广告费用的变化。

影响广告费用预算的因素呈多方面，除以上因素外，其他诸如利润率、消费者、社会环境等因素，都直接或间接影响广告费用预算。因此，在制定广告费用预算时，要充分考虑各种因素，使广告费用预算具有更大的灵活性和适应性，以确保广告活动的顺利进行。

7. 市场细分及目标市场

企业是按照什么标准对市场进行细分的，这些市场细分的情况如何，企业的目标市场及策略如何。

8. 广告媒体与形式

企业打算采用什么样的广告媒体，是大众媒体还是促销媒体，企业广告的诉求内容如何，打算采用什么样的广告形式和制作手段等。

9. 销售促进及公共关系

企业广告所承担的销售促进与公共关系任务的有无及多少直接关系到广告预算费用的多少，如有的企业销售促进费用要超过广告费用的50%以上。

10. 企业财务的负担能力

企业财务的支出可能直接关系到广告经费的开支大小，如果企业的财务支出丰裕，就可有较大的选择余地，否则只能量入为出。

第二节　媒体预算和广告费用预算的制定

在现代广告活动中，广告费用预算是整个广告计划的有机组成部分。任何广告策划和广告决策，都必须建立在广告费用预算的基础上。否则，广告策划再新颖、再完美，没有足够的费用支撑，也将是无意义的。广告费用预算，是根据营销活动的需要，按照广告活动的运作规律，根据一定的科学方法确定的。由于国情不同、企业状况不同、广告主的广告意识不同等多种因素，使得许多企业和广告公司确定广告费用预算的方法多种多样。

一、媒体费用是行销费用

广告主之所以投资媒体，是因为行销上的问题必须通过广告解决，然后借由问题的解决达成提升市场占有率或增加销售。因此，媒体投资的目标是建立在行销传播面上，媒体预算也是行销预算的一部分。

媒体在与行销连线之后，媒体预算的问题，即变成"解决某个行销传播问题，必须花费多少媒体预算"。如此，媒体费用的拟定可以有明确的依据。

二、从占有率的角度拟定媒体预算

从竞争的角度去拟定所需预算。

市场占有率(share of market, SOM)：指一个品牌产品的销售额(量)占整体品类销售额(量)的比率。占有率比值的方式，比较适合于一般日常消费品。对高购买风险的品类，如汽车等，因广告对销售的影响力较弱，出现误差较大。

媒体投资占有率(share of spending, SOS):指一个品牌或产品的媒体投资额占整体品类媒体投资额的比率。

占有率预算制定方式的理论是某一品牌在媒体投资上占有的比率,即能在消费者心目中占有大约相当的分量(share of mind);而由心理占有率所引发的购买行为,也将造成一定的市场占有率。在此陈述架构下,表达式为:

$$\frac{x}{a+x} : b = c$$

式中:a——竞争品牌广告量推估;

b——市场占有率目标,一般由广告主制定提供;

x——所需媒体预算;

c——调整值,可根据市场与品牌的不同状况加以调整。

运算的方法是确定 a, b, c 值,然后算出 x 值,即所需媒体预算。c 的一般值为 1,即设定媒体占有率相当于市场占有率,然而因品牌及行销环境的差异可以调整在 0.6~1.8 之间,调整的主要根据为:①营销企图;②新品牌或既有品牌;③竞争态势。

三、从讯息认知的角度拟定媒体预算

广告的运作是借助媒体将创意讯息清楚地传递给目标消费者,造成消费者对品牌的认知和态度的转移。在此转移作用中,媒体所扮演的角色偏重在传递的精准;而在讯息精准的传递之后,消费者是否发生所谓的态度转移,则主要依赖创意讯息的说服力。

从讯息认知的角度拟定媒体预算,主要是根据不同的品牌相关变数,估算出造成讯息认知所需要的讯息量,然后再推算出传送这些讯息量所需的花费。在操作程序上是:

(1)先根据营销环境、品牌处境、创意和媒体环境估算有效频率,即消费者达到讯息认知所需的接触频率。

(2)根据品牌所需制定有效触达率,即达到讯息认知的消费者比率。

(3)估算该有效触达率所需要的总收视点(GRPs)。

(4)依品牌在全年季节性需求和行销活动行程计算全年所需总收视点。

(5)以各市场每百分点收视率购买成本和所需总收视点相乘即得出各市场所需媒体预算。

讯息认知的方式是从传播量的角度制定媒体预算,与前述占有率的竞争导向方式一起产生相互交叉的作用。因此,在操作上,可以以一种方式估

算，再用另一种方式检视，以确认预算的合理。

四、制定广告费用预算应具备的观念

企业广告费用预算制定得恰当与否，直接影响到企业的整体营销活动的成败，为了使广告费用预算制定得更为科学合理，企业领导人应具备如下观念：

1. 战略观念

企业在编制广告费用预算时，应具备战略观念，着眼于长期规划。因为广告效果是累积性的，是企业的一种长期性的投资，如果广告费用预算的时间较短，不但看不到效果，而且势必影响到企业的长远销售利益。当然，企业广告费用预算期也不能过长，否则会与企业变化着的营销因素相脱离。一般情况下，企业以年度广告费用预算为核心，并根据可能的企业发展变化趋势编制较长期的广告费用预算。

2. 弹性观念

企业广告费用预算是一项牵扯到企业整体营销计划的复杂活动，它预算的范围之广，影响预算的因素之多，而且这些因素又是在不断的变化运动之中，因此要想制定出一项周密合理的广告费用预算相当不易。这就要求我们在制定广告费用预算时一定要留有余地，要在合理的预算范围内保持一定的弹性，要能适应各种可能的突然变化。

3. 整体观念

广告费用预算是企业营销计划与广告计划的有机组成部分之一，而且广告费用预算本身也是由各种分类计划构成的。广告费用预算与企业广告计划和营销计划之间，广告费用预算各分类计划之间，都应协调一致、相互配合才能取得最佳的经济效益，因此要求广告费用预算的制定必须具备全局观念与整体观念，任何一项广告费用的开支都要从整体目标出发去考虑问题，都要从整体效益出发去决定取舍，这样才能保证广告费用预算在与外部条件的适应上、在与内部因素的协调上处于最佳状态。

4. 竞争观念

在现代商品经济中，优胜劣汰是一个不以人们的主观意志为转移的客观规律。要想取得经营的成功就必须具备强烈的竞争意识。广告是企业开展市场竞争的一个有力武器，因此广告费用预算的制定也要从市场竞争的实际情况出发加以考虑。企业可以根据竞争形势的需要随时调整自己的广告费用预算，或者采取正面交锋的对抗策略，或者采取侧面交锋的迂回策略等。

5. 效益观念

广告是企业的一项投资，是一种无形的财富，广告的每一笔预算都要有根据，都要讲求实效。广告费用预算不但要在其编制时树立效益观念，使广告经费用得合理、用得得当，而且也要在广告经费的使用之中随时加以核实检查，及时发现问题，及时加以纠正和调整，避免各种可能的损失与浪费。这样才能保证广告费用预算能够按照预定的计划合理地使用，并取得应有的经济效益。

五、广告费用预算制定的步骤

广告费用预算的制定，除了要充分考虑影响预算的各种内、外在因素，并树立起现代预算的各种观念之外，还要遵循一定的科学步骤，才能保证预算编制的合理和有效。

1. 调查研究阶段

企业在着手编制广告费用预算之前必须对企业所处的市场环境、经济与社会环境进行全面调查；同时又要对企业自身的情况和竞争企业的情况进行详细的比较和研究。这是广告费用预算制定的前提和条件。

2. 综合分析阶段

在进行全面的预算调研之后，把所得到的调研结果结合企业活动的总体目标、营销目标、广告目标及其战略进行综合的分析和研究，从中分析出广告活动在整体营销计划中的地位与作用，进而确定广告费用预算制定的目标与原则。

3. 拟订方案阶段

根据已确定的预算制定目标与原则，设定出各种广告费用预算的分配方案。广告费用预算方案的选择牵涉到各个部门和多种因素，因此，要组织多方面的力量参加，集思广益，才能尽可能设计出各种可行的有效方案。

4. 确立方案阶段

在所设计出的各种备选方案之中，选择出一个费用最小效益最大的方案。这就要求对所设计出的各种方案进行充分的分析与评价，既要看各种方案的满意效果，也要同时分析可能带来的各种风险和不测。只有反复地比较和研究才能最后确定出最佳方案。

5. 落实方案阶段

将最后确定下来的预算方案予以进一步的明细化和具体化。其中包括对广告经费各项目的明细表及责任分担；广告费用预算按商品、市场、媒体及别的项目预算分配，广告计划细目的实施和预算规模之间的分配与调整等。广告费用预算的落实阶段既是预算的最终确立阶段，也是对广告计划的实施加以控制并不断予以调整的阶段。它是广告费用预算能否最终实现的保证。

六、制定广告费用预算的方法

科学的广告费用预算步骤必须和科学的预算方法相结合，才能制定出科学的广告费用预算。广告费用预算的方法多达二三十种，各有利弊，现代广告学者将其归为三大类型，即分析法、综合法和主观计算法，在这三大类型之中又可以分为传统的方法和近代的方法。现在我们将这三大类型的一些主要方法概述如下。

(一) 分析法

分析法是在适当的限度内计算出广告预计的总额，然后再将其合理地分摊给各个细分项目。这种方法通常是经过对企业经营资料的分析研究，以广告费对销售额或赢利额的比率为基础计算出来的，所以又叫定率计算法。

定率计算法又可细分为固定比率法、变动比率法和销售单位法等。

1. 固定比率法

这种方法是以一定时期的销售额或利润额与广告费用之间的一定比率，计算出广告的经费开支。它又可以根据销售额、利润额的不同计算标准细分为历史比率法、预测比率法和综合以上二法的折中比率法。历史比率法，一般是根据历史上的平均销售额或上年度的销售额加以计算的。预测比率法，一般是根据下年度的预测销售额加以计算。折中比率法是以上列二法的结果加以折中计算出来的。

固定比率法计算起来简单方便，适用于增长率稳定、受市场变化影响较小的一些产品广告，或者某些经营资料丰富、预测能力较强、竞争环境较稳定的企业广告。但此法颠倒了广告费与销售额、利润额之间的因果关系，又不能适应繁复多变的现代市场环境，具有较大的局限性。

2. 变动比率法

为了适应市场环境的变化和产品生命周期的变化，弥补固定比率法的不足，弗列斯坦(J. W. Forrstar)总结出了适应产品生命周期的销售额曲线和赢利额曲线的广告费支出曲线，以此为基础计算广告费用预算额的方法，就叫变动比率法。

在产品生命周期的初期，广告费用可能超过销售额；当产品进入成长期，销售额急速增加而广告费用却相对较低；当产品进入成熟期，销售量与广告费用同期增长；在产品进入饱和期和衰退期，销售量和广告费用均急速下降。

影响销售额的因素是很多的，除了产品生命周期这一主要因素以外，还应考虑企业广告的其他市场情况以酌定广告费用的比率。

3. 广告收益递增法

这种方法是以上年度销售额和广告费用为基础，根据年度销售额增长幅度而确定广告费用。即如本年度销售额增加30%，则广告费用也增加30%。这种方法较为简单易行，但应用中尤应重视市场变动状况。

4. 支出可能法

这是企业根据自身能力而确定广告费用预算的方法。即企业在进行预算时，根据各项支出统计，看看还剩多少钱可用来做广告，能拿多少钱就拿多少钱来做广告。这种方法对于财力较差的企业较为实用。但这种方法不是依据企业的营销目标来制定广告费用预算，因此，很难确定所花的费用是否有效。

5. 销售单位法

这种方法是把一件商品或一箱商品作为一个特定的单位，对于每个特定单位以一定的金额作为广告费，然后再乘以计划销售额就可以得出广告费的总额。

这种方法适用于商品种类少、销售单价昂贵的商品，如电视、电冰箱等高档耐用消费品以及水果、酒类等整箱明码实价的商品。销售单位法也可根据市场环境与产品周期的变化，适当调整增减广告费用。此种方法便于把握广告的费用与效果之间的关系及变化规律。

（二）综合法

综合法是根据企业的市场营销指标所拟定的广告指标与广告计划来计算出它所需要的广告费总额。这种方法是20世纪60年代企业管理中目标管理理论盛行时期被提出来的。是从一定的广告目标出发，为了达成这个目标，估计出所必需的广告费用预算，因此又叫做目标达成法、任务法。目标达成法，就是先树立一定的销售目标和广告目标，然后决定为了达到这种目标所必需的广告活动及其规模和范围，据此估算出广告费用预算。这种方法的前提是必须知道各种媒介广告所能产生的效果。目标达成法是一种较科学的广告费用预算方法。据日本日经广告研究所的调查，在日本企业所采用的预算确定方法中，目标法的采用几乎占了一半。它不但能明确地看出广告费用与广告效果之间的关系，而且便于检验和控制广告活动的进行。目标达成法根据所依据的目标和计算方法的不同，又可细分为销售目标法、传播目标法和系统目标法。

1. 销售目标法

这种方法是以销售额或市场占有率为广告目标来制定广告费用预算的一种方法。也就是说，依据设定的广告目标来拟定广告活动的范围、内容、媒体、频率、时期等，再依此计算出每项所必需的广告费用。销售目标法可以根据广告活动的具体情况分为实验性和非实验性两种方法进行。实验性销售目标法能够较好地把握市场占有率和广告费用占有率之间的因果关系，利用这种关系就可较准确地计算出下期市场占有率及其所需要的广告费用。

2. 传播目标法

这种方法是以广告信息传播过程中的各阶段为目标来制定广告费用预算的一种方法。它是以传播过程的"知名—了解—确信—行为"四个阶段为目标来具体设定广告费用预算的。因为广告费与销售额的关系，是通过消费者对广告信息的反应过程与深浅程度表现出来的。因此传播目标法较比销售目标法更为科学。传播目标作为一种中间目标，将各种媒体计划与销售额市场占有率以及利润额等目标有机地连接起来，因而能够更科学地反映出广告费用与广告效果的关系，利用现代的数学模式和计量分析方法已能很好地解决两者之间的关系。

3. 系统目标法

系统目标法，是采用系统分析和运筹学的方法，将传统的目标范围(销售与广告范围)扩展到整个企业的生产经营活动，也就是说把与广告、销售密切相关的生产、财务等要素一并纳入广告费用预算应考虑的范围之内，加以系统分析和定量分析，因而使得广告费用预算更合理、更科学、更完善。

4. 计量设定法

这种方法采用系统分析和运筹学的原理，把与广告、销售密切相关的生产、财务等要素一并纳入广告费用预算应考虑的范围之内，通过建立数学模型加以系统分析和定量分析求出广告费用预算。这种方法使得广告费用预算更合理、更科学、更完善。计量设定法又可分为动态与静态两种模式来设定广告费用预算。静态模式是通过销售额和市场占有率的相关分析和计量分析来设定最适当的广告费用预算。而动态模式是以时间因素来决定最适当的广告费用预算。另外，还有适应模式和对等模式等。在运作这种方法时，如果只做一些简单的相关分析或者统计分析，结论往往不准确，必须运用数学模型，选用大量参数，进行计算分析，才能得出比较精确、可靠的结论。

（三）主观计算法

这种方法与分析法和综合法不同，它的着眼点不是广告费用与销售额的关系，而是广告费用与企业竞争对手的关系，或者是广告费用与企业财务支出可能的关系。这种方法在很大程度上依赖于广告经营者的直感和经验，所以称为主观计算法。在必须综合许多复杂要素制定广告费用预算时，主观计算法往往能发挥较大的作用，但是这种方法缺乏可靠的客观依据，带有盲目性，因而多配合其他方法同时进行。主观计算法可分为任意法、竞争对抗法、支出可能法和启发性模拟法。

1. 任意法

这种方法是主观计算法中最典型的一种方法，它并没有依从任何理论根据或客观考证，而是完全依照人的直感和经验。它是以上年度的实际广告费为基础，并根据市场环境可能的变动而主观地定出广告费用预算，或者对上年度的广告费用作任意的增减，然后再拟定出广告指标和广告费用总额。这种方法虽然没有什么客观依据，容易产生偏差，但是在无法运用分析法和综合法来制定出较理想的广告费用预算时，主观任意法仍为较实用的一种方法。

2. 竞争对抗法

这种方法是以取得销售效益的主要竞争对手的广告费用为基础来设定广告费用预算。这种方法是以广告费用的多少来决定销售额与市场占有率的。如果企业本身的其他条件与竞争对手完全相同，那么企业可以径直采用竞争对手的广告费用而获取相应的销售效果。但是，实际上没有任何竞争企业的情况与条件会完全相同，因而此法制定广告费用预算带有较大的盲目性。为了维护市场现状或短期内达到一个强有力的市场竞争地位，采用竞争对抗法才是较为有效的。

竞争对抗法就是在充分了解竞争对手的广告费用支出情况后，再决定本企业广告费用的支出，以保持自己的竞争性地位。这种方法是以竞争对手的广告费用为自己制定广告费用预算的基础，要求企业必须具有良好的财政基础和销售效益。这种方法虽然可能在短期内达到对抗的目的，但由于不是从本企业自身实力出发而是从竞争对手出发，带有较大的风险性。因此，这种方法在国内并不常用。

3. 支出可能法

这种方法是依据企业财务上的可能来制定广告费用预算的方法，此法符合"量入为出"的经营原则。对于大公司来说，只要资金许可，就可以尽可能地多支出广告费用，便于企业获取较长期的销售效益；对于小公司来说，在其有限的财务预算上尽可能地来支出广告费用，可以最大限度地发挥广告的促销作用。当然此法不是依据企业的营销目标来制定广告费用，因而盲目性较大。

4. 启发性模拟法

这种方法将以往成功的广告费用预算经验和方法加以规则化，编成启发性计划，并采用现代电子模拟技术进行预测和检验的一种现代式的主观计算法。例如，有的公司将其以前广告费用预算成功的经验进行分析研究汇集成册，成为今后广告费用预算的指南；有的则将其经验制成数学模式甚至系统分析模式，利用电脑进行模拟求其结果。此法实质上是介于主观方法与科学的客观方法之间的一种过渡性方法，因其综合了主观法与科学的客观计算方法的优点，所以具有较高的实用价值。

第三节　广告费用预算的分配

广告费用预算总额确定下来以后，下一步的工作便是在广告费用预算总额的范围之内将其按照一定的目的、要求进行合理的分配。广告费用预算分配是广告费用预算的具体规划，广告费用预算分配的恰当与否，直接影响到广告计划的实施与效果。

一、影响广告费用预算分配的因素

影响广告费用预算分配的因素很多，其中最主要的因素有如下几项：

1. 销售目标

各种产品有其不同的销售量、销售额、利润率等指标，销售指标较高的产品其广告费用的分配也较多，反之则较少。

2. 产品特性

产品是新的还是老的，是差别化大的还是小的，是内销的还是外销的，是日用品还是特购品，是处在产品生命周期的引入期或成长期还是成熟期或衰退期等。这些不同的产品特性均影响到广告费用的分配。

3. 销售范围

产品是在本地销售还是在外地销售，是在国内销售还是在国外销售。不同销售范围的产品广告，其广告费用的分配亦不同。

4. 销售对象

产品广告的对象是集团消费者还是个体消费者，消费者在人口、经济、社会等方面的特性又如何，这些因素也直接影响到广告费用费用分配的多与少。

5. 市场状况

某些商品的市场状况好，其产品畅销，供不应求，竞争对手少而且较弱小等；而某些产品的市场状况差，其产品滞销，供过于求，竞争对手多而且强等。这些不同的产品市场状况均影响到广告费用预算的分配。

6. 销售时间

不同的商品有其不同的销售时间，有常年销售、季节销售、节假日销售等，因此相应的产品广告的宣传时间也会有长短之别，不同的广告宣传时间所需要的广告费用是不同的，因为广告费用预算的分配亦不同。

7. 媒体情况

各种商品所使用的广告媒体不同，媒体组合也不同，其广告费用多少各异，其广告费用预算自然也不同。

8. 部门任务

各个广告部门所承担的广告活动的任务轻重不同，如媒体费用重于设计费用，调研费用重于行政费用等。因此，不同的广告任务必然要求有不同的广告费用预算开支。

我们在进行广告费用预算分配时，既要考虑到以上诸因素的影响，又要考虑到广告计划与战略策略的要求，要重点突出、统筹兼顾、协调配合，才能使广告费用预算得到合理的分配与使用。

二、广告费用预算的分配方法

各个企业均有其不同的市场目标、销售任务、销售范围、销售对象等复杂情况，面临着这些复杂情况与条件，企业应该采取什么样的预算分配方法，直接影响到企业的广告效益和经营效益。

下面我们介绍一些典型的预算分配方法供参考。

1. 按广告的媒体进行分配

广告媒体费用一般占整个广告费用预算总额的70%～90%，而广告讯息的传播效果又主要是通过媒体效果来体现的，因此按照广告媒体的不同类别来分配广告费用预算是企业经常采用的方法。

2. 按广告的商品进行分配

在广告商品种类较少而分配地区又较多的情况下,企业广告部门除了要考虑按广告的媒体来分配广告费用预算之外,还要根据广告商品的不同情况采用不同的广告费用预算分配方案,如商品本身的性质、产品生命周期的情况、市场环境与竞争状况等。

3. 按广告的地区进行分配

如果在商品种类较多而销售地区又较集中的情况下,企业广告部门经常采用按广告的不同地区分配不同的广告费用预算的方法。按照广告的地区进行预算分配,要根据各个地区对商品的现时需求和潜在需求、市场细分和目标市场的分布以及市场竞争状况等因素合理分配。

4. 按广告的时间进行分配

对于一些季节性强的商品和新上市的产品,企业还经常采用按广告的时间分配广告费用预算的方法。因此,就有长期性广告费用预算和短期性广告费用预算、突击性广告费用预算和均衡性广告费用预算以及阶段性广告费用预算等不同的时间分配形式。

5. 按广告的对象进行分配

如果企业的销售目标比较集中、比较典型,企业还可以考虑采用按广告对象分配广告费用预算的方法。这种方法的优点是有利于提高广告宣传效果,有利于对广告费用预算及其效果的检验与测定。

6. 按广告的机能进行分配

在采用以上广告费用预算分配方法的同时,为了便于对广告财务的管理和监督,企业还经常采用按广告的不同机能分配广告费用预算的方法。按广告的机能分配广告费用预算,一般可按广告媒体费、广告制作费(含设计费)、一般管理费和广告调研费进行分配。这些费用还要根据是企业自营广告、他营广告还是两者兼而有之的不同情况而加以细分。

思考与实践

1. 制定广告费用预算有什么意义?
2. 广告费用可以分成哪几类?
3. 试分析说明影响广告费用预算的因素有哪些。
4. 解释说明制定广告费用预算时怎样使用主观计算法。
5. 对广告费用预算进行分配有哪几种方法?

第六章

媒体目标与媒体选择

本章内容提要

　　媒体是连接信息与消费者的关键环节，媒体目标是否合适，媒体选择是否恰当直接关系到整个广告活动的成败。跟任何策划活动一样，媒体策划必须是在对市场全面了解的基础上进行的，因此对市场环境调查、市场竞争因素调查、媒体调查、广告效果调查等是十分重要的。在对消费者、对市场有全面了解的基础上需要对整个市场进行划分，而后根据所设定的目标阶层选择合适的媒体策略。媒体选择策略既要保证用最经济的媒介手段将信息传播给最多的消费者，又要保证对消费者有足够的触达率以保证广告的劝服效果。

关键名词

　　消费者行为　意见领袖　目标阶层　媒体调查　购买决策

第一节　媒体选择的必要资讯

媒体选择的必要资讯主是市场调查所得的资讯。市场调查的内容涉及市场营销活动的整个过程，主要包括：

1. 市场环境调查

市场环境调查主要包括经济环境、政治环境、社会文化环境、科学环境和自然地理环境等。具体的调查内容可以是市场的购买力水平，经济结构，国家的方针、政策和法律法规，风俗习惯，科学发展动态，气候等各种影响市场营销的因素。社会环境构成的因素很多，在广告市场调查中，具体应该着重于以下方面的调查：

（1）政治和法律环境的调查。

（2）经济环境的调查。广告市场的经济环境调查，主要包括目标市场所在地的经济发展水平和市场容量。

（3）文化环境的调查。调查文化环境主要是为了了解广告产品所处环境的文化特征、文化禁忌等，使广告及广告产品能够与社会文化相融合，而不至于发生严重的冲突；或者能够使广告及广告产品在扩展其市场空间时，避免与新开拓的活动环境的文化规则相冲突。

2. 市场竞争因素调查

市场需求调查主要包括消费者需求量调查、消费者收入调查、消费结构调查、消费者行为调查，包括消费者为什么购买、购买什么、购买数量、购买频率、购买时间、购买方式、购买偏好和购买后的评价等。

消费者调查是对与广告产品有关的各种消费者购买行为的调查，具体包括生理因素、心理因素和个性因素的调查。

产品调查是指对预定的广告产品的调查，以了解其是否适销、符合市场的要求和消费者的习惯。产品调查具体包括产品本身和产品附属性的调查、产品竞争结构的调查。

市场经济的原则之一便是公平竞争，现代商品的市场产品竞争愈演愈烈，正所谓"商场如战场"。在市场竞争性调查中，应重点查明市场竞争的结构和变化趋势、主要竞争对手的情况以及企业产品的竞争成功的可能性；在广告创意的竞争性调查中，还要了解广告市场竞争的状况、各种广告手段与效果分析，提出新广告策划的可能思路。通过这种调查性分析寻找到最有希望的产品销售突破口，寻找到最佳的广告创意。市场竞争情况调查主要包括对竞争企业的调查和分析，了解同类企业的产品、价格等方面的情况，它们采取了什么竞争手段和策略，做到知己知彼，通过调查帮助企业确定企业的竞争策略。

市场供给调查主要包括产品生产能力调查、产品实体调查等。具体为某一产品市场可以提供的产品数量、质量、功能、型号、品牌等，生产供应企业的情况等。

市场营销因素调查主要包括产品、价格、渠道和促销的调查。产品的调查主要有了解市场上新产品开发的情况、设计的情况、消费者使用的情况、消费者的评价、产品生命周期阶段、产品的组合情况等。产品的价格调查主要有了解消费者对价格的接受情况、对价格策略的反应等。渠道调查主要包括了解渠道的结构、中间商的情况、消费者对中间商的满意情况等。促销活动调查主要包括各种促销活动的效果，如广告实施的效果、人员推销的效果、营业推广的效果和对外宣传的市场反应等。

企业形象调查是对社会公众所给予企业的整体评价与认定的情况调查。由于在 20 世纪 90 年代的广告发展被公认为系统形象广告时代阶段，企业形象调查就显得尤为重要。企业形象调查的内容很多，具体包括品牌形象、技术形象、视觉识别系统等。这些企业形象转化为具体的指标就是企业的知名度和美誉度。

所谓知名度是指一个企业被社会公众知晓、了解的程度，以及企业对社会产生影响的广度和深度。这一指数是评价企业在社会上名气大小的客观尺度。所谓美誉度是指一个企业获得社会公众认可、信任、赞许的程度，以及企业在社会上产生影响的美与丑、好与坏等。这一指数是评价企业在社会上名声好坏的客观尺度，是任何一个企业都极力追求的目标。

通过对企业形象进行调查，其结果有下列情况之一：

(1)低知名度、低美誉度；

(2)高知名度、低美誉度；

(3)低知名度、高美誉度；

(4)高知名度、高美誉度。

通过对企业形象进行调查，就会得到社会公众对企业整体形象认识的真实和完整的情况，使之与企业自身设定的形象进行比较，就会找到企业开展广告活动和公共关系活动的工作重点或区域。

3.媒体调查

媒体是广告信息得以传播的载体，对媒体的调查有助于确定广告具体选用哪种媒体或是哪几种媒体的组合。广告媒体的种类繁多，主要有报刊、广播、电视、直邮、户外媒体、售点媒体等等。各种媒体的性质、功能、特点都有所不同，即使同一类型的媒体也有不同的覆盖面。因此，广告策划人员为了合理运用媒体，花最少的刊播费，取得最佳的传播效果，必须对广告媒体有详尽了解。

4. 广告效果调查

广告效果调查即广告效果测定，是广告调查一个重要组成部分，又可以分为事前测定和事后测定两部分。当一个广告主在广告上投资上万元甚至上百万元、上千万元后，他必然要知道他的投资能否得到收益，广告效果测定为他的投资提供了保证。对广告效果的测定不仅仅体现在广告活动结束之后，它还体现在广告实施的各个阶段，对广告策略的适应性和实施情况随时进行了解。广告效果调查分事前调查和事后调查。

事前调查又称广告试查，是指广告在实施前对广告的目标对象进行小范围的抽样调查，了解消费者对该广告的反应，以此而改进广告策划及广告表现，提高随后的广告效果。

事后调查是指在广告之后的一段时间里，对广告的目标对象所进行的较大规模和较广泛范围的调查，通过对广大消费者对该广告的反应的调查而测定广告效果的调查工作。其目的在于测定广告预期目标与广告实际效果的态势，反馈广告活动的受众信息，为修正广告策略和进一步开展广告工作奠定量化基础，以便广告主或广告公司的广告活动更好地促进企业目标的实现。

广告效果调查必须以严格的量化指标为结果和表现形式，所有的定性的内容都必须基于严格的量化参数。这就要求在广告效果的调查活动中，采用科学化的手段与方法，去进行各个调查环节的工作，以达到广告效果测定结果的可信性与有效性。

5. 广告企业经营情况调查

广告企业经营情况调查是指对广告的历史现状、规模及行业特点、行业竞争力等情况的调查。其目的是为广告策划和创意提供依据，从而有效地实施广告策略，强化广告诉求。

第二节　消费者行为

一、消费者行为的定义

消费者(consumer)是指物质资料或劳务活动的使用者或服务对象。从狭义上理解,消费者就是消耗商品或劳务使用价值的个体。而从广义上看,产品或劳务的需求者、购买者和使用者都是消费者。在广告活动中,可以从两方面来认识消费者。一方面是把消费者看做市场营销的对象。消费者的需求是产品生产和市场营销的出发点,企业的经营活动以消费者为中心展开。另一方面就是把消费者看做消费行为的主体,需要全面深入地研究,把握消费者的心理和行为。从这两方面认识的意义在于,不仅把消费者行为与购买、使用相联系,而且与充当消费者角色的个人、家庭和其他群体的社会行为联系起来,与社会的经济结构、各种经济现象相关联,也综合了心理学、社会学、经济学、统计学等多种学科知识,使广告活动具有更强的目标性和针对性。

从理论上讲,消费者为满足其需要必须去选择、获取、使用或处置某种产品或服务,总称为消费者行为(consumer behavior)。消费者行为是指消费者由自身内部因素决定、又受到外部因素的影响而进行的消费活动,在这个过程中消费者所表现出来的种种心理活动和外在行为。美国营销协会对消费者行为的定义是:人类在进行生活中各方面的交换时,表现出来的情感、认知、行为和各种环境因素的相互作用的动态过程。

消费者行为一般具有自主性(在购买时自主决策)、有因性(产生消费行为有特定的原因)、目的性(产生于特定的目的)、持续性(是持续的活动过程)、可变性(行为会发生变化)等特征。从这个定义我们可以看出,消费者行为具有以下特点:

1. 消费者行为是动态的

无论是个别消费者还是消费者群体,抑或是全体社会,总是处在不断的发展变化中。这种变化对于研究消费者行为和制定营销策略都具有重大的意义。从消费者行为研究的角度来看,对特定的时期、产品和个别消费者、消费者群体来说,一般化的消费者行为是很有局限性的,因此,消费者行为研究必须注意研究最新的调查结果,而不能过分套用理论。从制定营销策略的角度来看,消费者行为的动态属性,意味着与消费者打交道将有无穷无尽的不确定性。同样的营销策略不可能适用于任何时间、所有产品、市场和行业。更进一步说，在某一点上取得成功的策略，可能会在另一点上遭到惨败。因此，营销者必须采取不同的营销策略适应不同的市场。

2. 消费者行为是各种因素的相互作用

消费者特定的行为总是在各种个人或社会因素的综合影响下发生的，总的来说，是消费者情感、认知、行为和环境因素之间相互作用的结果。这意味着要了解消费者，制定切实有效的营销、广告策略，就必须了解消费者的所想（认知）、所感（情感）、所为（行为），以及影响消费者所想、所感、所为或被消费者所想、所感、所为影响的环境因素。只有对这些因素进行综合的分析，才能够深刻地把握消费者行为的真正动力，并制定相应的策略。

3. 消费者行为是一个过程

消费者行为不仅仅是交换或是消费者掏钱购买的那一刻，它是一个内容丰富的过程。仅从外在行为来看，消费者行为就包括购买前、购买时和购买后的与销售人员的交谈，受到某个现场促销活动的吸引，以及购买后的使用、投诉、包装处理等。而更进一步探讨，完整的消费者行为应当包括内在的心理过程（认知处理、情感变化和态度改变等）和上面所讲的外在可观测行为的过程。

4. 消费者行为往往涉及许多不同的参与者

在消费者进行消费活动的过程中，往往会涉及许多不同的参与者。尤其是在家庭购买或组织购买中，通常会涉及发起者、信息收集者、影响者、决策者、购买者和使用者等不同角色，"买者不一定是用者"的情况十分常见。即使在完全独立自主的购买活动中，消费者行为依然不是完全个人化的。消费者可能在使用产品时受到别人的评价，而这个作出评价的人可能因此对消费者的下一个购买产生比较大的影响，从而介入消费者的行为之中，成为消费者行为的参与者。

（1）消费者行为本质上是一种理智行为。消费者有很大的选择权。实际上，任何消费者的每一次消费活动都有明确的目的性和自觉性。他知道自己要买什么，并自主地作出决定，尽管这种决策有时在旁人看来可能是很冲动的，或是不可思议的，但是在购买的那一刻，消费者本人是有一个判断标准的：所得大于或等于付出。这种判断可能是错误的、不真实的，或者是非常冲动的，但是只要消费者认为是符合标准的，就会促使他作出购买决定。

（2）消费者行为是有意识地尽量逃避风险的行为。显然，每一次消费都有风险，可能是价格太高（财政风险），或者是功能达不到要求（功能风险），也许是买完某种产品后得不到其他人的肯定(社会风险)。这时的消费者在购买时,尽量选择他认为"综合风险"最小的产品或品牌,是消费者行为表现出尽量逃避风险的取向。

二、消费者行为研究的主体内容

消费者行为学假定消费者在各种内部因素(生理、心理)和外部因素(社会、媒介、相关群体等)的影响下,形成了自我形象和生活方式。这种生活方式导致消费者产生相应的需要和欲望,并且经常以消费产品来获得满足。一旦消费者面临相应的情景,就会启动相应的决策程序,并作出消费选择。反过来,这种消费活动和体验又会对消费者的内部特征和外部环境产生影响,从而引发自我形象和生活方式的改变。在这种相互影响的过程中,消费者行为变得更加丰富多彩。

具体而言,消费者行为的主要研究内容包括以下几个部分:

(1)外部因素与消费者行为之间的相互作用。主要从文化、亚文化、相关群体、家庭一级市场营销活动等方面来进行研究。在不同的文化背景下,由于价值观的不同和生活方式的差异,消费者的消费模式(购买方式、购买习惯、使用习惯等)有着明显的差别,而相关群体和家庭则会对消费者的购买决策产生广泛的影响和作用。

(2)内部因素与消费者行为之间的相互作用。主要研究消费者的认知处理过程(如何认识产品或品牌、记忆中的知识与通过知觉系统得到的新信息如何共同起作用等)、情感变化过程(消费者对产品和品牌的情感形成过程、情感对购买活动的影响、消费者对产品的参与状态等)、态度改变过程(如何形成对产品或企业的总体态度,态度对最终购买行为的影响,如何改变消费者态度等)。

(3)消费者的决策过程。研究消费者如何从认知产品开始,搜寻信息、评价选择项、作出购买决定以及产生不同的购买行为,特别是情境(也就是特定的环境因素)对消费者行为的具体影响作用。

(4)消费者行为的学习。除了认知学习外,还研究如何通过改变消费者行为之前之后的结果来达到改变消费者行为的目的。比如,通过观察自己的朋友因为购买了一件流行的衬衫而得到大家的赞赏,消费者自己也去购买同样的衬衫,或者在消费者购买行为之后给予其一定的奖励(优惠券),以鼓励消费者下一次继续购买。

(5)消费者的需要和动机的产生,自我形象与生活方式的形成。

三、消费者行为研究在营销与广告活动中的作用和意义

1. 消费者行为研究是企业营销的根本

许多公司承认关心消费者是自己得以生存和成功的原因。只有从消费者的角度来理解产品或品牌的价值，准确地预测消费者的需求并及时应对消费者的反应，才能使产品为消费者所接受。了解消费者的需求，以及他们愿意花多少钱来满足这一需求，然后据此设计、生产产品，并制定消费者愿意付出的价格，才能更好地将产品推向市场。对消费者行为的研究与把握，成为企业营销的根本。

2. 消费者行为研究是制定营销策略的重要依据

尽管消费者行为十分复杂，各种内部、外部因素互相制约和牵连，但是通过精心设计与实施的调查研究，仍然可以掌握到消费者行为的一般趋势和规律，从而尽可能减少企业决策的失误。从营销组织的观点来看，营销策略就是要达到企业战略的目标。很典型的情况是，营销策略试图增加消费者某种行为的可能性或频率，如经常去特定的店铺、购买特定的商品。营销策略通过市场细分针对选定的目标市场实施营销组合，以实现企业的营销目标。

作为生活在复杂社会关系中的人，消费者的动机和行为都能够被外在的因素所影响，进而发生改变。企业可根据这一特点，采取适当的策略，运用恰当的手段和方式，努力影响消费者。而对消费者的影响与改变，建立在对消费者行为的了解与掌握的基础之上。企业必须掌握消费者的动机，企业的产品、价格、渠道、促销策略必须为消费者所理解，符合其口味，满足其需要。唯有如此，企业的营销策略才能最终影响和改变消费者，使他们的行为向着有利于企业的方向发展。

显然，在制定营销策略时，了解消费者是至关重要的，极少有不经过消费者行为研究就制定营销策略的。总之，对消费者了解得越多，分析消费者的方法越多，制定成功的营销策略的可能性就越大。

3. 消费者行为研究是有效开展广告活动的保障

广告活动的目的在于找出恰当的信息，在恰当的时机通过恰当的媒介来传播，以改变消费者对产品、品牌或企业的认知、情感、态度，进而改变消费者对特定产品、品牌的具体选择行为。显然，在变幻莫测的市场环境下，了解消费者行为的变化对制定正确的广告策略具有非常重要的意义。

广告活动要实现信息传递的有效性，就必须了解其目标对象是什么，目标对象的个体特征是什么，对某产品或品牌的已有知识是什么，有怎样的媒

介习惯等一系列问题。对消费者行为的深入研究可以使广告活动有的放矢，是有效开展广告活动的保障。

4. 消费者行为研究是社会营销的重要参考

除了企业营销和商业广告活动之外，消费者行为研究在社会营销中也起到了重要的作用。社会营销通过制定恰当的营销策略，使人们接受某一观念，促成对个体或社会具有正面影响的行动。社会营销多运用公益广告和公益活动的手段来实现社会营销的目标。尽管公益广告、公益活动没有商业利润作为衡量，但它们也要讲求社会目标、社会效益的实现。因此，将消费者行为研究运用于社会营销中，有助于提高公益广告、公益活动的针对性和有效性。

此外，有关消费者行为的研究，不仅能够在营销与广告活动中发挥重要作用，还有助于政府部门制定相应的法规政策，去创建一个公平的消费环境，保护消费者的利益；可以使消费者的消费行为更加理智，对企业的营销策略有所把握，不至于被过度地操纵。

第三节　广告与消费者行为

广告受众与消费者既有联系又有区别，消费者是广告信息所宣传产品的需求者、使用者，广告受众是广告信息的接受者。并不是所有广告受众都会产生购买商品的行为，广告信息只会对某一部分受众起作用，有些受众尽管也看到或听到了某些广告，但广告对他们不会产生任何影响，甚至还会引起抵触情绪。因此，只有当广告受众实施了购买行为，才能转化成为广告主所期待的消费者。但是，广告信息的接受者是否产生消费行为，还要决定于其他种种因素。因此，我们有必要对消费者心理、行为及其影响因素进行分析和研究，以便更好地实施合理的广告策略，达成企业的营销目的。

一、消费者的特性和类别

1. 消费者的类别

从营销的角度看，消费者有各种各样的类型。运用不同的分类标准，就可以对消费者进行具体的分类。

（1）按照消费目的划分，消费者可分为最终消费者（final consumer）和产业消费者（industry consumer）。最终消费者是为了满足个人、家庭需求而购买、消费某种产品或劳务的个体或家庭，又分为个体消费者和家庭消费者。

产业消费者是在非最终用户市场中,购买者是为了制造其他产品或提供其他劳务,以及进行转卖等经营活动为目的的消费者。产业消费者是组织化的消费者,但最终还是以个体的形式出现。

(2)按照对某种产品或服务的消费状态来划分,消费者可分为现实消费者(actual consumer)和潜在消费者(potential consumer)。现实消费者是指已对某种消费有了需求,并且发生实际消费行为的消费者。潜在消费者是指对某种消费产生了需求,现实未有实际的购买行动,但在未来的某一时期内很有可能产生消费行为的消费者。

这样的一个对消费者的理解和分类,对于广告的有效传播来说是必要的,但还是不够的。我们还可以依据其他标准对消费者进行市场细分,如美国市场学泰斗科特勒(Philip Kotler)提出的以行为变量、地理变量、人口统计变量、消费心理变量等标准细分,以锁定目标消费群,见表6-1。

表6-1 变量分析

变 量	典型的细分市场
地理变量	
地 区	太平洋区,高山区,西北中区,西南中区,东北中区,东南中区,南大西洋区,中大西洋区,新英格兰区
县的大小	A,B,C,D
城市或标准	
都市统计区大小	5000人以下,5000~2万人,2万~5万人,5万~10万人,10万~25万人,25万~50万人,50万~100万人,100万~400万人,400万人以上
密 度	都市,郊区,农村
气 候	北部气候,南部气候
人口统计变量	
年 龄	6岁以下,6~11岁,12~19岁,20~34岁,35~49岁,50~64岁,65岁以上
性 别	男,女
家庭人口	1~2人,3~4人,5人以上

续表

变　量	典型的细分市场
家庭生命周期	年轻，未婚；年轻，已婚，未生育；年轻，已婚，小孩在6岁以下；年轻，已婚，小孩在6岁以上；年纪大，已婚，有小孩；年纪大，已婚，小孩在18岁以上；孤老；其他
收入(美元)	5000以下，5000～1万，1万～1.5万，1.5万～2万，2万～2.5万，2.5万～3万，3万～5万，5万以上
职　业	专业技术人员，经理，职员，业主，办事员，售货员，工匠，领班，技工，农场主，退休人员，学生，家庭主妇
教　育	小学以下，中学肄业，中学毕业，大学毕业
宗　教	天主教，基督教，犹太教，其他
种　族	白人，黑人，东方人
国　籍	美国人，英国人，法国人，德国人，斯堪的纳维亚人，意大利人，拉丁美洲人，中东人，日本人
心理图解因素	
社会阶层	下下，上下，劳动阶层，中等，中上，下上，上上(最高层)
生活方式	朴素型，时髦型，高雅型
个　性	好强迫人的，爱交际型的，独裁的，有权利欲的
行为因素	
使用场合	一般场合，特殊场合
追求利益	质量，服务，经济
使用者状况	未使用者，以前使用者，潜在使用者，初次使用者，经常使用者
使用率	轻度使用，中度使用，重度使用
忠诚程度	无，中等，强烈，绝对
准备阶段	不注意，注意，知道，感兴趣，想买，打算购买
对产品的态度	热心，肯定，漠不关心，否定，敌视

资料来源：引自马谋超．广告心理．中国物价出版社，1997年版，第36～37页

二、消费者行为分析

在实际的消费活动中，真正了解和把握消费者行为是困难的。因为，消费者采取购买行动时，往往带有很大的盲目性。例如，从服装店买回一件衣

服，仅仅是因为在打折；在一家连锁店买回一大堆熟食，是看到别人都在买。而且，消费者因性别、年龄、职业、兴趣爱好等方面的不同，在消费行为上也存在着很大的差异，这些都很难作出预测。

但是，消费者的消费行为还是有规律可循的，不少经济学家和心理学家对此进行研究，提出了各种理论和阐释，帮助我们科学地认识消费者心理、行为以及影响因素。

1. 消费者购买决策

分析消费者行为，首先应该了解消费者是如何进行购买决策的。包括谁是购买决策者，购买决策的过程和购买方式等，以便更好地制定相应的广告策略。

(1)购买角色。日常生活用品的购买，往往是在家庭内部决定的。在购买过程中，家庭成员可以分别扮演发起者(第一个产生购买动机的人)、影响者(即他的看法会影响最后的购买人)、决定者(即最后全部或部分作出购买决定的人)、购买者(实施认购行为的人)和使用者(消费或使用该产品或服务的人)等不同的角色。如在很多时候，孩子虽然不一定是购买者，但他们却可以在很多产品种类上发挥建议者、影响者和使用者的重要作用。广告主可以充分利用家庭社会系统的复杂性在广告中对角色进行暗示，谁应该负责某一项消费任务，然后将专家的形象赋予其上。

在产业市场中，购买组织的成员分别扮演使用者、影响者、决定者、批准者、购买者和把关者六种角色。产业市场虽然与日常生活用品的购买过程不尽相同，但个人力量在其中所起的作用是很大的。这其中，需要重点研究购买的影响者、决定者和批准者。

(2)购买决策过程。有学者认为：消费者行为是个人从那些能满足自己的预期需求的产品和服务中得到一系列好处的逻辑过程。由此，我们可以把个体当做一个有目的的、按部就班做事的决策者。其购买决策过程一般包括以下五个基本环节：

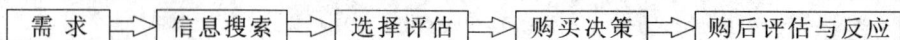

需　求　⇒　信息搜索　⇒　选择评估　⇒　购买决策　⇒　购后评估与反应

需求。消费者一旦意识到有什么需求，并且有一种解决问题的冲动，需要而且准备购买某种商品去满足他时，对这种商品的购买决策就开始了。导致需求状态(need state)开始出现的原因可能很简单，也可能很复杂。来自消费者内部的或外部的刺激都可能引起需要。缺货、对正在使用的商品的不满意、生活变化所致的新的需要、相关产品的购买、营销商的鼓励和引诱，都可能使消费者感受到生活的理想状态与现实状态之间的差距。

因此，广告人和广告主的首要任务之一，就是了解与广告产品种类有关的实际或潜在的需要，在不同时间这种需要的程度以及这种需要会被哪些诱因所触发，从而通过合理的、巧妙的、恰当的广告引导，在适当的时间、地点以适当的方式引起需要。例如，几乎每到秋季，保暖服饰、羽绒服之类的产品广告主便开始纷纷预报说又一个严冬即将来临，鼓动消费者尽早做好准备。一般这类诉求的效果都会比较好。

信息搜索。需求一旦确认，就会促使消费者在购买前广泛地搜索信息，认真地权衡各种选择机会。因而，在这个搜索和权衡的过程中，广告主有大量的机会去影响消费者的最终决策。

消费者收集信息的第一选择是调集自己的个人经验和现有知识，即所谓的内部搜索（internal search）。当消费者对待定的产品已经有大量经验，那么，他就会对这个产品产生较好的感觉，并由此作出自己的选择。而消费者记忆中积累的信息，往往是他们一次又一次接触广告的结果。在消费者实际使用某个品牌前影响他对这个品牌的信赖，或让消费者认知并喜欢这个品牌，以便在他们进入搜索状态时就会立即考虑是否有可能用这个品牌来满足自己的需要，是广告的关键职能。而当消费者以为从内部搜索不足以做出决策的信息时，他们便开始进行外部搜索。所谓外部搜索（external search），包括逛零售商场进行比较，从朋友或亲戚那里收集他们对目标产品的经验，或者从各种刊物上寻找专业的产品评论。除此之外，如果消费者正处于主动收集信息状态，那么，他们就有可能接受任何经由印刷媒介或电子媒介发布的详细的、信息含量大的广告，或者他们会在受到鼓动的状态下在某个企业网站上贴一张产品查询的留言。

选择评估。获得信息之后，消费者便进入选择评估阶段。消费者既可以按考虑组来进行选择评估，也可以按评估标准来进行评估。所谓的考虑组（consideration set）是指某一特定产品种类中进入消费者视线的那一组品牌。广告的一个重要职能就是让消费者知道这个品牌的存在，并保持这种状态，以便使这个品牌有机会进入消费者的考虑组。评估标准（evaluative criteria），则是指产品属性或性能特征，如价格、质地、保修条件、颜色、气味等。广告主要尽可能全面地了解消费者在作出购买决策时使用的评估标准，这无疑可以为广告战役提供一个有利的开端。

购买决策。经过选择评估，消费者形成了对某种品牌的偏好或购买意向。但购买意向并不等同于真正的购买，受到其他人的态度的影响，或其他一些不可预料情况的出现，如与消费者关系亲密的人坚决反对，得知准备购买的品牌令人失望的情况等，都会使消费者不能形成购买。因此，要使购买意向真正转变成购买决策，则一方面应通过广告或其他手段向消费者提供更多详细的有关产品的情报，便于消费者比较优缺点；另一方面，可以通过各种销售服务，造成方便顾客的条件，加深其对企业及商品的良好印象，促使其作出购买本企业商品的决策并实施行为。

购后评估与反应。消费者购买商品后，一般通过自己的使用和他人的评判，对所购买的产品进行再次评估，并把他所观察的产品的实际性能与对产品的期待进行比较，产生相应的反应。如果发现所购产品性能与期望大致相符或超过期望，就会感到基本满意、非常满意。相反，如果消费者发现产品性能达不到预期的满足，就会产生失望和不满。消费者是否满意的反应，直接影响他购买后的行为。有调查数据显示，企业的业务水平约有65%来自其固有的、满足的顾客，而失望的顾客中有91%的人绝不会再买令他们失望的那家企业的产品。因此可以说，消费者对使用当中的产品的评估将成为他们下一次考虑把哪些品牌纳入考虑组的一个决定性因素。

除此之外，消费者在购买产品后，通常都会发生程度不一的认知失调（cognitive dissonance），即在难度较大的决策后遗留下的担心或遗憾。如购买贵重物品，或者在理想品牌或不相上下的品牌都很多的产品种类中进行选择时，就有可能发生严重的认知失调。因为被淘汰的备选产品也具有某些吸引人的特点，以至于事后甚至怀疑当初的购买决策。针对这种情况，可以利用广告给消费者提供品牌的详细信息来增强他们的信心；或帮助那些已经购买了广告宣传的产品的消费者对自己的选择感觉良好，让他们最终认为自己的决策一点都没有错，从而在促使消费者满意的工作中发挥重要作用。

通过分析我们可以看到，在整个消费行为决策过程中，广告都发挥着重要的作用，并对消费行为产生影响。通过广告，唤起消费者对商品的注意和兴趣，启发消费者的联想，诱发消费者的感情，促进消费者的购买决心，最终达到销售的目的。

2. 消费者购买类型

购买类型是消费者购买行为的特点和表现。消费者的购买行为有各种表现类型，有的比较理智，有的疑虑重重，有的感情冲动，有的大大咧咧。由于参与购买的程度和商品类别的不同，从而形成多种购买类型。

（1）复杂型购买。一些耐用品、价格昂贵的商品或品牌差异大的商品，如电视机、空调、电脑、高档服装，以及住房、汽车等，由于不经常购买，消费者的参与程度（关心度）比较高。消费者要对商品进行慎重的考察和研究，需要学习相关的产品知识，特别是初次购买更具复杂性。因此，广告要针对购买的决定者实施相应的策略，使目标消费者获得更多的学习机会，以便详细了解商品的特点、性能、优缺点等信息，影响他们对品牌的最终选择。

（2）和谐型购买。通常，消费者在购买品牌差别不大的商品时，多表现为这种购买方式。消费者主要关心价格是否优惠，购买时间与地点是否便利。当然，在购买的同时消费者也会出现心理不平衡的情况。如购买某一种商品时，注意到同类商品其他品牌的优点和特点，于是便试图获取更多的信息，以证明其购买决策的正确性。因此，广告要帮助消费者建立对本品牌的信心，消除不平衡心理，进入和谐状态。

（3）多变型购买。这是消费者为追求新奇、时髦、风度等而形成的一种购买类型。这些商品的价格比较便宜，也需经常购买，因此消费者购买时参与程度（关心度）低，经常变换品牌的选择。消费者一般不主动寻求商品信息，也不对品牌进行认真评价，仅是出于某种目的而寻求变化。这种购买类型，需要正确的促销策略和广告策略，吸引购买。

（4）习惯型购买。消费者的参与程度（关心度）低，品牌之间的差别小。这主要是一些价格低廉、需要多次重复购买的商品，如肥皂、牙膏等。消费者在购买时一般不做太多考虑，经常表现为随意性购买。对品牌的选择，也多是根据经验或习惯，而不是忠诚于品牌；可以逐渐趋于一定程度的确定性。因此，广告要在如何帮助消费者制定购买策略，如选用信息易于接受的媒介，广告诉求内容简明扼要、多次重复等；还应设法增大产品的相关价值，提高消费者的参与程度。

除了购买角色、购买决策过程以及购买类型外，消费者的购买时机（任何采取购买行为）和购买地点（在何处购买）等也是广告活动应该考虑的问题，以便为选择适当的媒介、适当的发布时间提供参考。

3. 影响消费者行为的因素

消费者的购买决策深受不同的文化、社会、个人和心理因素组合的影响。下面分别阐述这四个方面因素的具体内容及对购买者行为的影响。

（1）文化因素。文化对消费者的行为产生最广泛而深远的影响。广义的文化指人类在社会历史实践中所创造的物质财富和精神财富的总和；狭义的文化指社会的意识形态及与之相适应的制度和组织机构。我们这里所说的文化指的是狭义的文化。任何社会都有其特定的文化，它是处于各社会之中的人的欲求和行动的最基本的决定因素。

此外,在每一种文化中,往往还存在许多在一定范围内具有文化统一性的群体,即所谓的次文化,也叫亚文化。次文化以特定的认同感和社会影响力将其成员联系在一起。次文化包括民族次文化、宗教次文化、种族次文化、地理次文化四种类型。消费者因民族、宗教信仰、种族和所处地域不同而必然具有不同的生活习惯、生活方式、价值取向、文化偏好和禁忌,这些因素都会对他们的购买行为产生影响。

(2)社会因素。消费者的行为也受到其所处社会阶层、参照人群、家庭等社会因素的影响。

社会阶层。社会阶层(social class)指一个人在因社会系统中的系统不均而造成的社会分层中所处的相对位置。社会阶层不仅包括经济标准(诸如收入和财产),还包括声望、地位、流动性以及类同和归属感。同属于一个社会阶层的人,因经济状况、价值取向、生活背景和受教育程度相近,生活方式、消费水准、消费内容、兴趣和行为也相近,甚至对某些商品、品牌、店铺、休闲活动、媒介习惯都有共同的偏好。而处于不同社会阶层的消费者,也自然表现出不同的行为。如以购买相同价格的汽车为例,如购买一辆绅宝和一辆凯迪拉克,绅宝的主人是一位年轻的建筑师,而凯迪拉克的主人则是一家小建筑公司的老板。这两位消费者绝不会经常光顾同一家餐厅,在同一家酒吧喝酒,或吃同样的食物。他们不属于同一个社会阶层,因而他们的消费也带有明显的阶层标志。这中间的差异并不仅仅是因为钱,显然,其中还反映出因社会阶层不同而形成的消费偏爱,和看待世界与事物的不同方式。

参照人群。所谓参照人群(reference group)指某个个人在作出自己的消费决策时用作参照点的其他人群。通常被消费者选作参照人群的群体有两种基本类型:一种是成员群体(membership group),指个人按某种固定的条件与之相互作用的群体,在这一群体中的人们之间往往存在较为亲近的联系,如朋友、邻居、同事等。另一种是榜样群体(aspirational group),由人们羡慕或视为榜样的人组成。事实上,在日常生活中,地域和物理条件往往会限制人们与其榜样群体中的成员有意产生相互作用。但是由于人们希望自己能与这个群体的成员相像,因此榜样通常会成为一种行为标准。职业运动员、电影明星、摇滚乐队以及成功的企业主管都可以成为人们的偶像。由此而产生的名人广告正是借助于名人的这种声望和影响力来为广告主推荐产品。

参照人群以各种方式影响着消费者,最起码,他们为消费者提供了某种程度上的评估产品和品牌的信息。我们通常可以看到这样的情形:某人之所以选择某个品牌，完全是因为他认为使用这些产品可以提高自己与参照人群的相似程度，或向他人表明自己属于某个特定的群体。从而在购买产品、消费品牌的时候，实现作为消费者的自我表现利益，也就是所谓的品牌的象征意义。

家庭。家庭是"'共用一个钱包'的消费共同社会"，因而作为家庭成员的夫妻、母子、父女之间总是有着强烈的相互影响作用。年幼的消费者作为一个家庭成员，从小到大深受父母的种种倾向性影响，因而形成了所谓的代际效应(intergenerational effect)，即家庭对其成员的消费偏好有着持久的影响。一个人成年后用的品牌通常也是其父母用过的品牌，牙膏、洗衣粉等日用品更多会反映出这一规律。当年轻一代脱离家庭的束缚，开始自己的生活，总会遇到这样的情形，当他们浏览于商品的大千世界中，总会没理由地选择一些品牌的商品，但是当他回到父母家时就会发现其中的缘由，这就是所谓的行为的惯性。同样，作为子女的年轻人的思想、行为也同样会影响到其父母、长辈对某类产品、品牌的态度及家庭消费模式。如老年人对卡拉OK等新鲜事物的接受，总是受到子女的影响而产生的。

（3）个人因素。影响消费者行为的个人因素包括年龄、职业、性别、经济状况、生活方式、性格和自我观念等。处于不同年龄阶段的消费者对产品有不同的需求；不同职业的消费者对不同类型的产品有明显偏好；由于生理和心理的差异，男性和女性消费者的消费欲望、消费构成和购买习惯有所不同；经济状况决定着消费者的购买欲望和购买能力；生活方式、个性和自我观念则决定了消费者的活动、兴趣和思想见解。

（4）心理因素。消费者的行为还受到动机、感觉、态度、知觉、学习与信念等心理因素的影响。

动机。所谓动机是指引起行为发生、造成行为结果的原因。它是促成购买行为的出发点。首先，必须让消费者知道他存在着某些需要，有待于满足。当他感到需要时就会为了满足需要产生动机。例如生理的需要已经满足，他就会考虑安全的需要，而购买有关安全方面的商品或利用保险的服务。广告形成销售力的本质在于迎合、激发、建立和强化消费者的购买动机，也就是说广告通过诉求和表现的信息对目标消费者施加影响，迎合消费者的购买动机，广告才能产生效果，所以关键是要在实施广告传播活动前洞察消费者的购买动机和心理。

感觉。所谓感觉就是对某一事物、事件、意念的视觉、听觉、触觉、味觉、嗅觉。同样的汽车，由于感觉不同，会认为甲种汽车是男性用的，乙种汽车适合于女性。造成感觉的主要原因在于个人内在的因素，如人们感觉的程度和过去的经验。一个消费者每天要接触许多广告，但哪些广告能引起感觉，就要考虑到方法。例如在报刊上用较大篇幅刊登广告，或是在广告中使用不同的色彩、在广告中留有较多的空白，以增加读者的注意力。进行推销工作，包括广告和人员进行销售，首先要引起消费者或用户的注意，并产生好感。

态度。所谓态度就是一个人对某种事物或意念的持久的喜爱所表现的行为方式。一个人的态度往往是经过长期的个人经历逐步形成的。销售工作必须注意态度问题。或是改变人们的态度，或是经过调查而改进产品的成分、包装等，以适应消费者多种的态度。例如当速溶咖啡上市的时候，不受欢迎，销路不广，美国通用食品公司制成了一种 Maxim 咖啡，但不用"速溶"作为卖点宣传，而用"既有传统咖啡的美味，又有迅速溶解的方便"为卖点宣传，从而改变了消费者的态度，打开了销路。

此外，不同的消费者在具体的消费心理上，如对健康、安全、审美、娱乐的感知和态度也存在着很大的区别。同时，这些心理又直接影响着消费者的决策过程和决策行为，也应予以重视。

三、广告对消费者的作用

20 世纪以来，世界上一些发达国家的消费者已逐步形成对广告的依赖性。这是由于广告可以不断地向广大消费者提供许多有关生活的信息，为消费者进行消费活动创造便利，从而丰富了消费者的生活，增长了消费者的知识，开阔了消费者的视野。

1. 广告对消费者生活的丰富

现代化的工业企业都是进行专业化生产的。任何一种新产品的问世，都是为了满足消费者的某种需要，改善消费者的生活条件，丰富消费者的物质与文化生活，提高消费者的生活水平。每一项新产品的问世和投放市场，都必须通过广告把有关产品和市场的信息传播给消费者，使消费者产生购买行为，才能达到满足消费者需要的目的。

广告通过传播信息，为消费者提供个人消费指导，如工作用品的选用、生活用品的采购以及其他衣食住行等方方面面。重视整洁的家庭妇女，通过广告选择自己所需的各种简单的清洁剂，以减轻家务劳动的艰辛劳累，提高工作效率。人们在日常生活中，如家具的采购、食物的选择、医药的择用以及旅行、游乐等，无不借助于广告所提供的信息进行选择。

企业通过广告活动，为广大消费者介绍各种能够丰富人们生活、改善生活环境和生活条件、提高生活水平所需的生活用品的信息，如名称、规格、性能、用途等，并告诉人们如何利用这些产品去改善自己的生活。消费者根据自己的实际情况和实际需要，选择适合于自己生活的日用消费品和耐用消费品，从而使自己的生活条件有所改善，生活水平有所提高，为自己的家庭生活或日常工作提供了方便。

2. 广告对消费者个人消费的刺激

广告能够帮助消费者对个人消费品进行选购。指导消费者合理地采购物品以改善个人或家庭的生活条件和工作条件，这是广告最起码的功能。广告还有一项重要的功能，就是刺激消费者的个人消费。广告的连续出现，对消费者的消费兴趣与物质欲求进行不断的刺激，从而引起消费者的购买欲望，进而促成其购买行为。

广告刺激消费者的需求，包括两个方面的内容：一方面是在产品刚上市时刺激其初级需求，即着重于介绍新商品的特点和用途，从而激发消费者的初级需求欲望，使之认为拥有这种新的"高档"消费品是一种荣耀，因而产生购买欲望，进而促进购买行为，实现对产品的购买和消费。同时，广告还将尽可能地给消费者不断的信息刺激，使产品成为消费者生活中必不可少的东西。另一方面是在市场上已有众多产品时刺激其选择性需求。企业通过广告不断地宣传和突出自己不同于其他品牌的同类产品的优异之处，从而刺激消费者产生"既然要买，就要买最好的"的购货心理，刺激消费者产生对本产品的购买欲望，进而促成其产生"指牌认购"行为。

广告在指导和刺激消费方面，往往还有创造流行商品和促成时尚的作用。许多流行性商品的出现和流行，无不与广告宣传中对特定社会阶层（如少男少女们）提出针对性的广告诉求，使目标市场中的消费者产生一致的购买行为有关。

3. 广告对消费者的知识传授

现代广告，五花八门，宣传着各种各样的新商品，同时，也在给消费者传授着各种各样的有关生活、工作的新知识。由于现代广告有很大一部分是宣传新发明、新创造的产品，它必须花相当的时间去详细讲授和介绍这些新发明和新创造的原理和产品的工作机制，介绍产品的特性、用途和使用方法，从而通过广告简洁地把有关新发明、新创造的知识传授给大众。

因此，经常注意广告的人，尤其是注意有关新产品介绍的广告的人，可以获得许多知识，了解许多新的发明和创造，从而增长知识，扩大视野，活跃思维。如无梁楼板的出现使广大消费者知道，在建造房子时采用无梁楼板，可以节约建设费用，增加楼层高度。铁器制品长久不用后，容易生锈，擦洗是一大困难，"除锈净"的出现，就解决了生活中的这一大难题，而防锈油纸的出现，更使这一问题从根本上得到解决。当时在对这种纸的工作原理进行介绍时，广告告诉消费者，在制造这种纸时，并不是将防锈油剂涂在纸张上，而是将防锈油剂渗浸于纸的纤维中。其工作原理是在防锈油纸包着铁器制品的表面时，纸纤维中的防锈剂分子逐渐氧化，使隔层中的氧气消耗殆尽，同时，氧化后的防锈油剂分子吸附在铁器的表面，使铁器的表层不再活化，从而抑制了铁器的氧化现象——生锈的发生。在这则广告中，就包含了许多科学知识。

综上所述，广告和消费者之间的关系，并不只是简单地向消费者推销商品。站在消费者的立场上，研究广告与消费者双方的关系，可以列举出许多对消费者有益的影响因素。

第四节　目标阶层的设定

一、消费者结构分折

在消费行为当中，消费者的定义依照所扮演的角色不同，可以细分为四种，即品类决定者、购买者、使用者以及影响者四种角色。虽然消费行为涉及四种角色，但并不表示所有品类购买都有四种人来扮演这四个角色，事实上，不同品类角色的扮演者的人数，都会随品类不同而有差异。不同品类的消费决定不仅参与人数不一，且各角色的重要性对品类也不尽相同。最重要的角色并不一定是购买者或使用者。一般而言，关心度越高，参与决定的人数就越多。

这些角色的扮演因地区文化的不同，也可能产生差异。在男权较高的地区，家电或一些单价较高的耐用品，男主人可能扮演较重要的角色，而女权较高的地区则以女主人为主要决定者。在比较关爱小孩的地区，小孩子对自己使用的品类具有决定性影响，甚至影响家庭性用品的购买，如空调或电视机的购买。

角色的扮演，在不同季节所依据的购买动机也会发生变化，例如咖啡在平时是为使用者自己购买的商品，但在年节送礼时，购买者变为送礼者，使用者则变为收礼者。

在媒体计划中，一项重要的任务就是必须清楚地界定出谁扮演什么角色，并依照他们在消费行为决定上的重要性区分出主要消费群及次要消费群，依此去分配合理的媒体传送量。

二、品类购买风险分析

消费行为是消费者付出一定的花费去换取期望的满足。事实上，在付出与取得之间存在着风险(risk)。消费风险一般可以分为三种：产品功能风险，社会形象风险及自我印象风险，见表6-2。

表6-2　消费风险

品类	产品功能风险	社会形象风险	自我印象风险
汽车	高	高	高
冰箱	中/高	低/高	中
香水	中	高	高
维生素	中	低	中
零食	中	低	低
卫生巾	中/高	低	中/高

(1) 产品功能风险即消费者面临的从产品本身的功能能否获得满足的风险。

(2) 社会形象风险即消费者在使用购买的产品或服务时，在别人眼中形象上所冒的风险。

(3) 自我印象风险即消费者在使用购买的商品或服务时，所面临的在心理上自己对自己是否满足的风险。

整体而言，上述三类风险，社会的形象风险为面对大众形象上的风险，产品功能风险为面对产品本身物质功能风险，而自我印象风险则是自我在情绪及心理上的风险。风险的评估主要从上述三项风险的角度，去评估各个品类在消费者心中风险度的高低。

风险度较高的品类，消费者关心度也较高，因此需要较长的时间去考虑是否购买以及购买的品牌；同时由于关心度较高，涉入购买行为的角色也会比较复杂。

各项风险评估的高低，将影响媒体诉求对象的设定。产品功能风险高的品类，主要诉求对象为购买者；社会形象风险高的品类，主要诉求对象为影响者；自我印象风险高的品类，主要诉求对象为使用者。以汽车消费为例。汽车为社会形象风险相当高的品类，因为周边的人，包括亲戚、朋友、同事等，将以拥有的车来评判一个人的地位与形象。对于超级豪华汽车而言，社会形象风险将更高，因为投入的金额将更高；而且有能力购买超级豪华汽车的族群，在社会地位上的顾虑将高于一般平价车的消费群。超级豪华汽车的购买者所希望的是获得同僚及周边的人认同该型汽车的高级豪华，期望的情景是当汽车出现时，能吸引周边强烈的羡慕与肯定的眼光；想要避免的情景则是身边的人因为对该型车的不了解而无动于衷，没有反应。所以这群消费者在评估汽车时，将看重"此型汽车被公认为多么高级与珍贵"，而汽车本身的豪华与珍贵则相对不重要。在此情况下，广告的目标对象，即从购买者转移为影响者，就是能够对车主投以羡慕与肯定的眼光从而呈现车主社会地位的人。

风险评估可以帮助媒体人员把握设定对象的购买心理状态，以在媒体操作中评估各角色的重要性，并作出准确的策略对应。

三、意见领袖

意见领袖是指在人际传播网络中经常为他人提供信息、意见和评论，并对他人施加影响的"活跃分子"；是大众传播效果的形成过程的中介或过滤的环节。由他们将信息扩散给受众，形成信息传递的两级传播，是两级传播中的重要角色。他们是首先或较多接触大众传媒信息，并将经过自己再加工的信息传播给其他人的人。他们具有影响他人态度的能力。他们介入大众传播，加快了传播速度并扩大了影响。

意见领袖一般颇具人格魅力，并具有较强的综合能力和较高的社会地位或被认同感。他们在社交场合比较活跃，与受其影响者同处一个团体并有共同爱好，通晓特定问题并乐于接受和传播相关信息。

在对意见领袖的研究中发现，决策过程中不同的媒介扮演不同角色，人际影响比其他媒介更为普遍和有效，更能够保持基本群体中内部的意见和行动一致。

意见领袖作为一种社会现象，它不单单存在于西方社会中，也存在于不同的社会之中和传播过程中，虽然存在的形貌可能有些差异。在信息传播中，信息输出不是全部直达普通受众，而是有的只能先传达到其中一部分人，而后再由这一部分人把讯息传达给他们周围的普通受众；有的讯息即使直接传达到普通受众，但要他们在态度和行为上发生预期的改变，还须由意见领袖对讯息作出解释、评价和在态势上作出导向或指点。比如肯尼迪总统被刺这个震撼美国的消息，约有50%的人是由他人传告的。可见，意见领袖的影响力是不可小视的。

1. 意见领袖特征

（1）与被影响者一般处于平等关系而非上下级关系。意见领袖未必都是大人物，相反，他们是我们生活中所熟悉的人，如亲友、邻居、同事等。正因为他们是人们所了解和信赖的人，他们的意见和观点才更有说服力。

（2）意见领袖并不集中于特定的群体或阶层，而是均匀地分布于社会上任何群体和阶层中。

（3）意见领袖的影响力一般分为"单一型"和"综合型"。在现代都市社会中，意见领袖以"单一型"为主，即一个人只要在某个特定领域很精通或在周围人中享有一定声望，他们在这个领域便可扮演意见领袖角色，而在其他不熟悉的领域，他们则可能是一般的被影响者。如一个对时事政治拥有广博知识的人可以在时政问题上给予他人指导，而在流行或时尚方面则接受其他行家的影响。在传统社会或农村社会中，意见领袖一般以"综合型"为主，例如有声望的家族对当地社会往往有普遍的影响。

（4）意见领袖社交范围广，拥有较多的信息渠道，对大众传播的接触频度高、接触量大。

2. 意见领袖形成因素

（1）意见领袖常常是追随者心目中价值的化身。换句话说，这个有影响力的人是他的追随者所愿意追随和模仿的，他的一言一行、所作所为受到追随者们的格外重视，并希望自己也能像他那样生活和工作。

（2）信源。一般来说，意见领袖较之被他影响的人，有更多的兴趣与机会接触传播媒介的内容；意见领袖较非领导者读更多的杂志，花更多的时间看报，看更多的书，因而，意见领袖信息的来源更广，获取的信息也更早、更多。

（3）知识面。意见领袖要对追随者产生影响力，不仅要信源广阔，还要有较强的读码、释码（如解释与理解）能力，在某些专门的问题上要有更多的研究和更广阔的知识。那些对自己所谈问题一无所知或知之甚少、毫无研究的人，其意见是很难受到人们的注意的，更不要说去影响他人了。

（4）责任感。意见领袖常常是利益集团的代言人或小群体中的头头。他们讲义气，敢于打抱不平，富有同情心和责任感，能带头为群体和成员个人利益讲话，因而容易获得集团内或小群体内成员的好感与信赖。

（5）人际交往。通常，意见领袖有较强的人际交往和社会活动能力以及关系协调能力。这些人活跃好动，能言善辩，幽默风趣，人缘好，交际广，有向心力和吸引力，周围常有一批追随者。

（6）社会地位。这里的社会地位，一是指意见领袖在其活动的那个群体之内所占有的社会地位；二是指在群体之外可以获取各种所需信息的社会关系，而这两点又往往与其经济地位的优越与否密切相关。只要一个人不只在群体内也在群体外有较好的社会地位，那么他的意见就能对其追随者产生较大的影响力。

3. 意见领袖功能

（1）加工与解释的功能。对意见领袖行为的研究表明，他们不仅发出信息和影响，而且自己也积极摄入信息和影响。但是，意见领袖的首要任务是对先行接收到的大量的信息进行加工与解释，而后以微型传播（如面对面的交谈）的方式传达给其他受众或追随者。他们经常运用的加工与解释的方法有：①生发引申；②添枝加叶；③客观复述；④裁剪回避；⑤歪曲攻击。对信息如何解释？加工到什么程度？选用何种方法？这取决于外在信息与意见领袖的认知结构、价值观念、个人利益和文化模式相贴近或相背离的程度，取决于意见领袖的选择性注意、选择性理解、选择性记忆这三道防卫圈的严密程度。

（2）扩散与传播的功能。大众传播的讯息，并非能全数直达阅听人之处，有时候它只能到达它所欲传播对象的一部分，再由这一部分人，把讯息传给他们周围——最普通的大众。意见领袖就是对信息加工后予以再传播和再扩散的这一部分人。当然，他们不仅对传播中的有意义的信息予以再传播，对人际传播中的小道消息和流言蜚语往往也有兴趣给予再扩散。意见领袖对信息的再扩散和再传播是无报酬的、义务性的，有时甚至是令人厌恶的，但是他们自己十分乐意这样做。

（3）支配与引导的功能。意见领袖对自己先期接收到的信息进行加工与阐释、扩散与传播，正是为了释放其对追随者或被影响者的态度和行为起支配、引导的功能。传播学认为，具有不同威望的意见领袖发挥支配、引导功能的情形也不同：威望程度中等的意见领袖旨在引导人们形成和谐的人际关系；而威望程度极高的意见领袖旨在引导人们解决信息传播中的重要问题。但是，意见领袖最主要的效能，乃是对面临信息轰炸、思想灌输的无主见、存依赖的受传者在表明态度、采取行动、解决矛盾时予以指点和调节。有时，意见领袖的意见不仅影响这些人说什么、看什么、做什么和想什么，而且还支配他们怎么说、怎么看、怎么做和怎么想。意见领袖的追随者或被影响者的社会地位愈低、面临的信息愈多、处理信息的能力愈差，就愈加没有主见和自信心，也就愈容易当然接受意见领袖的咨询和参谋，他们甚至希望凡遇事都能有人主动上门来帮他们出谋划策，权衡利害，拿定主意。

（4）协调或干扰的功能。意见领袖对传播者的传播还具有协调或干扰的作用。如果传播者传递的是符合意见领袖及其团体成员需要或者是可以为其接受的观点和主张，那么意见领袖就会俯首听命，协调操作，成为大众传播中引起良好效果的动力。相反，如果传播者输出的信息违背或损害了意见领袖及其团体的利益，观点不能为其所接受，那么他就可能设障碍或借故干扰，也可能对信息只作出合其心意的加工和解释，或者干脆进行指责和攻击。

可见，意见领袖的中介功能是多方面、多层次、很复杂的；其影响力可能是巨大的，也可能是微弱的；其性质可能是积极的进步的，也可能是消极的破坏性的。传播学者的任务就是引导人们正确认识它、估价它，进而合理地化解或利用它。

4．意见领袖确定标准

（1）习性相近原则：意见领袖通常与受其影响的人有着相似的价值观和处世态度，但同时意见领袖又与受其影响的群体在个人兴趣与专业技能上有差异。有研究发现，如果意见领袖与某个群体比较相似，则意见交换的频率通常更高。

（2）社会地位原则：就社会地位来说，意见领袖的社会地位，通常比受其影响群体要略微高一些，但不会高出太多。地位的差异，对意见领袖施展其影响力非常重要，因为地位的略微高出，会使意见领袖在说服他人的时候更有力量。

（3）教育程度原则：意见领袖通常是某个领域的专家或准专家，因此意见领袖受教育程度往往高出受其影响群体一筹。此外，意见领袖获取信息的渠道也比受其影响群体更多元，并更频繁地参加各类自身圈子之外的活动。

（4）信用原则：和专门从事销售或推广的商务人士不同，意见领袖并不代表某个特定公司的利益。正因为如此，意见领袖能够赢得他人的信任。意见领袖通常也花更多的时间来研究产品，而由此增加的产品知识也使得他获得更多的信任。

（5）个性化原则：值得注意的是，意见领袖的个性化程度，并不能使之与受其影响的群体相差太大。不管其实际的动机是什么，个性化，总是使意见领袖容易引起别人的注意。因此，意见领袖在自己的群体中，通常表现得比较外向和自信，而且对他人的批评比较宽容。

（6）创新原则：意见领袖的创新能力，并不表现为他们能够创造新产品或类似的东西，而在于他们能根据自己的经验、常识来把握新的消费机会，而比较少受社会上现有的消费习惯影响。因此意见领袖通常都是新产品或新服务推向市场初期阶段的最早尝试者。现代营销理论往往注重找到关键的意见领袖，也就是寻找某一特定交易中有决定性影响作用的人。这些营销人士认为，"每个人都在消费别人的观点，关键意见领袖的观点将决定交易的成功。"因此，意见领袖已经成为一种最新顾问型职业，在企业营销中发挥其独特作用及预见性作用。

意见领袖包括周边人群中对该品类优劣具有分辨能力的亲戚朋友或经销店的专业人员。

四、重级消费者、中级消费者与轻级消费者

消费者依购买产品是个人使用还是供他人使用可以分为使用者和非使用者。

使用者依使用量和购买量又可分为重级使用者、中级使用者和轻级使用者。

媒体根据不同的行销需求，在策略上必须制定所要针对的对象阶层是所有消费者、重级消费者、中级消费者、轻级消费者还是新消费者。

从投资成本效益考虑，媒体应首先将资源集中于重级消费者，即含金量较高的族群。

基于行销上的扩张需要，品牌可能必须将对象阶层扩及中级消费者，甚至轻级消费者，而以所有既有消费者为诉求对象。

在品牌强力扩张的行销策略下，媒体除了针对既有消费者外，同时也把具有开发潜力的新使用者列入诉求范围。

在消费者目标阶层确定后，接下来的步骤即是根据不同的变项找出所定义的消费者。

五、消费者的统计变项

研究消费者统计变项，BDI 和 CDI 指数是两个非常有用的工具，所以先

介绍 BDI(brand development index，品牌开发指数)和 CDI(category development index，品类开发指数)相关内容。

指数是表明一个数字相对于某个其他数字(基数)的量的变化的数值。这个基数一般用 100 代表。若指数为 110，表示在数量上的 10% 的正向变化；若指数为 90，表示 10% 的负向变化。

指数用于快速地说明一个数字是等于平均值还是高于或低于平均值。与表示上升或下降的百分数不同，指数所列举的数字报告包含一个基数(表 6－3)。

计算指数需用除法。例如，要计算上升的百分数，你需要用较大的数字减去较小的数字，得出的差再除以较小的数字。

表 6－3　指数的含义

指数	含义
100	等于平均值
125	高于平均值 25%
75	低于平均值 25%

(1)品牌开发指数 BDI 有助于营销人员在决策过程中使用地区的产品使用率。其计算公式如下：

$$BDI = \frac{品牌在某市场中的销售占所有地区销售的百分比}{该市场的人口占所有地区人口总数的百分比} \times 100$$

通过这种计算方法来确定某市场中这种品牌的销售潜力。该指数越高，表明市场潜力越大。

品牌发展指数说明某种品牌在不同地理区域或人口区域相对地位的数字表达形式。通常用每一地区提供的品牌发展指数 BDI 来说明相对于全国平均状况每一地区表现如何。

(2)品类发展指数 CDI 提供了全部产品品类发展潜力的信息，而不是某一具体品牌的信息。当这一信息与 BDI 指数相结合时，可以制定出一种更具洞察力的促销战略。

$$CDI = \frac{品类在某市场中的销售占所有地区销售的百分比}{该市场的人口占所有地区人口总数的百分比} \times 100$$

当这些指数使人们对企业的产品或品牌有深刻的领悟时，这种信息就对总体战略起到了一种补充作用，而总体战略是在促销决策过程早期确定的。

事实上，大量的这种信息都已被提供给了媒体计划者。既然这些指数常常被用于确定分配给每一地区的媒体比重，那么这种决策最终会影响分配到每一地区的预算支出，还会影响到诸如研究、接触频率和时间安排等其他因素（表6-4）。

表6-4　BDI 和 CDI 指数的使用

	高 BDI	低 BDI
高 CDI	市场份额高 市场潜力良好	市场份额低 市场潜力良好
低 CDI	市场份额高 监控销售的能力下降	市场份额低 市场潜力不佳

高 BDI 和高 CDI：产品品类和品牌在这一市场通常有良好的销售潜力。

高 BDI 和低 CDI：品类销售不良，但品牌情况良好；可能是一个做广告的好市场，但应该对下降的销售实行监控。

低 BDI 和高 CDI：产品品类表现出高的潜力，但品牌表现不好；应该寻找其原因。

低 BDI 和低 CDI：产品品类和品牌都表现不好；不像是一处做广告的好场所。

（3）目标阶层统计变项分析。统计变项分析指的是从年龄、性别、职业、收入和教育等可以具体量化的变项去了解消费者的组成及特性见表6-5。

根据表6-5，各栏显示的意义为：

① 人口比率为整体人口在区隔下的分布状况，对行销及媒体的意义为销售潜力空间，即针对该区隔最高可能获取的消费者比率。若将媒体目标对象定义在较大区隔，可以面对较大的空间；反之，将目标对象定义在过于狭小的区隔，即使在该区隔获得极高占有率，相对于整体市场，也将只是微不足道的比率。

② 整体品类使用比率代表各区隔的品类使用状况。在各区隔使用平均的状况下，各区隔的使用比率与人口分布比率应该大约相当，即指数大约在100。

③ 整体品类指数相当于各区隔的 CDI。即品类在该区隔的发展的相对值。

A. 指数高于100，表示品类在该区隔的使用高于平均值；

B. 指数相当于100，表示品类在该区隔的使用大约等于平均值；

C. 指数低于100，表示品类在该区隔的使用低于平均值。

表6-5　消费群组成统计变项

		人口比率（%）	整体品类		A品牌		B品牌	
			使用比率（%）	指数	使用比率（%）	指数	使用比率（%）	指数
性别	男	52	55	106	76	146	56	108
	女	48	45	94	24	50	44	92
年龄	18~24岁	23	14	61	20	87	20	87
	25~34岁	37	27	73	52	141	29	78
	35~44岁	23	37	161	24	104	33	143
	45~54岁	17	22	129	4	24	18	106
教育程度	大专以上	37	26	70	28	76	33	89
	高中程度	29	47	162	48	166	44	152
	初中程度	25	23	92	20	80	20	80
	小学及以下	9	4	44	4	44	3	33
婚姻状况	单身	31	22	71	36	116	27	87
	已婚	69	78	113	64	93	73	106
个人月收入	无	14	10	71	8	57	11	79
	500元以下	20	14	70	8	40	9	45
	500~999元	43	39	91	27	63	35	81
	100~1999元	18	30	167	41	228	38	211
	2000元以上	3	5	167	12	400	4	133
	未答	2	2	100	4	200	3	150
职业	专业主管	24	31	129	44	183	31	129
	一般职员	34	36	106	40	118	29	85
	蓝领	32	18	56	8	25	20	63
	无业	10	15	75	8	80	20	200
家庭月收入	1000元以下	18	13	72	4	31	4	22
	1000~1999元	48	47	98	36	77	47	98
	2000元以上	32	38	119	56	147	47	147
	未答	2	2	100	4	200	2	100

指数的高、低或相当的认定，通常以 5 为单位的大约数认定，即 95 到 105 之间认定为相当。低于 95 可以解释为低，高于 105 称之为高，5 之内的差距则被认为不显著。

④ 品牌使用比率为品牌在各区隔的使用比率，与整体品类使用比率意义相同。

⑤ 品牌使用指数相当于品牌在各区隔的 BDI。品牌使用指数是以整体品类使用比率为比较基准，目的是与整体品类做更精准的比较。对比较结果的解释与前述整体品类指数解释相同。

⑥ 假设 B 品牌为主要竞争品牌，则 B 品牌的使用比率及指数代表竞争品牌在各区隔的使用比率，以及相对于品类与品牌在各区隔的强势与弱势。

根据表 6 - 4 的分析，可以清楚地了解品类、品牌及竞争品牌在各统计变项区隔的使用状况，亦即掌握消费者的轮廓与结构。

六、根据统计变项设定目标对象

对消费者进行统计变项分析的意义在于将品类、品牌以及竞争品牌的整体使用者以统计变项分解成为较详细的区隔，通过各区隔的指数，清楚地了解品牌与品类在各区隔的强势与弱势。在了解品类以及敌我形势之后，接下来的任务是决定媒体诉求所要针对的目标区隔，即对设定目标对象进行统计层面的描述。

在诉求对象的设定上，仍必须以行销企图为依据。

1. 维持型行销态势

主要以固守品牌既有消费者为主，因此媒体诉求的重点为本身品牌具有优势的区隔，亦即指数高于 100 的区隔。

品牌在维持型行销态势下，媒体诉求目标对象即依照前面的描述设定，媒体以此群体为传送目标，使品牌的媒体投资可以集中在本品牌具有优势的群体上，所得到的结果即为品牌在此群体地位的巩固。

2. 扩张型行销态势

主要以侵蚀竞争品牌使用者或扩张品类使用者为主，因此根据统计变项设定的目标对象，将以竞争品牌使用者、品类使用者及具取代性的其他品类使用者为主。

（1）竞争品牌使用者：扩张型行销的品牌，在策略上是以直接吸引竞争品牌的消费者为主，因此媒体目标阶层的设定，首先是通过对竞争品牌在各区隔的指数分析，找出竞争品牌的消费群的重心所在，然后针对此重心消费群投入优势广告量，以促使竞争品牌消费者产生品牌选择上的转移。

（2）品类使用者：品类使用指数高于100的区隔所代表的意义为该区隔的消费者对此项商品的接受程度较高，即商品在该区隔的销售潜力较大。品牌的扩张除了针对竞争品牌的重心消费群之外，还应将目标对准品类的重心消费者。

（3）具取代性的其他品类使用者：当品牌处于下列市场状况时，必须往其他品类扩张：

①品牌在品类里已经拥有相当高占有率，再投资所能提高的占有率相当有限，且将不符合投资效益的要求。

②成长期商品，因消费者基础较小，必须争取相关品类的消费者以增加获利基础。

③整体品类呈现饱和或衰退趋势且竞争剧烈导致利润流失。

品牌往其他品类扩张，媒体对象设定的操作方式与前述的品类扩张及竞争性扩张的状况相当类似，即先辨认出具有取代性的相关品类。例如，威士忌往白兰地品类扩张，VCD放映机往录影带放映机扩张等，然后再根据欲取代品类的区隔指数设定媒体传送的目标消费群。根据统计变项确定目标对象的优先顺序。

品牌媒体目标对象设定策略的主要内容是根据不同的行销态势，制定各区隔在媒体投资上的优先顺序。可以将各区隔的品类、品牌及竞争品牌指数并列，分拆不同指数组合在行销上的意义，然后根据品牌所拥有的媒体资源依行销投资的优先顺序投入媒体预算。因品类、品牌及竞争品牌在各区隔不同的强势与弱势，消费者对品类、品牌、竞争品牌的消费可能形成下列几种组合，见表6-6，"＋"代表指数高于100，"－"代表指数低于100。

根据以上各种组合在行销上的意义，媒体对不同区隔的品类指数、品牌指数及竞争品牌指数进行排序，如表6-6。合理的投资优先顺序应为表6-6的ABCDEFG，即：

①A品牌区隔，品类在这一区隔具有潜力，品牌及竞争品牌在此区隔占有强势，此区隔通常为品类的核心消费群，因此为品牌的必争之地。

②B品牌区隔，为品牌占有强势且具销售潜力的区隔，且竞争品牌较难取代，品牌应该利用既有优势，固守该区隔。

③C品牌区隔，为品类具有潜力的区隔，但竞争品牌在该区隔拥有优势，品牌在积极行销态势下应首先进攻该区隔。

表 6-6　品牌媒体

品牌区隔	品类指数	品牌指数	竞争品牌(B)指数	说　明
A	+	-	+	该群消费者在品类、品牌及竞争品牌使用上皆高于均值
B	+	-	-	该群消费者在品类、品牌使用上高于均值,在竞争品牌使用上则低于均值
C	+	-	+	该群消费者在品类、竞争品牌使用上皆高于均值,但在品牌使用上则低于均值
D	+	-	-	该群消费者在品类使用上高于均值,但在品牌及竞争品牌使用上则低于均值(可以推测必然有其他竞争品牌在该群消费者的使用指数高于100)
E	-	+	+	该群消费者在品类使用上低于均值,但在品牌及竞争品牌使用上则高于均值(同样可以推测必然有其他竞争品牌在该群消费者使用的指数低于100)
F	-	+	-	该群消费者在品类及竞争品牌的使用上皆低于均值,但在品牌使用上高于均值
G	-	-	+	该群消费者在品类及品牌使用上皆低于均值,但在竞争品牌使用上高于均值
H	-	-	-	该群消费者在品类、品牌及竞争品牌使用上皆低于均值

④D 品牌区隔,可能是其他品牌在该区隔具有优势,因该区隔的销售潜力较大,品牌投资将具有销售意义。

⑤E 品牌区隔,品类在该区隔较不具销售潜力,但品牌及竞争品牌拥有优势,投资的意义是取得在该区隔竞争上的优势。

⑥F 品牌区隔,虽然品类销售较弱,但品牌具有优势,在判断区隔具有开发前景的情况下,可以利用现有优势投入资源,耕耘成 B 区隔状况。

⑦G 品牌区隔,基于竞争及开发前景的前提,可以考虑投入资源。

⑧H 品牌区隔,最后考虑的区隔。

七、目标对象心理变项分析

在统计层面上,消费者以数字的方式加以定义。然而单纯的统计层面描述和确定,不但难以完整地描述消费族群,也将使对消费族群的描述欠缺实质的生命,因为具有相同统计变项的消费族群中将包括各式各样不同心理层面的消费者,特别是前述自我印象风险及社会形象风险较高品类的商品,如香烟或汽车等。

以冲泡式与研磨式咖啡为例,二者产品本身的差异是:冲泡式咖啡所提供的好处是方便,但是消费者在口味上则要稍做牺牲;研磨式咖啡所提供的是较佳的口味,但在制作上稍为麻烦。其两群消费者在年龄、教育、职业、收入等统计变项上呈现的特性并没有显著的差异,即两者在统计层面上是同一群消费者,因此可以判断,应该不是统计变项因素而是对生活的态度在驱动消费者在效率和品味之间作出选择。相同的情形,在旅游与保险之间、在吃与穿之间甚至爱情与面包之间,消费者也将因价值观及生活态度的差异,而作出不同的取舍与选择。

表6-7的对比可以显示统计变项在概括性上的失误。

表6-7　统计变项

	消费者 A	消费者 B
统计变项描述	男性 年龄在25~34岁之间 年收入24000元以上	男性 年龄在25~34岁之间 年收入24000元以上
心理层面描述	·外向 ·在行为模式上扮演意见领袖角色,对周边的事物多有自己意见 ·具独立看法,很少觉得应该顺应别人的看法 ·高度投入所从事工作,对周边发生事件表示较大兴趣,认为生活是为了工作 ·经常因业务旅行,且因为忙碌所以休闲时间较少,且以个人化的都市型休闲形态为主	·内向 ·在行为模式上较退缩,宁愿作为一个追随者,而不喜为领导者 ·寻求同侪的认同,行事根据一般的价值标准 ·准时上下班,认为工作是为了生活 ·以家庭为中心的生活方式,休闲时间较多,且以家庭性的休闲活动为主

从表6-7的对比中可以清楚了解,在相同统计层面描述下的消费群,事实上,在心理层面上可能是差异相当大的消费者。

　　消费群因价值观及兴趣取向的差异，对媒体的接触选择也将出现相当大的差异，特别是所选择和接触的媒体的质上的差异。此现象与前述冲泡式咖啡与研磨式咖啡的例子类似，即两个编辑内容取向及格调截然不同的媒体载具，在统计层面上拥有相似的收视组合及对象收视率，但在心理层面上，其收视群却可能是完全不同的族群（这种差异在量化的收视率上是无法显示的）。

　　消费者在价值判断与喜好的评估下作出品牌的选择，此种据以选择的心理区隔线即为对象阶层的心理层面界定。对心理层面的把握，可以作为媒体选择的基础，应根据不同心理层面的消费者在生活形态上的差异，制定媒体行程策略及媒体比重。

　　品牌目标对象在心理变项上的制定主要是根据消费者的价值观、生活态度及个人兴趣构成。

　　消费者的价值观、人格特性与当地社会及文化息息相关，因此，在心理层面上对消费者进行分类，也必须根据不同区域的人文特征进行，见表6-8。

表6-8　消费者社会心理层面

心理层面	生活形态
消费者因不同的性格特征、价值观、对生活的态度、兴趣取向、对事物的意见与看法等，形成心理层面区隔，如积极、独立、寻求成就、追求意见领袖地位、寻求认同等。媒体对象阶层的心理层面区隔分析将提供对象阶层在质上的内容，即为统计变项分析中数字化的消费者加入个性及生命，使之变成活生生的消费者，然后才能真正地从消费者的生活出发，将消费者加以区隔及定义，以作为媒体类别及载具选择、行程与比重制定的依据	在特定文化与社会环境下，消费族群因不同的心理层面，生活形态与行为模式上也呈现自觉或不自觉的差异。产品的使用是消费者日常生活的一部分。心理层面与社会文化结合，也产生了消费者在作息习惯、如何使用休闲时间、休闲方式、娱乐方式、社会活动的参与等方面的差异。生活形态的分析为媒体提供寻找希望接触的消费群的路径，以及确定应该以什么媒体在什么时机去接触他们的依据

　　以下所提供的为台湾地区所做的生活形态调查中的主要分类，可以作为媒体人员在消费者心理层面分析上的归类参考：

　　(1)积极追求成就，努力工作，相信生活一定可以靠奋斗获得改善；

　　(2)批判而不满足，对事物有一定的看法，且经常表现出对现象的批评，喜欢尝试新事物；

（3）传统家庭分子，以家庭为生活中心，过早九晚五规律的日子；

（4）杞人忧天，悲观而闷闷不乐，挑剔且对事情多抱负面看法；

（5）现实主义，以理性的利害衡量一切事物，冷静而实际；

（6）宿命无为，相信一切命中注定，对事情抱无所谓、没意见的态度。

美国西蒙斯市场研究局（Simmons Market Research Bureau）提出如下14种分类：

（1）活跃而精力充沛，行动导向；

（2）谦恭而合作，有礼貌且追求和谐；

（3）自我控制、冷静且情绪平稳；

（4）冒险取向，愿意冒风险尝试新事物；

（5）乐观外向，心情愉悦，经常往外跑；

（6）实际，现实取向，且有条不紊；

（7）平缓稳定，不会闷闷不乐或苦恼怨叹；

（8）影响支配，擅长于说服别人接受其看法；

（9）仁慈体贴，具有同情心且为别人考虑周到；

（10）客观合理，不会霸道、顽固或压制别人；

（11）追根究底，凡事追求理性解答，喜欢探询别人看法；

（12）自信，相信自己的判断，对自己很有把握；

（13）直觉反应，经常在瞬间形成看法且作出决定；

（14）公平分享，不自私自利或完全以自我为中心。

品牌在消费者心目中的形象是商品的基本形态，如类型、式样、口味、包装、产地等，加上使用经验（包括自己及旁人）以及广告所塑造的形象、承载广告的载具的编辑环境及广告环境等，综合带给消费者对品牌整体的观感。

在品牌形成的过程中，产品本身的功能及特性就如一个人的先天身材的高矮胖瘦，产品的商品化过程就是为产品加上造型装扮使之成为品牌，而消费者也根据自己的心理层面需求选择在造型与装扮（形象）上适合自己的品牌。这样就形成品牌定位策略与媒体诉求对象的心理层面相关联的点，即根据品牌定位，选择具销售潜力的消费群，并在质上选择适合的媒体。

从商品本身的基本条件到广告诉求，必须在一个清楚确认的策略方向下操作。在创意与媒体的方向协调上，最重要的一点是，媒体所界定或判断的消费群心理特性与创意上的消费者心理描述必须一致。

商品有时因购买决定角色的复杂，广告必须同时对不同的阶层诉求，例如某些高消费家庭性商品经常出现的夫妻共同决定的现象，广告就必须同时说服丈夫与妻子。

当消费行为由多重角色扮演时，可以运用下列两种方式设定媒体对象：

（1）根据购买决定角色扮演的重要性，确定诉求的优先顺序，即主要诉求对象和次要诉求对象。在预算的分配上，应以主要诉求对象为优先考虑，在安排足够的预算后，再考虑次要对象的涵盖。

（2）以加权方式分配媒体传送。根据不同角色在购买决定上的重要性，制定主要对象及次要对象的权值，再根据权值算媒体载具的加权指数，最后评估及选择载具。触达率及接触频率也是以不同对象阶层的权值评估。

不同品类在不同地区的购买角色的重要性见表6-9。

表6-9　购买影响　　　　　　　　　　单位：%

	美　国		法　国	
	丈夫	妻子	丈夫	妻子
咖啡	41	59	20	80
刮胡水	82	18	64	36
维生素	36	64	—	—
汽车	67	33	71	29

八、确定目标阶层及相应媒体策略的方法

（1）了解消费者结构及购买角色扮演；

（2）分析品类在产品功能、社会形象及自我印象上的风险，并界定媒体诉求的重点对象；

（3）以消费量区别将消费群划分为重级、中级和轻级消费群及新消费者，确定他们所占的消费比率；

（4）依行销需求制定媒体诉求的消费群类型；

（5）通过统计变项解析品类、本品牌以及竞争品牌的（重级、中级及轻级）消费群区隔，确认各类消费群在统计变项上的特性；

（6）根据行销态势制定目标消费区隔的优先顺序；

（7）配合产品特质、品牌形象以及创意方向，寻找适切的心理层面区隔

及生活形态描述；

（8）必要时以加权方式制定多重消费群对购买影响的比重，并确定多重消费群在目标对象中的优先顺序；

（9）形成媒体诉求对象完整的量及质上的描述，并根据需求制定各区隔的投资优先顺序。

第五节 媒体选择考量因素

一、媒体选择策略的思考角度

（1）从广告整体说服效果的角度，思考媒体如何为创意提供最佳的演出舞台的空间，使广告对消费者产生最佳说服效果。

（2）从避免品牌形象及广告效果被稀释的角度，思考媒体在选择与使用上应避免投入的环境。

（3）在广告操作的程序上，应先发展创意策略与媒体策略（包括媒体选择策略），再发展创意作品。

（4）在已确认使用电视、报纸等媒体类别的前提下，媒体选择策略的操作重点将主要在载具环境上的考虑，但如此操作意味媒体类别选择被忽略，或媒体类型选择未经过媒体选择策略性分析与思考。

二、影响媒体选择的因素

媒体的选择主要受品类关心度、广告活动类型、品类相关性、品牌形象与个性、创意的态势与语气、消费习性、竞争态势等因素的影响。

1.品类关心度

对于品类关心度较低的品类由于消费者对品类的不关心，连带对该品类广告所设置的注意力相对也较低，如果广告安排在低强制性媒体上，消费者对讯息接收会主动过滤，而使广告效果大为降低。

对于品类关心度较高的商品，由于消费者购买决定所需行程较长，消费形态偏向为慎虑型购买，因此消费者通常会主动寻找与收集商品资讯。同时由于品类关心度高，消费者作出购买决定所需的资讯量较大，因此媒体类别选择也偏向以印刷媒体为主。

品类关心度的差异造成电波媒体多是轻松、简单的低关心度广告，如零食、饮料、香皂、洗衣粉、洗发精等日用商品，即所谓的快速轮转消费品，而印刷媒体上则多为严肃、专业的高关心度广告，如汽车、家电、电脑等。

2. 广告活动类型

媒体本身对创意表现在声音与画面上的传播能力，将造成不同媒体类别对广告创意承载能力的差异，因此对各类广告活动所提供的价值也有高低与限制。如果以 A、B、C、D、E 代表各类广告活动的价值，不同类型媒体对特定创意活动的适合度的比较见表 6–10：

表 6–10　创意活动比较

创意诉求	电视	广播	报纸	杂志	户外	说　　明
权威性诉求 新闻性诉求	C	D	A	B	E	报纸以传达真实新闻为主，因此具有较高权威度与新闻性
美感诉求或表现商品高级感	B	E	D	A	C	精致印刷的杂志，再现（reproduction）的能力较强，能较好地传达美感诉求
以"大"为诉求	B	E	C	B	A	所有媒体类别中，户外媒体最可能以最大尺寸篇幅传达创意
使用示范	A	D	C	C	E	电视媒体具有画面与文字说明功能，最适合"演出性"示范；同时电视可以使用单一画面，在未离开消费者视线的情况下完整地示范商品功能，因此示范的说服力较高
娱乐性	A	B	C	D	E	电视媒体本身对消费者日常生活所提供的娱乐性功能，使电视对娱乐性创意具较高承载能力
活动告知	A	C	A	D	E	简单的活动讯息以电视传达效果较高；较复杂的讯息则以报纸传达效果较佳
剧情故事性	A	C	D	B	E	电视在剧情传达上较为完整，户外则以单一画面，在叙述性上较弱
呈现幽默	A	B	C	D	E	电视在剧情传达能力上较佳，也较能表现幽默感

续表

创意诉求	电视	广播	报纸	杂志	户外	说　明
悬疑神秘性	B	A	D	C	E	由于消费者只听到声音，却看不到具体画面的讯息，具有较大想象空间，使广播媒体在传达悬疑、神秘性创意的承载效果较佳
秘密性	C	B	D	A	E	消费者在接触杂志媒体时，通常较接近载具本身，接触的状况也是以一对一的形式，因此较具私密性；广播的接触状况也类似；户外媒体则暴露于大庭广众，私密性较低
包装识别	C	E	C	B	A	由于户外媒体可以超放大，因此具有较大包装识别功能
功能比较	C	D	A	C	E	印刷媒体的讯息保存性较高，消费者可以不受时间限制地来回比较，因此对比较性创意具有较高传达能力
引起食欲	B	D	C	A	E	精致印刷的杂志可以呈现食品的可口以引起消费者食欲，广播则无法以书面传达食品实体，因此在引起食欲能力上较弱
音乐性	B	A	E	E	E	广播与电视同具音乐性创意的传达能力，但广播较之电视，因仅具声音，较为单纯，因此传达能力较电视强

　　以上仅为评估媒体类型与创意的适合度的一般性标准，事实上创意表现手法并不一定以此述为限。在实际操作中，必须针对特定的创意策略，就不同媒体类别对该创意的承载能力和对该创意的讯息传达的价值进行确定，然后再决定选择哪种类型的媒体。

　　3. 品类相关性

　　载具内容与商品品类的相关性越高，在广告信息传播上越具有价值。例如：书籍广告刊登在杂志媒体上，因受众本身具有较强阅读习惯，因此接受广告诉求的可能性也较大。同样，书籍广告出现在以介绍新书为内容的电视栏目中，观众对书籍的购买兴趣较高，销售机会也较大。

4. 品牌形象与个性

编辑环境和广告环境对品牌形象和个性的适切性，也将影响广告效果的产出。

编辑或广告环境与品牌形象、个性相辅相成的载具对广告说服力具有加分效果。例如，温馨的家庭剧适合形象保守传统的品牌，介绍科技新知的媒体载具适合以不断创新为形象的品牌。

5. 创意的态势与语气

创意的态势与语气对媒体选择的影响，与上述品牌形象与个性的影响类似，即应选择与创意调子相切合的载具，以加强说服效果，而不应使用与创意调子相冲突的载具，以避免创意所产生的效果被稀释。

6. 消费习性

消费习性与媒体选择的关系在于商品购买行为与媒体接触时空的关联。以自助旅行为例，由于其消费形态多为年轻的三两密友结伴出游，因此选择电影院为媒体，在消费族群集体休闲场合，引发其结伴出游的动机，所获得的当场作出自费决定的效果将远比使用一对一的媒体进行个别诉求为高。

再以保险为例，较具参加保险潜力的族群多为辛勤拼搏的中、壮年上班族，辛勤工作的目的是为家庭争取生活环境的提升。由于他们工作压力大、经常晚归，因此媒体接触时间偏向后边缘时段。同时在夜深人静的后边缘里，消费者的心境由主时段的浮动转而深沉，容易思考自身的将来，保险广告以感性诉求方式在此时空露出，对消费者的说服效果将大为提高。

除采取根据消费习性选择媒体外，在策略运用上，因商品传播的需要也可以采取"跟随环绕"的媒体选择策略，即随着消费者从早到晚的媒体接触，安排各式媒体以跟随方式进行随时的说服，如清晨时使用广播与电视，消费者出门时使用户外媒体，继之以早报、晚报以及晚间的电视等媒体类型和载具造成环境效果。

7. 竞争态势

竞争态势对媒体选择的意义是面对竞争所应该采取的应对策略。针对竞争品牌在媒体投资量竞争，则可以采取直接对抗方式。

第六节　媒体选择的程序

广告媒体的选择是指为实现广告目标的要求，以最少的成本选择最恰当的广告媒体，使广告信息传达给预定的目标消费者，并保证接触者的数量和接触的次数。其实质就是要以最小的成本取得最佳的广告效果。

一、调查研究

广告媒体调查的目的，是为了掌握各个广告媒体单位的经营状况和工作效能，以便根据广告的目的要求，运用适当的媒体，取得更好的广告效果。

广告媒体调查是广告媒体选择的首要环节，是拟定广告媒体计划的必要前提。广告媒体调查的总体要求是调查清楚媒体以前广告播出的视听率、总视听率、视听众暴露度、暴露频次、有效触达率、千人成本等。具体要了解以下内容：

（1）分析媒体的性质、特点、地位与作用。

（2）分析媒体传播的数量与质量。

（3）分析受众对媒体的态度，即他们是经常阅读报纸杂志，还是经常收听广播或收看电视等。

（4）分析媒体的广告成本。媒体不同，传播广告信息的效果不同，其广告成本费用也必然不同。因此，广告媒体调查需要综合比较各个媒体的成本和使用这一媒体所能获得的效果。

广告媒体调查的中心就是全面收集广告媒体在质与量方面的资料，并予以综合评价，从而为广告媒体的选择提供有价值的资料与备选方案。

二、确立目标

（1）明确传播对象。广告策划者必须了解媒体向谁来传递信息。

（2）明确传播时间。广告策划者要明确媒体使用的适当时间，力争优化并组合使用媒体资源，使其达到最优化效果。

（3）明确传播地点。要明确广告受众在哪里，是农村还是城市，是全国还是部分地区，是一国还是多国。

（4）明确广告次数。要明确传递广告信息的次数。次数越多，对受众的影响越大。

（5）明确推出方法。广告推出即广告形式的选择。一般来说，广告的总体表现形式有两种：一种是理性诉求，一种是感性诉求。

（6）明确广告媒体方案。广告媒体方案具体有单一媒体方案、多媒体组合方案、综合性媒体方案等多种。

三、方案评估

为了准确选择广告媒体，减少广告媒体策划过程中的偏差失误，必须对广告媒体方案进行严格的分析评估。其内容主要包括：

1. 效益评估

效益评估主要是指广告媒体方案的经济效益与社会效益评估。对广告媒体方案的经济效益评估，应从广告投资额度与促销效果彼此间的比较中得出结论。一般来说，广告成本投入较小而营销获得的利润较丰，则谓之经济效益好；反之，广告成本投入大而营销无获利或获利较小，则谓之经济效益差。对广告媒体方案的社会效益评估，主要是看媒体所传播的广告信息对社会的生产经营活动、对社会与公众是否有益，有益者为好，有害者为劣。

总之，效益评估就是确定广告媒体方案前，必须充分考虑广告媒体方案的可行性，并且与媒体的质与量结合起来分析评估，从而测定好广告媒体方案真正的广告效益。

2. 危害性评估

广告是一种负有责任的信息传播，对社会有着重大的影响作用。就概念而言，广告本身并无好坏之说，但就广告通过媒体传播而言，其内容与形式就有良莠利害之别了。因此，对广告媒体方案的分析评估，必须着力研究评估方案付诸实施后可能造成的不良影响。

3. 实施条件分析评估

实施条件分析评估，是指对实施广告媒体方案时可能遇到的困难与阻力等客观棘手情况的分析评估。主要有两种情况：一是媒体经营单位的广告制作水平或传播信息水平不高，并不具备圆满完成广告媒体方案指定传播任务的能力。二是客户（或广告代理）与媒体经营单位关系紧张，媒体经营单位不愿意承担客户委托的任务。因此，在拟定广告媒体方案时，必须周密设想实施方案过程中可能出现的各种不利因素，以策万全。

四、组织实施

在经过了调查研究、确定目标、方案评估之后，应对广告媒体方案布置实施。具体包括以下四个方面：

（1）与广告主签订媒体费用支付合同。

（2）购买广告媒体的版位、时间或空间。

（3）推出广告并监督实施。

（4）收集信息反馈并对效果进行评估。

思考与实践

1. 针对某一特定阶层应该如何选择恰当的媒介策略？

2. 媒体选择的一般程序是怎样的？

3. 影响企业宣传媒体选择的因素有哪些？

4. 依据使用量和购买量可以对消费者进行怎样的分类？各有什么特点？

5. 什么是意见领袖？它是怎么形成的？

6. 影响消费者决策的主要因素有哪些？

7. 广告是如何对消费者行为产生作用的？

第七章

媒体组合

本章内容提要

媒体组合是指在同一时期内，运用多种媒体发布内容大致相同的广告。主要的目的是以最经济的方式向最大范围的消费者传递广告信息，同时又能保证在一定触达率时对消费者进行有效劝服。本章重点介绍了媒体组合的原则、媒体组合的条件、媒体组合的方式、媒体组合的优势、媒体组合的作用等。在此基础上还介绍了媒体组合的控制与评估，包括时间控制、费用控制、组合效果评估等。

关键名词

媒体组合　媒体组合的原则　媒体组合的方式　媒体组合的控制与评估

第一节　媒体组合的概况

媒体组合是指在同一时期内，运用多种媒体发布内容大致相同的广告。这是广告宣传中经常采用的方法。运用这种方法，可以扩大广告的影响范围，增加广告接收效果，有利于造成强大的广告声势，从而激发消费者的购买欲望，促进产品的销售。

一、媒体组合的原则

1. 互补性原则

各种媒体都有优势和局限，媒体组合要充分发挥各种媒体的长处，避其短处。例如：电视媒体长于展示形象、过程，长于动之以情，因此多用告知性信息。报纸、杂志媒体长于描述和说明，长于晓之以理。可用报纸媒体补充电视媒体的信息深度不够，用电视媒体补充报纸广告形象不足的局限。

2. 效益性原则

媒体组合不是多种媒体的简单叠加，而是各种媒体的综合运用，产生的效果要远远大于各个媒体效果的加总。因此，媒体组合要充分考虑到带来的效益。不要重复覆盖，造成不必要的浪费。一般是在第一种媒体达到最大触达率后，再以较便宜的媒体提供额外的覆盖，以保持广告活动的连续性，实现规模效益。

二、媒体组合的条件

媒体组合需要在一定的条件制约下进行和规划。制约媒体组合的条件有很多，这些条件因不同产品、不同时期、不同地域等因素而各不相同。某一方面的现实或条件的改变，都影响着媒体的选择和组合。根据这些条件的现实状况和可能出现的变化，选择切实可行的媒体及组合形式，就可以发挥各媒体的独特优势，达到媒体组合的效果，从而实现甚至超过期望的目标。反之，不根据具体条件而进行组合，就可能浪费宝贵的资源和机会，不但达不到预期目标，甚至有可能得到相反的结果。

制约媒体组合的条件主要有：

1. 市场条件

市场条件决定媒体组合的方向。一种产品或服务在不同的市场时期、不同的市场状况下会出现不同的市场导向。充分了解本产品或服务在市场中所处时期和状况，就可以在媒体组合中有针对性地强化市场条件，弥补缺漏，从而有的放矢地确定组合的原则，采取适合的组合策略，促使市场条件向积极的、有利的方向发展和延续，达到预期的媒体组合目的。

市场条件包括：

(1)产品被认知和被应用程度；

(2)企业及产品的知名度和市场占有率；

(3)产品的生命周期。

2.竞争条件

竞争条件决定媒体组合的程度。市场经济的一个显著特点就是竞争日趋激烈。一个好的产品或服务在市场上出现不久，就会有新的竞争者出现。针对竞者的发展状况和产品情况，特别是其宣传及推广策略，找出具有针对性的媒体组合策略，不但能抑制竞争者对本品牌产品的冲击，而且能使自己的产品或服务在市场上保持较好的发展状态，并借助竞争品牌的推广，调整媒体组合策略，扩大市场优势，从而以较小的投人，获取较大的效果。正所谓知己知彼，百战不殆。

竞争条件包括：

(1)同类产品的数量及种类；

(2)同类产品被认知及被应用程度；

(3)同类企业和产品的知名度及市场占有率；

(4)同类产品的媒体投入及效果。

3.产品条件

产品条件决定媒体组合的选择性。产品的最终用户是消费者，而媒体的功能之一就是对潜在消费者施加影响。现代社会由于信息传播的多样化和消费者层次的不同，仅依靠一种方式影响消费者的办法是远远达不到目的的；而每一种产品的特殊性又决定了它适宜采取的媒体方式不同。因此，根据产品的条件，选择合适的媒体做媒体组合，才能把信息准确地传达给真正的目标消费者，才能有效地传达消费者关心的信息，才能被消费者接受，才能增强消费者使用产品的信心。

产品条件包括：

(1)产品功效的独特性；

(2)产品包装上的独特性；

(3)产品价格上的优势；

(4)产品利益的独特性；

（5）产品广告诉求上的独特性；

（6）产品独特的销售主张。

4．环境条件

环境条件决定媒体组合的接受性。虽然同一媒体的功能无论在何时何地都是一样的，但是由于不同地方群众受当地经济条件、现代化程度、传统习惯以及已经形成的思维模式的影响，对同一媒体的接受存在很大的差异。我国地域辽阔，民族众多，各地的发展还很不平衡，许多地方还保留着约定俗成的东西。因此在媒体组合上应充分考虑到与地域环境相配合，选择既符合地域环境特点又能实现组合目标的组合形式，使媒体组合达到事半功倍的效果。

环境条件包括：

（1）现代化程度；

（2）经济发展状况；

（3）传统习惯；

（4）地域文化；

（5）教育程度。

5．媒体条件

媒体条件决定媒体组合的效果性。每一种媒体在广告中都具有自身独特的发布形式，存在优势与劣势。同时每一种媒体的影响及效果都不同，即使在同一区域，不同媒体的发展程度也不尽相同，并造成每一种媒体的效果差异。因此在媒体组合中，媒体自身的情况既反映着其广告效果的好坏，也制约着与其他媒体的组合形式，既要组合，又要有互相补充、互相协调的功能，这样才能保持媒体本身与其他媒体组合后的效果，同时能产生较好的效果，达到花同样的钱，办更多的事的目的。

媒体条件包括：

（1）媒体的种类及数量；

（2）媒体的发展状况。

6．资源条件

资源条件决定媒体组合的持续性。无论选择何种媒体进行任何形式的组合，近期的效果如何好，最根本的一点是需要以资源作保证。资源充分，媒体组合可以做得更完备，选择的余地也更大；资源不充分，媒体组合要做得更切合实际，更注重效果。当然，无论是资源充分或不充分，都要注重实际的效果，而不能盲目夸大，要珍惜宝贵的资源。

在效果不同的情况下，合理使用资源，达到预期的目的本身就是媒体组合的原则。同时，保持资源的持续发展，充分利用好已有的资源对组合进行支持，就能既节约资源，又能取得更好的效果。

资源条件包括：

(1)财力资源；

(2)人力资源；

(3)储备资源。

7.政策条件

政策条件主要是指各种政策因素的制约影响着媒体的组合。政策在现代社会是必需的，并具有指导意义。在媒体组合中要充分考虑到各种政策因素，要充分实施和利用好政策范围空间，极大地发挥政策的保护作用，并有效调整和完善政策所允许的优势，使媒体组合在相对稳定且有秩序的范围内实现最佳效果。

政策条件包括：

(1)国家政策的统一性；

(2)地方政策的保护性；

(3)媒体自身的特别政策；

(4)企业目标；

(5)银行及投资方的影响。

三、媒体组合的方式

1. 同类媒体的组合

即把属于同一类型的不同媒体组合起来使用。如同是报纸媒体，有全国性报纸、有地方性报纸之分，有日报、晚报之分。运用两种以上不同的报纸或杂志刊登某一广告，即是一种组合。同样，在不同的电视频道播出同一广告，也是一种组合。

2. 不同类媒体的组合

这是经常采用的一种方案。如把报纸与电视组合，报纸与广播、电视组合等。这种组合，不仅能扩大触及的范围，而且可以有效地调动目标对象的感官，得到更为理想的传播效果。

3. 主次媒体的组合

在企业所选择的几种媒体之中，应该有所侧重，确定哪些是主要媒体，哪些是辅助媒体，在预算分配上应有所区别，在广告发布的时间和频率上也要合理安排。特别是在内容表达上要结合各种媒体的特点，发挥它们各自的优势，以取得最大的协同效果。例如，电视表现力丰富，适合表现商品的外形、款式、内部结构及使用效果，但在文字表现方面就稍逊一筹；而报纸可以容纳较多的文字信息，而且可以从容阅读，适合于对商品的有关性能、用途等进行详细的解释和说明。但如果刚好将表达重点倒过来，让电视进行文字说明，用报纸刊登商品的照片，那就不能够发挥这一媒体组合的效果。

4. 自用、租用媒体的组合

即把需要购买的大众传播媒体与企业自用的促销媒体进行组合，如通过报纸、电视刊播，还同时利用企业自用的销售点广告等与之配合。

四、常用的媒体组合方式

媒体组合的一般状况是指在媒体选择及各媒体之间搭配的一般性方法。

一般状况下的媒体组合要求在媒体选择及各媒体之间搭配上需根据媒体的不同特点进行组合，尽量利用媒体各自的优势及组合后形成的新优势，达到媒体组合为企业的发展战略、营销战略提供良好环境和竞争优势的目的。

一般状况下的媒体组合不是针对某一类企业或某一类产品的，而是从媒体的特点及功能出发去探讨各媒体之间的关系，因而在此只提供媒体之间的一般组合方法，没有对这种或那种组合及某一类企业或某一类产品的作用进行分析和解释。这样做是为了能更清楚地介绍媒体组合在形式上的差异，以便使用者在实际操作过程中可以根据自己企业或产品的条件和需要选择一种或多种组合方式，或根据提供的方法进行调整。

1. 电视媒体组合

电视媒体组合是将有关电视的各种可能及重要的组合方法进行说明。电视媒体组合是根据各级别电视台的不同特点及功能加以组合，在发挥各电视台自身优势的同时，通过组合，形成新的、带有更加明显功效的优势，满足企业及产品在营销战略上的需求。

电视媒体组合主要包括：

（1）中央级与区域级的组合；

（2）地方台之间的组合；

（3）有线台与无线台的组合；

（4）卫星台的组合；

（5）卫星台与地方台的组合；

（6）时段的组合；

（7）栏目内容的组合；

（8）广告长度的组合。

2. 报纸媒体组合

报纸是传统的四大媒体之一，它所能起的作用在电视进入我们的生活以前是任何媒体都无法比拟的。如今，随着社会的发展和进步，许多新兴的媒体在我们的生活中越来越多地占据了位置，但仍没有一种媒体能取代报纸，因为报纸的独特传播功能已经被广大受众接受，我们在利用报纸进行媒体组合时一定要注意的是：报纸由于其种类繁多，针对不同人群不同行业等所办报纸又受其办报宗旨及能力的限制，使其观赏程度各不相同。虽然有发行量的考证，但受行业的政策限制，其真正的针对消费群的阅读性同样需要我们在组合时加以考虑。如何利用报纸的特点达成企业想达到的目标，如何选择报纸媒体，利用报纸达成何种目的，这些都是组合的关键。

报纸媒体组合主要包括：

（1）中央级与区域级的组合；

（2）不同类型报纸版面与版位的组合；

（3）时间排列组合。

3. 杂志媒体组合

杂志近几年发展非常迅速，种类越来越多，涉及的范围越来越广，但是真正有影响的杂志不多，且杂志由于出版周期较长，版面有限，所以有一定的制约性。但是杂志的阅读群较为固定，而且，目标消费群特别明确、集中，这是其他媒体不能相比的。因此，如何选择好的、适宜的杂志种类，利用好杂志的优势，降低杂志的不利因素，是杂志媒体组合的关键。

杂志媒体组合主要包括：

（1）全国发行杂志的组合；

（2）区域发行杂志的组合；

（3）全国发行与区域发行杂志的组合；

（4）不同类型杂志的组合。

4. 广播媒体组合

广播媒体过去曾作为主要媒体在广告业中产生过巨大作用，但随着高新科技的发展，特别是信息技术的进步，广播的媒体作用日益下降，已经退出主要媒体的行列。可是作为一种具有相对稳定的听众群的媒体，它的方便性和相对的感染力在现代众多的媒体中仍然有一定的地位。因此，如果广播媒体运用得恰当、适时，也会取得比较好的效果。

选择广播媒体时应注意用比较直接、简洁的内容及形式传播信息，尽量避免比较烦琐的内容和形式。在此类组合上，时间性显得尤为重要，因为在一般情况下，广播时间具有相对稳定的收听人群，因此所有的组合形式应围绕收听人群或目标人群来进行。

广播媒体组合主要包括：

（1）中央台与区域台的组合；

（2）区域台之间的组合；

（3）有线台与无线台的组合；

（4）时段的组合；

（5）栏目的组合；

（6）广告长度的组合。

5. 户外媒体组合

户外媒体组合在所有媒体组合中是最不易确定及把握的，因为作为户外媒体本身来讲，它需要与区域销售相互作为一种辅助媒体，应根据产品及品牌的发展状况及发展需求有选择地使用。

户外媒体组合应侧重在发展状况比较良好的区域及影响力较强的地点进行，同时需要安排好其发布的时间，因为发展状况及影响力决定户外媒体的实际策略，而发布时间则决定效果的延续，因此在组合中要紧密地与其他媒体相配合，使户外媒体能充分发挥其作用。

户外媒体组合主要包括：

（1）重点区域组合；

（2）一般区域组合；

（3）重点与一般区域组合；

（4）时间组合；

（5）地点与终端组合。

6. 最佳媒体组合

最佳媒体组合是指使用各种媒体，使各种媒体互相协调，配合使用，以最小的投入获得最大的广告效果。媒体组合运用是广告传播中经常采用的一种方法。媒体组合是在同一时期内运用多种媒体发布内容基本一致的广告。媒体组合的方式有多种，可以在同类媒体中进行组合，也可用不同类型的媒体进行组合，每种组合方式都有自己的特点，而最佳媒体组合是通过使各种媒体相互协调，效果配合，以最小的投入获得最大的广告效果（表7－1）。

表7-1 主要媒体效果比较表

项 目	电视	电台	杂志	日报	户外
目标传达 (18岁以上的女性)	A	A	A	C	C
创造情绪的能力	A	C	B	C	D
消费者参与媒体	A	B	B	C	C
视觉特征	A	D	B	C	B
支配感觉	A	B	B	B	B
都市集中	A	A	B	A	A
市场弹性	A	A	B	A	A
季节弹性	B	A	A	A	B

这是几种主要媒体在各种情况下的效果比较，其中 A 优秀，B 良好，C 尚好，D 不适当。

一般来说，有这样几种媒体组合形式效果较好：

(1)报纸与广播搭配，可使各种不同文化程度的广大读者都能接收到广告信息。报纸的受众都有一定文化程度，广播的受众只要有听觉就行，两者的组合，可使各种不同文化程度的人都能接收广告信息，从而扩大信息受众范围。

(2)报纸或电视与售点广告搭配，有利于提醒消费者购买自己已经有了购买欲的商品。

报纸或电视广告是在非购买场所获悉的，能唤醒人们潜在的购买欲；售点广告在销售场所直接提醒，刺激消费者购买欲从而购买的商品。

(3)报纸与电视搭配，以报纸先行，先将广告信息传送给大众，使人们在对产品有了较全面、详细的了解之后，再运用电视媒体进行大规模宣传，使产品销售市场逐步扩大，也可用来强力推销。电视形象生动活泼，但瞬息即逝，难以了解产品的性能特点；报纸广告能详细地介绍产品。两者组合，消费者能对广告产品有一个较全面的了解，用报纸先行，再用电视广告大规模宣传，效果较好。

(4)报纸或电视与邮寄广告相配合，以邮寄广告为先锋，做试探性广告宣传，然后以报纸或电视做强力推销，这样可以产生大面积的成效。用报纸或电视做强力推销，用户外广告不断地提醒消费者，组合运用能促进产品的即时销售，也能提高品牌声誉，促进产品的长期销售。

（5）报纸与杂志搭配，可用报纸广告做强力推销，用杂志来稳定市场；或者用报纸广告进行地区性宣传，用杂志做全国性大范围宣传。

（6）利用邮寄广告和售点广告或海报等相配合，可对某一特定地区进行广告宣传，从而巩固和发展市场。以邮寄广告为先锋，做试探性广告宣传，然后用报纸或电视做强力推销，这样可以产生大面积的成效。邮寄广告使消费者详细了解产品的性能特点，售点广告提醒消费者购买商品，两者组合运用，加大推销的力度。

媒体的组合方式还有很多，何种组合效果最佳，要视具体情况而定。

五、媒体组合的优势

媒体组合的优势主要表现在：恰到好处的媒体组合能使广告的影响力大、冲击力强、功效持久。

1. 影响力大

媒体组合可以增强媒体效果，补充单一媒体的缺陷，还可以通过媒体的交叉使用，提高媒体在一定时期内的作用，以达到最佳的影响效果，同时扩大影响范围，使更多潜在消费群得到认知，提高产品品牌的普及率，保证在相对较短的时间内更快速、更直接地影响目标消费群，以期占领更有利的市场机会。

2. 冲击力强

媒体组合可以更全面地发挥媒体功效，使其成为一个相对完整、立体的信息网络，强化单一媒体所不能达到的效果，从而形成较强的广告力度，使竞争性得到加强；通过交互式作用，多方面冲击消费者感官，加强对品牌及产品的印象，有效抑制及抗击竞争品牌的广告效果，提高产品的占有率和使用率。

3. 功效持久

媒体组合以使媒体的短期功效转移为长期功效，这种转移作用是利用短期媒体的不断积累，作用于相对长期的媒体，使品牌及产品的影响及冲击力得到保持及发展，不致呈现信息的缺失、遗忘等，在一定时期内维持消费者的忠诚度。

六、媒体组合的作用

（1）达到第一种媒体所未达到的人士。

（2）在第一种媒体得到最佳触达率之后，再以较便宜的第二种媒体提供额外的重复暴露（视听或阅读）。

（3）利用各种媒体所固有的价值达到互相补充的广告效果，例如在广播运用音乐，在印刷媒体运用长文案。

（4）产生相互相乘的效果，即将同一广告主题，利用各种媒体传播至同一消费者所产生的效果，远大于各种成分相加的总和。

第二节　媒体组合的控制与评估

前面我们讲了媒体组合的内容，也介绍了媒体组合运用的战略，那么我们是否就可以心安理得地用媒体组合来应付市场上千变万化的情况呢？不能。因为，媒体组合只是我们达到目标的一个手段，而这个手段是否能真正起到它的作用，还需要在实践中去完善它。市场是无情的、变化的，而每一个企业的固有资源又是有限的，我们对媒体的了解也很少，以至于在利用媒体时有许多盲目性，使媒体组合的威力无法显示出来；同时因为中国的具体国情使各区域的媒体发展与中国市场一样不均衡，所以我们对媒体组合的控制、评估就显得非常重要。只有这样，才能在认识中国市场的同时认识中国媒体，才能有效地利用中国特色的资源，把我们的产品推向市场，并能有效地树立企业形象。

一、时间控制

时间控制是指广告发布的时间和频率与所设定的目标是否一致。

集中时间发布策略：即在控制的时间内，对特定的目标市场发动强有力的攻势，造成一种广告冲击波，以达到目标。要注意短时间内的广告力度。此种策略一般是多媒体进行组合，以加强其攻势。

均衡时间发布策略：即按计划不断对目标市场发布广告的策略，目的是通过不间断的刺激和影响，扩大企业的广告知名度，要注意产品特性与控制时间节奏。此种策略一般用于日常生活用品，尤其是换季不明显、花色品种多的商品。

节假日时间策略：节假日是购物高峰期，在节假日前安排强大的广告攻势，可以取得更好的销售业绩。

季节时间策略：换季明显的商品应在旺季前开始广告攻势，在旺季中加强销售终端的促销。

二、费用控制

媒体组合及广告推广的任何行为成败的测定，往往是根据发布当日的效果及销售额、利润来测定的。但由于每次组合时间的目的不同，所以利益结果也不一样。这里要分几方面来测定费用的使用状况，其主要测定指标：①广告费用指标；②广告效果指标；③单位广告费用销售增加额；④市场占有率。

由于费用控制原因非常多，有些企业先采用品种来认知，然后产品进入，有些是在导入期末进入市场，希望迅速提升品牌和扩大市场占有率，所以各种企业自身在市场上的策略不同，要达到的长期与短期利益不同，计算出的结果就会与企业的目标不一致。在这里就不列举具体的费用计算方式。企业可根据自身状况和需求参考相关的广告效果指数法、广告指数法、广告相关系数指数测定法、广告费用指标法等测定。在这里只提出费用控制要考虑的主要因素，仅供参考：

（1）广告投入后，销售额及利润的增减。

（2）广告投入后，销售额变化不大。若取消广告，销售额会下降，这时广告投入起维持作用。

（3）广告投入后，短期无明显作用，长期坚持下去则会出现明显效果，这时广告是长期战略的体现。

三、组合效果评估

媒体组合效果评估内容较多，主要的评估内容如下：

感知程度：注目率、阅读率、精读率各为多少？认知率为多少？上述测定一般与广告同步或稍后进行。

记忆效率：主要是对广告的记忆度（消费者对广告的记忆和深刻程度）进行测定。其测定方式分辅助回忆法和无辅助回忆法两种。

态度倾向：测定广告播出后对企业及其产品的态度。其测定内容为购买动机是否受广告影响，受广告影响采取购买行为的比率等。

好感度：广告的说服力指标。其测定内容为能否激发消费者的购买欲，广告能否对消费者的心理产生影响。

偏好：是广告心理效果最好的一种表达方式。广告表现出的成功与媒体组合的成功是创造偏好的基础。

受众：受众方面接受广告信息。由于各种媒体都有各自覆盖范围的局限性，媒体组合可以增加广告传播的广度，延伸广告覆盖范围，能使更多的人接受到广告信息。

互补：媒体组合能力互补广告效果。不同的媒体有不同的特点，能给受众不同的感受。如电视广告形声兼备，生动活泼，报纸杂志广告可提供详细信息，户外广告简洁醒目，突出品牌。对于同一受众来说，同一广告不同媒体的效果是互相补充、相辅相成的，比单一媒体所获得的印象要完整得多，深刻得多。

深度：媒体组合能增加广告传播深度。重复接受广告信息，自然增加广告传播深度。广告实践还证明：单个媒体重复传播四次，远远不如用四种媒体各传播一次的效果好。人们从各种不同的广告媒体接受同一广告信息，印象就会深刻得多。

思考与实践

1. 常用的媒体组合方式有哪些？
2. 什么是媒体组合？媒体组合的意义是什么？
3. 媒体组合的优势有哪些？
4. 媒组合需要从哪些方面进行控制与评估？

第八章
媒体计划与行程

本章内容提要

　　媒体计划既是一个决策，也是一个过程，是选择媒体的指导。制定媒体计划要考虑市场、媒体、广告主三方面的因素。媒体计划包括媒体策略、媒体目标和媒体执行方案，媒体计划在制定时可能有信息不充分、术语不一致、时间压力和测量有效性等方面的问题。品类销售与消费时间性会影响广告效果，进而影响媒体行程的设定。媒体行程策略有很多种，本章主要介绍了扩张型行销和防守型行销。通过媒体分析以确立具体媒体目标，通过明确广告的目标市场、结合内外部因素、选择促销地点等媒体技巧的运用，有战略地选择媒体行程中连续式、栅栏式和脉动式等模式，完成媒体计划的制定。

关键名词

　　媒体计划　遗忘曲线　品类生命周期　品类销售　消费时间性　指数　连续式　栅栏式　脉动式

第一节　媒体计划

　　媒体计划不是一个简单的过程，它的选择项目除了电视、报纸、广播和杂志等大众媒体之外，还包括户外广告、运输工具广告和电子广告牌等户外媒体。各种辅助媒体，比如直接销售、交互式媒体、促销性产品广告和市内售点广告，也必须考虑在内。

　　媒体选择之所以很复杂，部分原因是因为媒体自身的性质。电视能将音像结合起来，是它独特的优势；杂志能够传递更多的信息，可以使信息在更长的时间内为潜在购买者所用。因此对每一种媒体的特征都要加以考虑，同时还要顾及许多其他因素。

一、媒体计划概要

　　媒体计划是指一系列的决策，包括把促销信息传播给未来的购买者或者产品、品牌的使用者。媒体计划也是一个过程，它意味着要作出许多决策，并随着策划的进展，每一决策都可能被修改甚至被抛弃。

　　媒体计划是选择媒体的指导，它要求制定具体的媒体目标，以及设计具体的媒体战略来达到这些目标。一旦这一系列决策作出，并且目标和战略也制定出来以后，这些信息就有组织地形成了媒体计划。

二、媒体计划制定

　　从基本含义来看，媒体计划的目标是要找到一种媒体组合，能使营销商以最有效的方式、最低的成本把讯息传播给最多的潜在顾客。

　　为了达到广告课题的目的，广告作品必须通过某种媒体传达到广告诉求对象。媒体计划其实就是选择广告所使用的媒体和媒体组合、拟定出稿日程方案的计划。

（一）选择媒体的步骤

选择媒体的步骤如下：

　　（1）选择媒体类别。例如按照广告作品的特征和媒体的物理特性，考虑选择印刷媒体还是视听媒体。

　　（2）选择媒体名称。所谓选择媒体名称，就是在一类媒体之中，选择特定名称的媒体。对于电视广播媒体，包括电视台名称、广播电台名称、节目种类、时间段；对于报纸杂志媒体，则包括报纸杂志名称、日报、晚报、周报等。例如经过研究，决定在报纸媒体上做广告，然而在报纸媒体中，是选择在《人民日报》、《经济日报》还是《光明日报》上刊登，这就是媒体名称的选择问题。

（3）选择广告单位。所谓广告单位，对于电视广播媒体是指广告播放的时间长度，在节目内的位置或插播范围内的位置。例如，18:30 的新闻报道30 s 广播广告；对于报纸杂志媒体是指广告的大小，在报纸杂志内的位置、版面、彩色、黑白等。

（二）制定媒体计划所需考虑的因素

制定媒体计划应考虑以下几方面的因素：

1. 市场因素

（1）广告诉求对象的人口统计特征。由于人们根据其个人的口味来选择适合他的传播媒体，所以不同教育程度或职业的消费者对媒体的接触习惯也不同。例如教育程度高的人，其接受传播信息的来源偏重于印刷媒体，而教育程度低的人则依赖电波媒体的比率较高。因此应认清广告诉求对象的性别、年龄、教育程度、职业、地区等特性，然后再决定应该选用何种广告媒体。

（2）产品的特性。例如照相机的广告，通常使用杂志媒体而不用报纸媒体，原因是报纸难以表现品牌彩色印象和品牌设计变化。又如，对于那些必须让广告诉求对象仔细阅读，以便对产品有深入了解的商品，大多选择报纸媒体；而那些看过一遍就清楚，而且准备销售给广大群众的商品，如食品、洗洁精、化妆品等，则大多选择电视媒体；而家电产品的广告，则以报纸媒体与电视媒体双管齐下的效果较佳。

（3）产品的销售范围。广告主的产品究竟是全国销售或限于地方局部市场，这关系到广告视听者的范围大小，由此可决定选择何种经济有效的媒体，以免使用不适当的广告媒体而造成浪费或毫无传播效果。例如仅销售于某省的产品，只需运用该省的报刊媒体即可，无须运用全国性的报刊媒体。

（4）竞争情况。制定媒体计划时，必须充分了解竞争活动。必须调查品牌在各个地方的市场占有率及形成该占有率的理由，竞争者使用什么样的媒体，次数多少，在哪些地区刊登广告；调查竞争者对媒体的投资，能发现未被竞争者利用的媒体而加以利用，或建议增加被竞争者广为使用的媒体上的花费。

2. 媒体因素

（1）媒体的价值。报纸和杂志就是要考虑读者率，电视和广播就是要考虑收视率和收听率。此外还要考虑媒体的读者层或视听者层是否与广告诉求对象一致。

（2）各种媒体及其广告单位的表现效果。视觉化、说明、信赖、色彩、印象等，这些效果为广告表现的潜在力，称之为媒体、各广告单位的冲击力（impact）。它是媒体选择的标准之一。

（3）媒体的费用。不仅要考虑媒体的绝对成本——各媒体本身的实际支付费用，还要考虑相对成本——千人成本。要从广告总预算和媒体费用来选择媒体组合。通常广告能发生效果，必须有一最小的广告量，若不能达到此一最低量，则是浪费。

3. 广告主因素

（1）广告主销售方法的特性。销售方法是以推销员为主还是以零售商为主，其选择媒体的标准也不同。一般来说，在以自己的推销员为主直接销售时，与其使用大众媒体的形象诉求，还不如使用直接邮寄广告为佳，因为这种广告的个人诉求力较强。

（2）广告主的促销策略。媒体计划必须配合市场营销计划的促销策略。例如对消费者使用优待券的促销策略，就要考虑使用什么媒体分发，要发多少张优待券，分多少次发，计划用何种回收方法，在哪些地区发等。

此外，广告活动的目标及广告费用预算的分配额，对于媒体的选择与组合也是有决定性的影响。

（三）媒体计划标准

实现目标要制定并执行媒体战略，这一战略直接从实现目标所需要的活动中演化而来，并且涉及以下标准。

1. 媒体组合

对于广告主来说，许多的媒体及其载具都是可以采用的。尽管可能只采用一种媒体或一种载具，但更多的可能是采用多种选择。广告主所追求的目标、产品或服务的特征、预算的规模和个人的偏好正是采用什么样的媒体组合的决定因素。

由于每一种媒体都有其独特的优势，因此，通过采用一个媒体组合，广告主就能使他们的媒体战略更加多样化。通过媒体组合，营销人员能在提高到达总体沟通和营销目标可能性的同时，增大了覆盖面、触达率和接触频率水平。

2. 目标市场覆盖面

媒体计划者要决定应该使用哪些媒体。制定媒体战略涉及这样一个问题，即"我通过什么媒体和媒体载具能最有效地把讯息传递给未来的购买者?"从而将最适当的媒体和该市场结合起来。媒体计划者的目标是在使覆盖面浪费最小化的同时尽可能地扩大目标受众的人数。这一情况通常涉及均衡问题，即有时人们不得不向小于目标的覆盖面妥协；而有时，最有效的媒体也要接触到那些非目标的人群。在这种情况下，因为所采用的媒体可能是现有的传递方式中最有效的，并且覆盖面浪费的成本小于使用它的收益，所以，这时覆盖面浪费是合理的。

3. 地理覆盖面

滑雪在中国的有些地区比另一些地区要盛行得多，因此，在对滑雪兴趣不大的地区实施滑雪促销战略不会是最明智的，除非你能引起人们对滑雪兴趣的高涨。对某些地理区域相对于另一些地理区域加大促销比重的目标是有一定意义的，当然这需要付出更多的促销努力和财力。

4. 时间安排

时间安排首要的是安排促销时间，以使它们与最高峰的潜在购买时间相符合。

5. 触达率与接触频率

既然广告主们有各种各样的目标，但同时又面临着预算的限制，所以他们常常要在触达率和接触频率之间寻求均衡。

要使人们知道某一产品或品牌就必须要求一定的到达率，也就是说，要使潜在购买者能接触到讯息。既然目标是使所有的潜在购买者知道新的产品或品牌，所以新品牌或产品需要高触达率。例如，在试购阶段，促销战略可能使用免费赠券或者免费样品；营销人员的目标是，利用这些样品来使讯息到达更多的人数，目的是使他们了解产品、试用产品并养成对产品的偏好。接触频率是指一个人接触的媒体载具(但不一定接触媒体中的广告)的次数。大多数广告主都同意1:1的接触率是不存在的。因此，虽然你的广告可能已放入某一媒体载具中，但消费者接触到那一载具后却并不确保你的广告已被看到。结果，媒体计划书中表示的接触频率水平高估了那一广告的实际接触率水平。为了避免这种高估，一些媒体购买者把媒体载具的触达率称为看到广告的机会，而不是它的实际接触。因为广告主们没有一种确定的方法来了解某载具接触是否能导致对广告的接触，所以媒体和广告主已达成了一种妥协：只要和载具的接触就构成到达，因为如果受众有机会看到广告，这种接触就一定会发生。因此，接触数字就用于计算触达率和接触频率水平。但这种妥协不能帮助确定广告在目标受众心目中留下印象所需要达到的接触频率。广告的创作性、接收者的参与、噪音和许多其他干扰因素使任何要作出精确确定的企图破灭了。

6. 创意与情绪

创意。通过强调创意的广告活动来促成产品的成功是可能的。但为了实施这一创意，必须采用能支持这一战略的媒体。例如万科房地产公司广告都采用印刷媒体来有效地传播它们的信息；而柯达、麦当劳以及许多其他公司，都有效地利用电视来创作感性诉求。

情绪。由于某种媒体能够产生一种有利于传播的情绪，所以它增强了讯息的创意性。广告讯息可能需要特定的媒体和某种媒体载具来达到它的目标。同样，某些媒体载具具有这样一种形象，即它们能够使传播出的讯息具有某种独特的感觉。

7. 灵活性

有效的媒体战略需要一定的弹性。由于营销环境是迅速变化的，所以，战略也要相应变动。如果所制定的计划缺乏灵活变动的余地，就可能错过良好的机会或者公司可能无力迎接新的挑战。需要灵活变动的可能情况如下：

（1）市场机会。有时会产生一些广告主希望利用的市场机会。例如一种全新广告媒体的开发就可能提供一种前所未有的机会。

（2）市场挑战。内部或者外部因素可能对企业构成一种挑战，这对媒体战略的变动是必需的。例如竞争者可能变更其媒体战略来获取优势，若不对这种挑战作出反应，企业就有可能产生许多问题。

（3）媒体的可得性。有时，某种意愿的媒体（或载具）对营销人员来说是无法得到的。这可能是因为媒体不能达到某个特别的目标细分市场或者媒体没有空余的广告时间或空间。而且，仍然存在一些地区是媒体到达不了的，即在适用的媒体可以得到的时候，也有有限的广告时间或空间已经被售出了或者购买截止日已经过了的情况。因此，必须考虑那些可替代的载具或媒体。

（4）媒体或媒体载具方面的改变。媒体或某一特定载具能要求媒体战略进行改变。例如，有线电视的出现为讯息传播开辟了许多新的机会；视听率的下降或者编辑形式上的变更也可能导致广告主采用其他替代节目或印刷物。

8. 预算方面的考虑

制定媒体战略最重要的决策之一就是成本的估算。任何战略的价值都是通过它怎样以最低成本及最少浪费来把讯息顺利地传播给受众而确定出来的。

广告和促销成本可以分为两类：媒体或载具的绝对成本是放置讯息所需要的实际总成本；相对成本指广告时间或空间的价格与所能达到的受众规模之间的关系，它用来在各种媒体载具之间进行对比。因为广告主必须尽力在预算之内使受众传播最优化，所以相对成本是很重要的。既然在传播讯息方面存在着许多可相互替代的选择，广告主就必须评价与这些选择相联系的相关成本。虽然在千人成本基础上媒体之间的比较是很重要的，但媒体之间的比较可能仍然具有误导性。电视提供音像的能力、杂志的长度优势以及每种媒体其他的特性都使直接的比较变得困难起来。媒体计划者应该运用千人成本数字，但它也必须考虑决策中每种媒体载具的具体特性。

千人成本可能高估或低估了实际成本效果。例如无法避免的覆盖面的浪费的情况，这时的发行量超过了目标市场。如果这种讯息所到达的人们不是产品的潜在购买者，那么为了到达他们而不得不增加开支，这本身就可能会导致千人成本的大大低估。我们必须采用目标市场（即所追求的目标）的潜在触达率，而不是采用全部发行量数字。如果能够到达更多的潜在接收者，那么即使其千人成本相对高很多，这种媒体也可能是一种更明智的选择。

CPM 也可能低估成本效率。杂志广告版面的销售者认为，因为某一期杂志的阅读者并不仅限于购买者本人，所以，实际的触达率被低估了。这就涉及阅读率，即估算未购买但阅读了杂志的人数。由于每本读者数的估计是凭直觉产生的，所以它可能极不准确，但杂志传阅的实际次数也很难确定。虽然研究者正在着手解决这一问题，但传阅率的估计还是带有很大的主观性，采用它们来估计触达率只能带有推测性质。

除了成本高估或低估的隐患外，CPM 还存在着只能提供媒体价值定量估计的局限性。虽然它们在比较相似的载具时很有用，但在各种媒体之间做对比时就不那么有效了。

媒体计划的制定除了特别强调确定传播讯息的最佳途径之外，它和媒体战略的制定是很相似的。主要包括以下：①市场分析，②媒体目标的建立，③媒体战略的制定和执行，④评价与实施。

（四）媒体计划的内容

媒体计划是指在特定的行销环境下，从媒体投资的角度去思考，形成投资策略及执行方案，提供最有效途径去接触消费者，以解决行销所要求的课题及建立品牌（图 8 - 1）。

一个完整的媒体建议（media recommendation）应该包括媒体目标、媒体策

形势分析

目的：确定营销问题。对公司及其竞争者在以下基础上进行分析：

1. 全部市场的规模及份额
2. 销售历史、成本和利润
3. 分销实践
4. 推销方法
5. 广告的使用

营销战略计划

目的：对能解决一个或多个营销问题的活动作出计划。包括对以下项目的决定：

1. 营销目标
2. 产品和支出战略
3. 分销战略
4. 应该采用营销组合的哪一因素

创作战略计划

目的：确定要通过广告传播的内容，包括以下几项：

1. 产品怎样才能迎合消费者的需要
2. 产品在广告中的定位
3. 广告文案的主题
4. 每则广告的具体目标

设定媒体目标

目的：把营销目标和战略转变成为媒体能够完成的目标

确定媒体战略

目的：把媒体目标转变成总体指导，它将控制策划者对媒体的选择和使用。应该选择最佳战略

选择广泛的媒体类别

目的：确定最能满足标准的广泛的媒体类别。包括对报纸、杂志、广播、电视等广泛的媒体类别进行对比和选择。受众规模是用于对比各种媒体类别的主要因素之一

在媒体类别中进行媒体选择

目的：采用事先预定的标准比较并选择这些媒体类别中最好的媒体

1. 如果推荐杂志，该推荐哪种杂志
2. 如果推荐电视，那么
   (1) 无线电视还有线电视
   (2) 联播电视还是直播电视
   (3) 如果是联播，是哪种节目
   (4) 如果是直播，是哪个市场
3. 如果推荐广播或报纸，那么
   (1) 应该使用哪一市场
   (2) 在购买地方性媒体方面应采用的标准

媒体使用决策——电视与广播

1. 哪种发起方式（独资、合资、合伙或其他）
2. 触达率和接触频率的标准是什么
3. 时间安排：商业广告出现的具体日期
4. 位置布局：在节目之中还是两个节目之间

媒体使用决策——印刷品

1. 广告数量及出现的日期和月份
2. 广告位置：媒体中适合的位置
3. 特殊处理：折叠方式、色彩等
4. 渴望的触达率或接触频率的标准

媒体使用决策——其他媒体

1. 广告牌
   • 市场位置和分销计划
   • 使用的永久性广告牌种类
2. 直接邮寄或其他媒体：专门适用于哪些媒体的决策

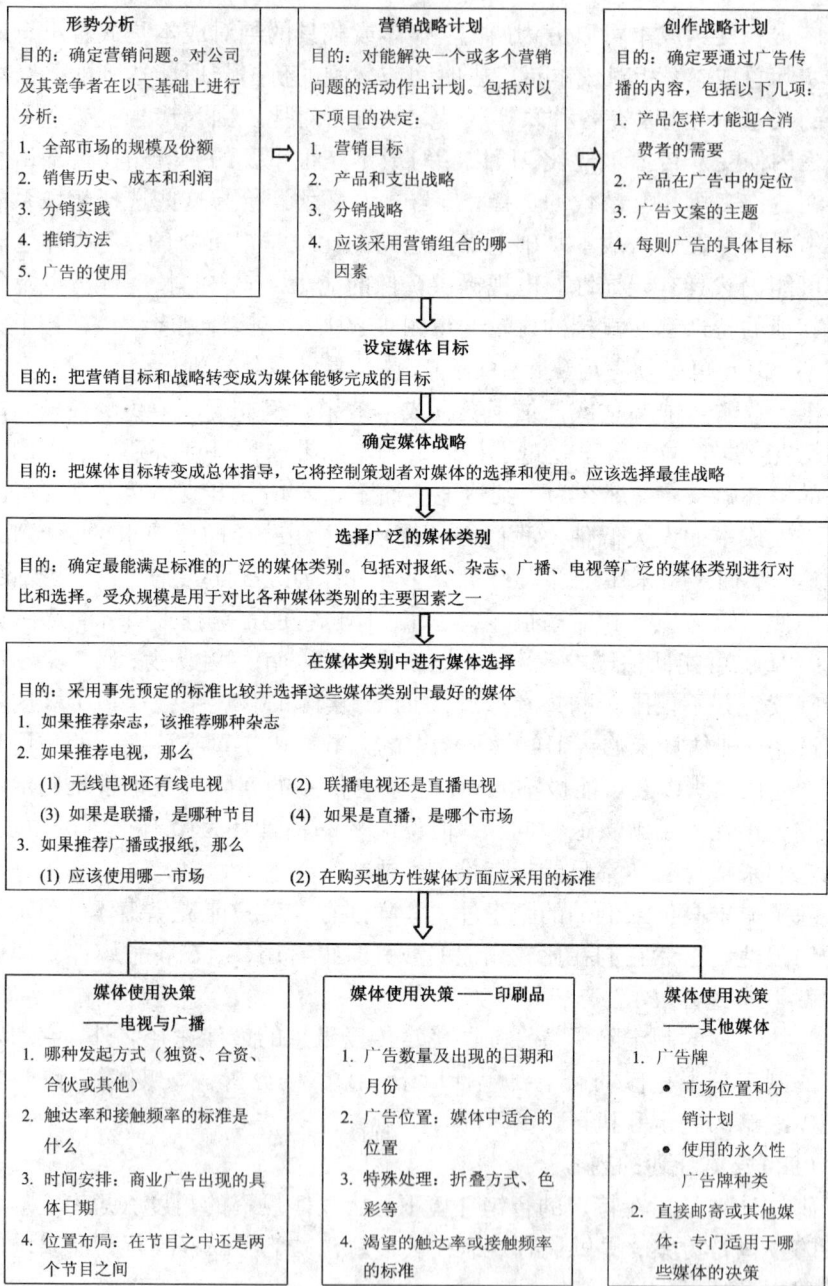

图 8-1　制定媒体计划的活动

略及媒体执行计划三个主要部分：

（1）媒体目标（media objective）：设定媒体角色及所要达成的目标。

（2）媒体策略（media strategy）。

媒体策略的内容包括：

①对谁传播？

②在哪些地区投放？

③什么时候投放？

④投放多少量？

⑤应该使用什么媒体载具？

⑥预算运用的优先顺序？

（3）媒体执行方案（media plan），根据策略制定：

①媒体载具选定。

②媒体执行方案评比与建议。

（五）媒体计划的重要观念

（1）媒体计划并非仅是一一回答上述个别问题，事实上，各个问题之间的相互关系使之成为互动的矩阵，任何一个策略项目的决策将影响其他项目。例如，对象阶层的设定将影响投放量、投放时间及媒体渠道选择，类似地，地区的选择将影响行程、投放量、工具选择等。重要的观念是，不应把各项目当成个别的问题，而应针对"如何最有效地使用媒体来影响消费者行为及态度"这个问题，从大局的观点，去思考、取舍并作出完整的决策。

（2）在媒体计划操作当中，因涉及众多资料及数据分析、评估与比较，媒体计划常陷入一种算术运算。事实上，在媒体计划当中，首先进行完整的数据分析，绝对是重要而且必需的，因为完整的数据将牵涉到计划的对错。然而，在计划正确的前提下，还存在另一层次的问题，即计划的好坏。计划的好坏涉及人为判断品质与创意思考，从另一个角度来看，对错是电脑可以解决的问题，好坏则必须依赖人脑，所以媒体人员在操作中主要的价值应在好坏而不在对错。

（3）媒体计划必须有其特殊性，由于各品牌所处的行销及媒体环境不同，品牌面临的处境各异，广告所要解决的课题也可能不一样，媒体计划也应该为此"量身裁制"。因此，并没有一成不变、放诸四海而皆准的媒体计划。

（4）媒体是行销的一环，媒体计划的终极目标是协助达成行销目的。媒体预算占行销预算相当大的比例，行销的成功有赖于杰出的媒体计划，因此媒体计划应依照行销计划去思考和设计。在没有行销计划的情况下，媒体计划将失去依据而形成浪费；模糊的行销计划，也将导致模糊的媒体计划，正所谓"垃圾进，垃圾出"（garbage in，garbage out）。

（5）媒体是品牌与消费者接触的主要渠道，消费者通过与媒体的接触，知道品牌，了解品牌，形成对品牌的观感及态度。从另一个角度来看，媒体可以说是品牌在消费者面前演出的主要舞台，对品牌的发展扮演重要角色，品牌在媒体舞台的消失，通常也是品牌消失的前兆。从这个角度延伸，媒体人员在操作当中必须把品牌和媒体效果常置心中。

（6）广告通过一定的媒体载具传送给消费者，然而在现实的生活当中，消费者接触媒体的目的并不是为了接触广告，而是为了娱乐、新闻或知识等其他目的，即消费者打开电视是要观看电视节目，读报纸是为了阅读新闻。广告对消费者而言，反而是不经意闯入的讯息，因此消费者在广告讯息的接收上，经常是不经心且在记忆上是短暂而片段的，对于不感兴趣的讯息则以转移注意加以忽略（大部分的消费者并不知道如果没有广告可能导致媒体载具的消失）。消费者对广告讯息接收态度造成的现象是，消费者并不会依媒体计划去接收讯息，使计划接触人口与实际接触人口和记忆人口之间存在相当大的落差，媒体人员不仅要利用讯息不断地重复来加强消费者的记忆，还要考虑如何在消费者实际接触媒体的现实环境中，寻找出最佳接触时空，使计划的讯息传送能实际进入消费者记忆中。

（7）媒体计划并不应该在制定之后即墨守执行，而必须顺应环境的变化，包括竞争者的动作而做机动性调整。但是如果整个计划因短期机动性的调整而失去策略方向，则不是原先的目的和计划不够完善，就是过于受到外部牵引而失去计划重心。

（8）必须定时、经常地检视媒体计划的执行效果，不仅检视计划与执行的差异，还要检视策略执行的准确性和目标的达成，以累积市场经验，提升判断品质。一般检视的方向为：

①计划接触人口的达成率；

②计划接触对象阶层的准确率；

③广告知名度；

④讯息理解度；

⑤媒体投资与销售及占有率成长。

三、媒体计划中存在的问题

1. 信息不充分

当关于市场和媒体的大量信息存在时，媒体计划者能得到的信息常常不能满足他们的需要。例如，虽然存在着对广播收听人数的连续测量，但是，由于样本规模和成本限制，报告出来的却只有期间性的对收听人数的研究。

测量时间也是个问题。对一些受众人数的测量只在一年中的特定时间才进行。这些整理后的信息将用于推测以后月份的情况，因此，进一步的决策一定是建立在并不反映现在行为的过去数据的基础上的。

信息的缺乏对于小广告主来说甚至更成问题。因为小广告主可能没有足够的资金来购买他们所需要的信息。结果，它们的决策就只能基于一些有限的或过时的数据。

2. 术语不一致

由于不同媒体的成本基数不同，并且用来确认这些成本的度量衡标准也不一致，所以就出现了一些问题。例如，印刷媒体可以提供到达每一千人的成本数据（CPM，千人成本），电波媒体使用每一视听率成本（CPRP），户外媒体使用展示品的数量。

3. 时间压力

广告主们似乎总是很繁忙，有时因为他们必须这样，但有时却是他们自认为应该这样。竞争者的行动（例如，某一载体的播放费用的削减）要求即刻的反映措施。但有时这种紧迫的感觉错误地造成了时间上的压力。所以，在有些情况下，媒体选择决策在未经过适当的策划和市场或媒体分析之前就作出了。

4. 测量有效性

一般来说，因为很难测量广告和销售促进的有效性，所以也就很难确定各种媒体或媒体载具的有效性。由此，在策划过程中（尤其在"直接反映"广告领域），媒体计划者通常必须猜测这些选择的影响。

第二节　媒体计划实施策略

一、制定媒体行程策略时必需的考虑因素

媒体行程设定所需制定的是媒体在露出行程上的策略媒体应采取何种露

出模式、何时上何时下及露出周期等。

在制定媒体行程策略时必需的考虑因素有：

（1）产告讯息记忆与遗忘；

（2）品类销售与消费的时间性；

（3）品牌与品类发展阶段；

（4）行销目标及策略；

（5）竞争品牌行程模式；

（6）预算大小；

（7）广告活动类型；

（8）媒体环境上的考虑；

（9）其他活动配合及需求；

（10）执行层面上的考虑。

二、遗忘曲线

广告效果的建立，来自于消费者对广告讯息的了解和记忆。消费者对广告讯息认知与记忆衰退的基本模式为：

（1）广告露出与消费者的商品购买有直接的关联性。

（2）在时间累积下，消费者接触广告的频次越高，印象越深刻。

（3）消费者对讯息的记忆度及对品牌建立的态度，随着时间流逝，将渐渐衰退。

（4）记忆度及态度在媒体露出停止后，并不会马上消失殆尽，记忆建立后的遗忘所形成的曲线（即遗忘曲线），见表8－1。

表8－1　标准遗忘曲线

影响因素	记忆建立与衰退
品类差异	广告对不同品类所产生的推力效果有所差异。对低关心度品类产生的推力较大，媒体露出到销售产出之间的时间差较短，且消费者的遗忘速度较快（遗忘曲线较陡）；对高关心度品类产生的推力则相对较小，媒体露出到销售产出之间的时间差较长，但遗忘速度较慢
商品购买周期	购买周期较短的品类，遗忘速度较慢；购买周期较长的品类，遗忘速度较快

续表

影响因素	记忆建立与衰退
品牌发展阶段	新商品需要较长时程建立消费者记忆,既有商品则因消费者较熟悉而需要相对较短的时程
品牌形象鲜明程度	形象较为独特鲜明的品牌,记忆建立较快,且衰退较慢;形象较为不独特的品牌,需要较长时程建立记忆,且记忆衰退较快
竞争环境	市场上品牌选择越多,互相取代性越高,建立记忆所需时程越长
创意冲击力	创意冲击力越强,消费者越容易形成记忆;创意冲击力越弱,则需要越长时程建立记忆,同时记忆衰退也较快
媒体干扰度	媒体环境的干扰度越高,特别是同品类的竞争品牌所形成的直接干扰度越大,建立记忆所需时程越长
媒体比重大小	媒体传送的频次越密,建立记忆所需时程越短;反之,传送频次越低,所需时程越长,且记忆衰退越快

标准遗忘曲线所显示的为遗忘曲线的一般值,事实上,广告讯息记忆与态度建立及遗忘会因品类差异、商品购买周期、品牌发展阶段、品牌形象鲜明程度、竞争环境、创意冲击力、媒体比重大小等因素影响而有所差异。

三、品类销售与消费时间性

时间性一般指的是商品在销售上的季节性分布,但在媒体行程制定上更重要的是必须考虑消费者品类及品牌购买决定的时机。

消费者的购买行为可以拆解为下列阶段(图 8 - 2):

图 8 - 2 消费者的购买行为

媒体的露出在各个阶段有其不同的意义:在购买前为影响购买决定;在使用后为肯定购买决定与加强使用信心,以期影响再次购买的选择。对大部分成熟品类而言,从购买前、购买,到购买后、使用(完),再到形成购买前状态,即形成一个循环,循环周期称为购买周期。

品类关心度、商品单价、购买量、品牌忠诚度及使用频率等差异，导致了消费者整个购买行程的变化(图8-3)：

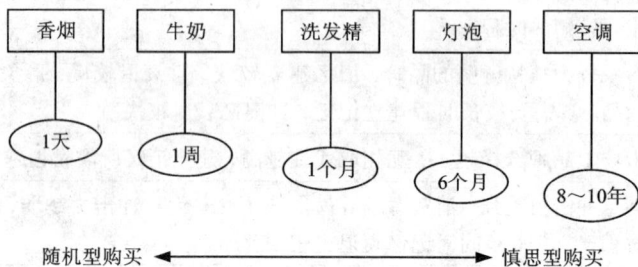

图8-3　购买行程的变化

(1)品类关心度较高的品类需要较长时间思考以作出决定。
(2)单价较高品类，所需购买决定时间也会较长。
(3)每次习惯购买量较高品类，购买周期也较长。
(4)品牌忠诚度较高市场，所需品牌转换时程将较长。
(5)使用频率较低品类，所需购买周期也较长。

就影响购买决定的目的而言，媒体露出的时机，应该配合消费者决定时机，而非消费者已经采取购买行动的销售季节，参见图8-4。

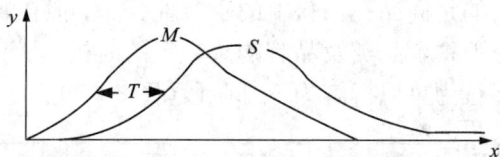

图8-4　各种曲线关系

图8-4中：x轴为时间，y轴为百分比，S曲线为销售曲线，M曲线为媒体露出行程及比重曲线，T则为S与M的时间差。

在以影响购买决定为目的前提下，应考虑消费者购买决定所需行程。即从媒体露出到真正采取购买行动的整个行程所需要的时间，以确定M曲线的合理位置。假设整个行程所需时间为T，则M曲线应以T为距离设定于S曲线之前。如消费者需要较长时间作出购买决定时(即T较长)，M曲线应该往左移动；反之，消费者可以很快作出购买决定时(即T较短)，M曲线应该往右移动。而对消费者从讯息认知到购买决定几乎不存在时间差的品类（如碳酸饮料），M 曲线甚至可以移至往右到几乎接近 S 曲线；从影响购买决定的角度而言，M 曲线当然不应出现在 S 曲线之后。

行程设定主要讨论的是媒体露出时机。一般习惯上皆以月或周为时间单位。事实上，媒体行程设定应该以消费者整体购买行为为思考重点，从各大小不同的时间单位上去尽量影响其购买决定，亦即：

（1）把年分为四季，制定哪些季节为重点，哪些季节为次重点。

（2）季再细分为月，制定月份重点。

（3）月再细分为周，思考周之间的差异与机会。

（4）周再细分为天，思考平常日与放假日之间的差异与机会。

（5）天再细分为小时，思考一天中的差异与机会。

时间单位的细分化，可以让媒体人员从更真实的生活层面去了解并思考消费者在各不同时间上的作息与情绪上的变化以及与产品的关系。例如：

消费者在冬季是否习惯较早睡觉，而使较晚时段的收视受到影响，在北方较寒冷地区是否导致每次购买量增加而购买频率降低；

旅游季节是否因消费者离开家里导致媒体接触的降低及购买的减弱；

春节前的购买高峰是否应该利用，春节后的购买低潮是否应该避开；

重要节庆前单位福利品的发放是否影响购买周期商品销售机会；

寒暑假对学生阶层作息的影响；

每月发薪当周对于较高单价、较奢侈的非必需品及其他较为迟疑的消费，在消费者口袋里金钱较多的状况下，是否比较容易说服购买；

消费者的周末采购行为，是否提示媒体应该利用接近周末的平常日的媒体露出去影响购买项目及品牌的选择；

消费者在一天的生活中心境与食欲等方面的变化，上班前的忙碌时刻是否形成感性诉求的沟通障碍，食欲较低在饭后是否对食品广告较为不利。

四、品类与商品发展阶段

品类所处的生命周期与品牌发展阶段的不同，将需要不同的行程策略。

1. 品类生命周期

（1）品类为导入期阶段。导入期阶段品类的市场状况为：品类普及率不高，消费者对品类理解度较低，所需要的通常是具有教育性质的广告，同时在此时期竞争也较为和缓。因此在行程安排上，偏向较为连续的方式，且所投入比重也较低。

（2）品类发展到成长期。消费者对品类逐渐熟悉，品类普及率加速提高，品牌逐渐增加，所需要的广告偏向品牌形象强化，由于对抗竞争在每波投放量上的需求，使行程逐渐由平缓的连续式演变为具有起伏的波浪形态，且每波投入的比重也逐渐加大。

（3）品类处于成熟期。品类处于成熟期，消费者对品类已经相当熟悉，普及率也发展到接近极限，品牌之间展开剧烈的竞争，在行程上的趋势是更集中与更高比重。

（4）品类进入衰退期。衰退期品类，出于竞争导致利润的流失，行销空间缩小，媒体资源也随之受到影响，加上有些品牌退出市场，媒体行程趋势是逐渐回到导入期或成长期的平缓。

2. 新上市商品与既有商品。

新上市商品与既有商品对行程设定的影响是，新商品知名度与使用率都处于建立阶段，因此需要较为密集的行程以持续建立消费者对广告讯息的认知；既有商品则因消费者对品牌已有一定的认知，在此认知的基础上，可以安排较为宽松的行程。

商品发展阶段对行程设定的另一项重要影响为铺货因素。铺货影响消费者对产品或服务的取得性。对于铺货率未达一定比率的商品，媒体所建立的效果将大打折扣，特别是关心度及忠诚度较低、商品互相的取代性较高的品类。

品牌在各不同的铺货阶段，媒体露出行程的考虑点为：

（1）新上市阶段。商品铺货率尚未达到理想状况，媒体露出除了为接触目标消费者外，另一个目的为建立经销商信心以及鼓励进货，露出量则以低而持续为特点。

（2）铺货完成期。由于广告效果需要一定时间的累积，加上消费者作出购买决定所需要的时间，媒体展出通常采取前置方式，在铺货约60%～70%时，即发动媒体攻势。

媒体行程在不同的商品铺货阶段与创意结合的常见做法是：在铺货期间以前导广告营造上市张力，以增加铺货完成时媒体露出的声势。

五、媒体行程策略

媒体行程在积极扩张或消极防御的不同行销策略下，可能采取不同的媒体行程策略。

1. 扩张型行销的媒体行程

（1）以较高的投资直接抢占品类消费高峰时期。消费高峰时期为品牌市场占有率变动的关键时期。在消费高峰之前的购买决定时期拥有积极的媒体占有率，将加强品牌在消费者的心理上的占有率，进而扩大品牌既有市场占有率。

（2）寻找品类投资背离消费的空当。品类投资背离消费市场，显示出品类投资在消费者决定的关键时机上的间隙，是品牌争取消费者的机会，为品牌提供抢占市场的有利时机。

（3）开发品类次高消费期间。在成熟市场，当各品牌皆以行销导向操作时，品类投资偏离消费的机会不大，各品牌投资趋势与品类消费趋势将相当吻合。在旺季竞争饱和情况下，开发次高消费期间的消费潜力将是品牌重要的扩张机会，但考虑资金预算效率，在旺季已经安排足够预算的前提下，再考虑低消费时期的开发。

（4）扩张型行销的行程策略是以整体品类为行程制定重心。考虑品类消费曲线与投资曲线，即面对整体品类消费者，争取品类高峰期的露出优势及次高消费期间的开发。

2. 防守型行销的媒体行程

（1）尽量符合本品牌消费曲线。防守型行销以巩固品牌既有消费者为主，因此应尽量符合本品牌的销售曲线以防御竞争品牌乘机切入。

（2）尽量集中在品类消费高峰期间。消费高峰期意味大部分消费者在此时期作出购买决定，因此媒体在此时的投资报酬率将高于一般时期，竞争压力也将高于其他时期，因此防守型行销应把媒体投资行程尽量集中在消费高峰期。

（3）对防守型行销品牌，媒体行程策略顺序是先尽量符合品牌消费曲线，以集中资源于关键时机，再考虑品类消费及投资曲线。至于对竞争品牌的攻击，则通常不在考虑之内，否则即不是防守型行销。

六、预算大小

品牌全年预算的大小，将直接影响媒体行程策略。

依预算大小制定行程策略的基本原则是：在重点时期投入所需基本量为起点，再依扩张或防守及竞争压力对各类时期进行取舍和重要性排序。依次投入媒体资源的大致顺序为：

（1）品牌购买最关键时期；

（2）品牌购买次关键时期；

（3）品类整体购买最关键时期；

（4）品类整体购买次关键时期；

（5）品类投资最关键时期；

（6）品类投资次关键时期；

（7）竞争品牌购买关键时期；

（8）竞争品牌投资关键时期。

七、广告活动类型

不同的广告活动将需要不同媒体行程的配合，以加强活动效果。广告活动对媒体行程影响的内容为：

1. 新广告活动或是既有广告活动

新广告活动包括新上市商品的广告活动以及对既有商品进行重新定位的广告活动，既有广告活动则为已经在市场上露出一段时间的广告活动。新广告活动对消费者而言比较陌生，因此需要较频密的行程，特别是新商品上市的广告活动。既有广告活动，则因消费者较为熟悉，可以容许较疏淡的行程。在实际操作上，一般是以新上市为起点，安排从密渐疏的行程。

2. 新创意或是既有创意

同上述广告活动相同，新创意在推出期间，需要较积极的推力，应该安排较密集的行程；而既有创意在消费者对讯息原有的认知度上，只需要提醒式的行程。

3. 既有知名度

商品在市场上的既有知名度涉及媒体露出的起始点，即媒体在什么基础上开始建立广告效果。拥有较高知名度的品牌，等于从较高的起始点出发，所需要的行程密度较低。反之，知名度较低的品牌则因出发点较低，而需要较密行程。市场上各品牌上市时间不一，发展状况也存在差异，从成长角度而言，所有品牌皆必须经历低知名度阶段，市场上既有高知名度品牌也是基于过去的投资，才能创造出较为有利的起始点。

4. 形象塑造或是商品促销

形象塑造广告活动与商品促销广告活动在行程制定上的差异是，形象塑造广告的特质是改变消费者对品牌的态度与看法，而态度与看法的形成与改变需要较长时间，加上形象塑造广告通常在促成行动上效果较弱，内容也较为抽象，因此需要较长时间的理解，在媒体行程安排上，偏向低缓的连续方式。

商品促销广告活动指的是以商品具体利益点为诉求重点，直接销售商品的广告以及促销活动。商品促销广告通常较为具体地促请消费者采取行动，消费者也可以清楚地了解广告的诉求，因此也比较容易对诉求内容作出反应，行程偏向以短促间歇为主，加上活动的时间性，通常需要在短期间内造成相当高的活动知名度，所需要的媒体行程将更为急促。

5. 讯息的复杂程度

广告讯息的复杂程度影响消费者对讯息认知的速度。简单的广告讯息，消费者容易认知与记忆，因此需要较短行程，复杂的讯息则需要较多时间来累积接触次数，因此需要较长行程。

八、媒体的特性考虑

媒体的涵盖、价格、干扰度、效率及取得性等会有其季节性变化，媒体行程设定必须考虑上述因素，保守的作用是避免策略不能顺利执行，积极的作用则是可以提高媒体投资效果。

1. 媒体涵盖

媒体由于视听众的接触而产生涵盖面，而视听众在作息上的季节性变化，使媒体涵盖率也随之起伏。例如，冬天与夏天气温的区别，影响就寝时间及户外活动时间，因此使电视涵盖及户外媒体接触出现高低波动；旅游季节则因消费者花在交通工具上的时间变长使电视媒体涵盖与接触降低，但户外媒体接触可能提高；月底或年底的普遍性忙碌，可能导致接触的降低；周末则可能在深夜时段仍有相当收视人口。

2. 媒体价格

各品类媒体投资曲线的差异，使媒体的投资量出现高低不同的投资淡旺季。在行销导向的媒体环境下，媒体单位面对不同程度的需求，经常以调整价格来吸引淡季投资或提高旺季获利，而导致媒体价格在不同供需季节上的波动。

3. 媒体干扰度

淡旺季的投资量需求所带来的另一影响为干扰度的不同。

媒体涵盖、价格与干扰度高低的季节性差异，使媒体人员思考如何在涵盖、价格与干扰度之间取得平衡。例如，季节性明显的商品应根据消费曲线安排行程，而对于较无季节性考虑的企业广告则应尽量利用高涵盖、低价格期间露出，以争取较佳投资效率。

4. 效率

媒体因涵盖与价格的季节性变化，形成投资效率上的变化，即高涵盖、低价格、低干扰度期间的投资效率，将比低涵盖、高价格、高干扰度期间为高（此处所谈的为效率，而非效果）。

5. 取得性

获得该媒体资源的可能性。

九、其他活动配合及需求

基于品牌需要，品牌信息传播所运用的传播工具除了广告之外，还包括公关、直销、促销等，媒体行程的设定除了广告活动外，必须考虑与其他活动的配合，以使各传播活动集体产出加乘效果。

十、媒体执行层面上的考虑

媒体执行层面上的考虑包括所有媒体露出前的准备工作，即创意材料准备所需的时间、户外媒体建筑工期、材料更换的作业时间、审批所需时间、定位期限、付款期限及材料送达期限等。

影响媒体行程的另一项重要因素为法令限制，如烟酒类广告的限制等。

十一、评价与跟踪

所有计划都需要对它们的执行情况进行评价。

在描述策划过程的要点时，我们曾提到要确定目标并制定战略。在实施这些战略以后，营销人员需要知道战略是否成功。效果的测量必须考虑下列两个因素：①这些战略是如何实现媒体目标的；②这种媒体计划对实现总体营销和传播目标所起的作用。如果战略是成功的，就应该在未来的计划中采用它们；如果不成功，就应该对它们的缺陷进行分析。

十二、媒体技巧的运用

1. 广告的目标市场

虽然通过环境分析可能有许多目标市场，但仍然要决定哪一个具体的群体支持媒体计划者，这样才可能是策划者与客户、客户代表、营销部门和创作指导一同发挥作用。许多因素都能在这一决策上帮助媒体计划者。有一些因素的分析可能需要进行第一手的研究，而另外一些只要从出版物（二手资料）来源中就可以获得。

对于原始数据、百分数和指数，媒体计划者更关注百分数和指数。这在很大程度上是由于存在这样一些事实：他们可能拥有自己的、来自其他来源的资料，这些资料既有一手的也有二手的；所提供的数字可能对于他们的需要来说不够具体；或者数字的汇集方法使他们对数字产生怀疑。通常，由西蒙和 MRI 提供的全部（原始）数字都用来与媒体计划者自己的数据结合使用。

2．内外部因素的影响

媒体战略要受内外部双重因素的影响，这些因素在任一既定时段都起着一定的作用。内部因素包括媒体预算的规模、经理人员和管理人员的能力或者代理商的组织结构等。外部因素包括经济性（媒体正在上升的成本）、技术的更新（新媒体的适用性）、竞争因素等。虽然在这些信息中，有些需要第一手的研究，但大多数信息通过二手资料就能获得，包括杂志、联播服务，甚至还有日报。

3．促销的地点

何处促销的问题与地理方面的考虑相关。我们采用指数法确定应在何处促销。除了西蒙和 MRI 指数之外，另外三种指数也很有用：

（1）购买力指数测量。这一指数每年都由《销售与营销管理》（*Sales and Marketing Management*）杂志发布，它是针对美国每一座大城市市场，涵盖了许多因素，其中包括这一地区的人口、有效购买收入和零售总额。每一因素都单独影响购买力指数。这一指数把某一具体的大型地区、县或市相对于美国整体的潜力通过图表形式表示出来。通过最后的指数，媒体计划能发现那一市场的相对价值。当将相对价值与其他市场信息结合使用时，购买力指数测量有助于营销人员确定以哪一地区作为目标市场。

（2）品牌发展指数（BDI）。计算方法和相关内容见本书第六章第四节的内容。

（3）品类发展指数（CDI）。计算方法和相关内容见本书第六章第四节的内容。

4．确定媒体目标

通过媒体分析以确立具体媒体目标。设计媒体目标是为了获取沟通和营销目标。媒体目标是为媒体方案所制定的目标，它应该局限于那些通过媒体战略能够获取的目标的范围之内。下面是一个媒体目标的例子：通过以下几步在目标市场中促使人们知道某一产品：

（1）用 6 个月的时间采用电波媒体来提供的 80% 的目标市场覆盖面；

（2）在同样的 6 个月期间内，至少 3 次到达目标受众的 60%；

（3）在冬季和春季集中最大力量来做广告，而对夏季和秋季则减弱。

第三节　媒体行程设定

媒体在全年由露出与间断所组成的露出方式称为媒体行程模式。讨论行程模式主要的目的是为品牌依行销及传播的需要以及遗忘曲线的差异，在固定资源的情况下，制定最有效的资源分配方式。

一、媒体行程模式

媒体的行程模式基本上可以分为下列三种类型；

1. 连续式

它是指全年不停，没有高峰、低谷的媒体露出方式。所谓全年无休并不一定是每天都必须有媒体露出，而是全年当中没有出现具有影响的空档（约2周）。没有高峰、低谷，且露出比重没有明显的差异。连续式是指一种广告的连续刊播形式，这种连续形式可以是每天、每周或者每月。其关键是有规律的、连续的形式，是没有间隔的或者是没有非广告时期的。这种战略可以用于食品、洗衣粉或其他无季节性的、连续消费的产品。连续式可以经常性地向消费者提示某种产品或服务，覆盖了整个购买周期；可以获得媒体优势（数量折扣、优越的位置等）。但连续式的成本较高；具有潜在的过渡的接触；具有有限的媒体分配的可能性。

2. 栅栏式

它是指时上时下的露出模式，广告波段之间出现显著的空当。当然每个波段的比重并不一定必须完全相等，亦称跳跃式，或称间歇式。此方法采用一种较不规则的时间安排，带有间断的广告期和非广告期，在某些时段内促销的支出大一些，而有些时间段内可能没有广告支出。栅栏式仅仅在购买周期时采用，从而能降低成本；在有限的预算内可以允许包括一种或多种媒体或载具。但栅栏式会给竞争对手留下更多的机会；可能会增加厌烦感；在非广告期间内缺乏对促销讯息的认知、兴趣等；在非广告期间对于竞争对手表现脆弱。

3. 脉动式

它介于连续式与栅栏式之中，全年露出但在露出的高低上存在显著的差异的行程模式。脉动式实际上是前两种方法的结合。在脉动式策略中，连续式是一直都在保持着大优势，促销努力会被进一步加强。脉动式适用于季节性产品(或其他周期性的产品)。

二、三种主要模式图解

以全年 52 周,2600 总收视点(GRPs)的固定投资额为例,三种不同的露出模式为:

(1)连续式。每周以 50GRPs 的连续方式露出,全年的总收视点为 2600,如图 8－5:。

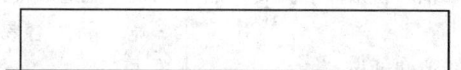

图 8－5　连续式

(2)栅栏式:以数周组成的广告波段,间以广告空当方式露出,全年累积总收视点仍为 2600,如图 8－6。

图 8－6　栅栏式

(3)脉动式:全年 52 周持续露出,但每广告波段所投入 GRPs 具有显著的高低差异,全年总收视点仍为 2600,如图 8－7。

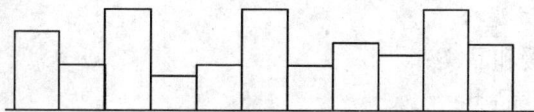

图 8－7　脉动式

广告波段:指广告露出由开始到结束的一个波段。

广告空当:广告波段与波段之间的空当时期。

广告期间:广告波段持续的时间长度,在计算上通常是以周为单位。

三、三种主要模式的特性及选用

三种不同行程模式主要的优缺点见表8－2。

表 8－2　三种模式比较

行程模式	优　　点	缺　　点
连续式	·广告持续地出现在消费者面前 ·不断地累积广告效果，防止广告记忆下滑 ·持续刺激消费动机 ·行程涵盖整个购买周期	·在预算不足情况下，采取连续性露出，可能造成冲击力不足 ·竞争品牌容易挟较大露出量切入攻击 ·无法应品牌季节性的需要而调整露出
栅栏式	·可以依竞争需要，调整最有利的露出时机 ·可以配合铺货行程及其他传播活动行程 ·可以集中火力以获致较大的有效触达率 ·机动且具有弹性	·广告空当过长，可能使广告记忆跌至谷底，增加再认知困难度 ·有竞争品牌以前置方式切入广告空当的威胁
脉动式	·持续累积广告效果 ·可以依品牌需要，加强在重点期间露出的强度	·必须耗费较大量的预算

媒体行程模式的选择要点为：

1. 连续式模式适合于

(1)竞争较缓和品类；

(2)高关心度品类；

(3)购买周期较长或周期不固定的品类；

(4)广告投资占有率较高品牌；

(5)消费季节性不明显或不明确的品类；

(6)形象建立广告活动。

2. 栅栏式模式适合于

(1)竞争剧烈品类；

(2)关心度较低品类；

（3）购买周期较短且周期明显的品类；

（4）明显的消费季节性的品类；

（5）预算受到较大限制的品牌；

（6）促销广告活动。

四、媒体行程组合

媒体人员在制定行程时，有时面对主题广告与 SP 销售促进活动的配合或品牌下面拥有多项商品时的行程组合问题。

在主题广告与 SP 活动的组合上，消费者对资讯的接触可以分为下列状况。

（1）群消费者只接触到主题广告，造成的传播结果是，消费者不知 SP 活动，因此，SP 对他们无法产生购买刺激效果；

（2）群消费者只接触到 SP 广告，造成的传播结果是，缺乏商品利益诉求。

（3）群消费者接触主题与 SP 广告。先 SP 后主题，产生的结果是在消费者接触 SP 广告后，主题广告露出的意义将不明显。

最佳接触状况为消费者接触到主题与 SP 广告，且先主题后 SP。对消费者的说服程序，应为先强调商品利益，然后再以提供额外优惠刺激购买，因此先主题后 SP 为较佳接触状况。

针对上述接触状况分析，为造成理想接触状况，在行程安排上应以不重叠方式安排，即采取先主题后 SP 的媒体行程，或将主题与 SP 结合在一起同时露出，以避免前三种状况的发生。

思考与实践

1. 什么是媒体计划？
2. 简述制定媒体计划所需考虑的因素。
3. 媒体计划制定中需要重点考虑的标准是什么？
4. 媒体计划的内容包括哪些？
5. 在判定媒体计划时会出现哪些问题？
6. 什么是品类生命周期？它包括哪些阶段？
7. 简述扩张型行销和防御型行销的媒体行程。
8. 竞争品牌的行程模式有哪些？
9. 简述媒体行程的设定必须考虑的因素。
10. 媒体行程的模式有哪些？分别有什么优缺点？

第九章

媒体主要
投资策略

本章内容提要

　　企业媒体投资在企业营销投资中占有很大比重，媒体
投资策略是否合理直接关系到企业整个营销战略能否顺利
开展甚至能够决定企业营销的成败。本章重点介绍了地理
性策略和竞争品牌策略两种目前企业最常用的媒体投资策
略。媒体投资的地理性策略的主要内容是媒体在投资地区
上的选定以及各地区的预算分配，其中主要考虑 CDI 与
BDI 的加权、品牌铺货状况及进展、对象阶层人口数量、经
济发展状况等十大因素；媒体投资的竞争品牌策略，主要
是以市场为轴心或以品牌为轴心分析市场或品牌的投放
量、投放量成长率、占有率以及投放季节性的变化等。

关键名词

　　地理性策略　品牌发展指数　竞争品牌投资策略　市
场开发与取舍　媒体投资顺序

第一节　广告投资变化趋势

一、广告市场增速趋缓，但是尚处于发展的初级阶段

改革开放以来，我国广告市场快速发展，取得了巨大成就，但是最近几年增速开始放缓。总体来说，发展水平仍较低，处于低级发展阶段，尚存在巨大的增量空间。

1. 改革开放 30 多年来，广告业取得了迅速发展

我国的国内广告经营额从 1981 年的 1.18 亿元增长到 2008 年的 1899.56 亿元，增长了 1610 倍，增长速度远远快于国内生产总值的增长速度。广告额的增长有两个快速增长区间，第一个增长区间是 1983—1986 年，年增长速度超过或接近 40%，1985 年的增长速度为 76.90%，是第一个增长高峰；第二个增长区间是 1991—1994 年，增长速度都超过 40%，1993 年的增长速度为 97.57%，是第二个增长高峰。具体见表 9-1 和图 9-1。

表 9-1　我国 1981—2008 年的国内广告经营额与国内生产总值

年份	广告经营额(亿元)	广告增长率(%)	国内生产总值(亿元)	年份	广告经营额(亿元)	广告增长率(%)	国内生产总值(亿元)
1981	1.18	—	4860.3	1995	273.27	36.46	57495
1982	1.5	27.12	5301.8	1996	366.64	34.17	66851
1983	2.34	56	5957.4	1997	461.96	26	73143
1984	3.42	46.15	7206.7	1998	537.83	16.42	76967
1985	6.05	76.9	8989.1	1999	622.05	15.66	80579
1986	8.45	39.67	10201	2000	712.66	14.57	88254
1987	11.12	31.6	11955	2001	794.89	11.54	95728
1988	15.0	34.90	15042.8	2002	903.1		120332.7
1989	20	79.86	16918	2003	1078.7	35.7	116741
1990	25.02	25.1	18598	2004	1264.6	17.23	136584
1991	35.09	40.25	21663	2005	1416.3	12	182321
1992	67.87	93.42	26652	2006	1573	11.06	209407
1993	134.09	97.57	34561	2007	1741	10.68	246619
1994	200.26	49.35	46670	2008	1899.56	9.11	300670

资料来源：国家统计局相关网站

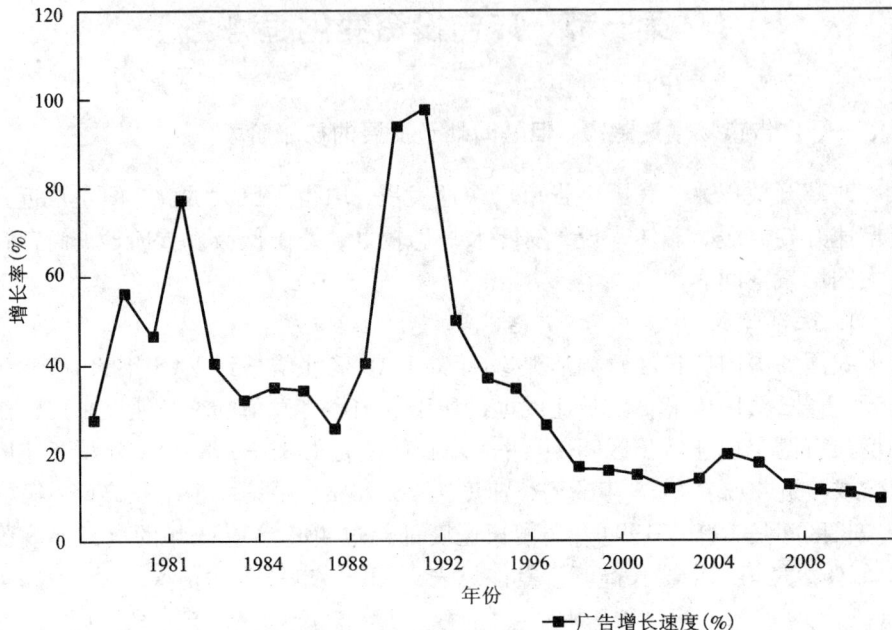

图 9 - 1 1981—2008 年广告收入增长率

资料来源：根据国家统计局相关网站统计资料整理

2. 增速开始放缓

2006 年同比增长 11.06%，2007 年同比增长 10.68%，2008 年同比增长 9.11%，和国民经济的增长率越来越接近。这说明近几年我国广告业的发展处于平稳增长期。

3. 广告业市场在未来将迎来新一轮的发展期

虽然我国传媒业发展迅速，但囿于市场的区域化分割和行业化分割以及缺乏公平有序竞争的全国性的传媒业大市场，进而导致有实力的优势媒体难以通过跨区域和跨行业扩张来实现快速发展，这也导致传媒业市场的增量空间难以释放。一般来说，传媒业市场规模主要与一国或地区的 GDP、人均 GDP、社会消费品零售总额、人均受教育程度、人均可支配收入和人口总量等因素密切相关，在我国，政策因素又是传媒业发展的重大制约因素。

（1）根据国家工商总局的统计资料，我国广告市场规模虽然从 1981 年的 1.18 亿元增加到 2008 年的 1899.56 亿元，增加了 1610 多倍，但是仍然处于较低的发展水平。其中，广告收入与 GDP 的比率为 0.63%，远远低于美国的 3% 的水平；广告收入占社会消费品零售总额的比率为 1.75%，也和国外发达国家的 4%～5% 的比率相差悬殊；2008 年人均广告收入为 143.04 元人民币，而美国在 1989 年就达到了人均 499 美元。

（2）我国的二元经济结构现状决定了我国的传媒业市场将呈现梯次化发展态势。随着我国经济社会的进一步发展，次中心城市市场和内陆地区城市的传媒业市场也将迎来快速发展期，而这将带来大量新的市场机会。目前，即使北京、上海、广州、深圳等中心城市市场的传媒业发展相对成熟，但是和国外发达国家的中心城市相比，仍处于低层次的相对饱和状态，因此，随着这些城市的传媒业发展进入新阶段，其传媒业市场也将迎来新一轮的爆发期。

（3）目前有些中心城市的媒体发展能力仍然相对较弱，而户外媒体等纯粹的广告载体反而发展迅速。例如，在上海市，由于媒体间的竞争强度不够，导致媒体在传媒业广告市场上所占的份额较低，其中，户外广告大致占据了整个广告市场的 2/3。

（4）国外的媒体已经以读者和受众的生活方式来划分读者，而我国的绝大多数媒体还以收入作为划分工具。

（5）国外发达国家的传媒集团多是跨行业、跨区域和跨国界且旗下多有若干个上市公司的传媒集团，而我国囿于传媒业的区域化分割和行业化分割，尚未出现真正的大型传媒集团。

二、地区之间差距呈现梯次化发展趋势

由于我国经济社会存在严重的二元经济结构现象，不仅城市和农村之间、东部地区和西部地区之间存在重大差距，即使是同一区域之间也存在着很大的差距。在这种大的社会经济背景下，我国传媒业就必然呈现区域性梯次化发展趋势，见表 9-2。

表 9-2 2005—2008 年我国各地区广告业发展情况

地区	2005 年 （万元）	2006 年 （万元）	2007 年 （万元）	2008 年 （万元）	2006 年 增长率(%)	2007 年 增长率(%)	2008 年 增长率(%)
北京	2230789	2590041	3125221	3567810	16.10	20.66	14.16
上海	2664690	2656091	2989505	3133541	-0.32	12.55	4.82
广东	2346230	2429041	2567197	2505990	3.53	5.69	-2.38

续表

地区	2005 年(万元)	2006 年(万元)	2007 年(万元)	2008 年(万元)	2006 年增长率(%)	2007 年增长率(%)	2008 年增长率(%)
江苏	906323	1260433	1305384	1535291	39.07	3.57	17.61
浙江	956970	1087633	1246676	1382663	13.65	14.62	10.91
天津	527801	618001	737137	839202	17.09	19.28	13.85
山东	611084	708912	689550	702359	16.01	-2.73	1.86
福建	360925	412764	497410	560714	14.36	20.51	12.73
四川	295371	347945	450144	506337	17.80	29.37	12.48
辽宁	455363	516222	399644	428508	13.36	-22.58	7.22
湖南	208724	302900	333113	363714	45.12	9.97	9.19
安徽	226023	256226	310609	363714	13.36	21.22	17.10
重庆	271022	278944	293442	333293	2.92	5.20	13.58
湖北	263469	235809	287132	319572	-10.50	21.76	11.30
河南	229651	234520	241404	330443	2.12	2.94	36.88
江西	163354	162352	212998	231682	-0.61	31.20	8.77
黑龙江	171865	184117	192535	203948	7.13	4.57	5.93
山西	141259	163390	186263	201665	15.67	14.00	8.27
吉林	131380	149496	165187	188264	13.79	10.50	13.97
云南	136536	160867	164465	177626	17.82	2.24	8.00
新疆	107192	122970	134244	134209	14.72	9.17	-0.03
河北	87393	92717	127454	128791	6.09	37.47	1.05
广西	115448	142822	100000	61141	23.71	-29.98	-38.86
贵州	76419	76419	76419	81419	0.00	0.00	6.54
内蒙古	38193	45471	69434	84382	19.06	52.70	21.53
陕西	38883	37155	38566	46510.6	-4.44	3.80	20.6
甘肃	30359	36498	36122	40815	20.22	-1.03	12.99
海南	32606	31432	33156	35991	-3.60	5.48	8.55
宁夏	23922	24557	27193	28306	2.65	10.73	4.09
西藏	18456	19426	20955	12238	5.26	7.87	-41.60
青海	11000	15698	20533	24022	42.71	30.80	16.99

资料来源：根据国家统计局相关网站统计资料整理

从表9-2可以看出，我国广告市场存在着巨大的区域性差距，北京、上海、广东、江苏和浙江是我国广告市场的大户，超过了100亿元，其中北京和上海都超过了300亿元。2008年，北京、上海和广东三者占全国的广告比重48.46%，加上江苏和浙江就占全国的63.81%。而西部等地区的广告市场很小，甘肃、海南、宁夏、西藏和青海的广告市场容量都不到5亿元。

最近几年来，沿海地区依然保持着较高的增长速度，中部和西部的一些地区增速加快。2006年同比增长20%以上的分别有江苏（39.07%）、湖南（45.12%）、广西（23.71%）、甘肃（20.22%）和青海（42.71%）；2007年同比增长20%以上的有北京（20.66%）、福建（20.51%）、四川（29.37%）、安徽（21.22%）、湖北（21.76%）、河北（37.47%）、内蒙古（52.70%）和青海（30.80%）；2008年同比增长20%以上的有河南（36.88%）、内蒙古（21.53%）和陕西（20.6%）。其中，陕西省的数据可能不太准确。2006—2008年三年来增长率都超过10%的有北京、浙江、天津、福建、四川、安徽、吉林、内蒙古和青海。从以上分析可以看出，沿海不太发达和中部一些地区的广告市场开始快速增长，广告市场的区域梯次化发展开始呈现。

三、网络媒体成为主流媒体的一部分

2008年，网络媒体充分发挥自身的优势，利用北京奥运会等重大事件，大幅度提高自身的影响力，不仅确立了自身的主流媒体地位，而且在广告市场上也取得了不菲的成绩。

2008年各类媒体的自营广告增长率如下：杂志社增长17.23%，增长速度最高；电视台增长第二，为13.22%；广播电台增长8.79%；报社增长率最低，为6.36%，具体见表9-3。而根据来自中国广告协会互动网络分会的统计表明，2008年中国互联网广告规模接近100亿元，增长率将近50%，是中国整体广告市场的5倍多。

2006—2008年我国网络媒体的广告市场发展迅速，已形成了新浪、搜狐、网易和腾讯等四家主流网络广告巨头。

表 9 - 3　2008 年我国各类广告经营单位发展情况

	2008 年经营额(万元)	2007 年经营额(万元)	经营额增长率(%)
合计	18995614	17409626	9.11
广告公司	7783289	6884977	13.05
电视台	5015037	4429522	13.22
广播电台	683409	628202	8.79
报社	3426737	3221927	6.36
杂志社	310246	264648	17.23
其他	914933	791836	15.55

资料来源：根据国家统计局相关网站统计资料整理

四、广告行业变化

2007—2008 年，我国广告的前十大行业没有变化，分别是房地产、药品、食品、汽车、化妆品、服务业、医疗服务、家用电器、保健食品、信息产业。2008 年，房地产、药品、食品、汽车、化妆品和服务业的广告收入都超过 100 亿元，其中服务业增长速度最快，达到 28.77%。从 2006 年到 2008 年，房地产、汽车、服务业、保健食品、服装服饰、金融保险连续三年保持 10% 以上的增长率；服务业和金融保险业更是连续三年保持超过 20% 的增长率，见表 9 - 4。

2008 年，服务业的投放额增长幅度以 28.77% 超越汽车的 28.25%，成为增幅最大的行业。其次是汽车 28.25%、服装服饰 27.58%、保健食品 22.62%、金融保险 21.39%。降幅最大的行业是烟草、家用电器和医疗器械。其中，服务业广告经营额首次超过 100 亿元，达到 107.13 亿元。服务业从 2007 年的第八位增长到 2008 年的第六位，服装服饰和金融保险的地位也向上变化。

表 9 – 4　2007—2008 年各行业广告投放额

项目	2007 年（万元）	2008 年（万元）	增长率%		
			2006 年	2007 年	2008 年
房地产	1826489	2342516	25.2	14.2	28.25
药品	1479711	1581640	5.6	– 0.7	6.89
食品	1411411	1476308	– 0.9	3.9	4.60
汽车	1189981	1381074	37.2	23.1	16.06
化妆品	1067279	1140440	– 2.0	– 2.2	6.85
服务业	831954	1071337	27.9	35.7	28.77
医疗服务	912906	951539	28.6	– 7.1	4.23
家用电器	944044	879224	14.5	6.5	– 6.87
保健食品	707648	867734	23.8	10.7	22.62
信息产业	566987	682254	33.6	9.4	20.33
服装服饰	489150	624060	26.2	11.9	27.58
酒　类	518027	605343	3.2	9.6	16.86
金融保险	392558	476543	36.6	42.9	21.39
医疗器械	442857	429383	24.4	21.4	– 3.04
招生招聘	302466	335638	36.5	6.0	10.97
美容业	—	298848	—	—	—
烟草	172890	160241	– 7.1	3.7	– 7.32
农资	78343	76692	– 11.4	14.2	– 2.11
其他	4074924	3614800	– 2.4	15.9	– 11.29
合计	17409625	18995614	11.1	10.68	9.11

资料来源：根据国家统计局相关网站统计资料整理

第二节　媒体投资的地理性策略

一、品牌发展指数的计算

我们还是利用前面讲过的品牌发展指数(BDI)说明一种品牌在不同地理区域或人口区域相对地位的数字表达形式,见表9-5。

表9-5　计算品牌发展指数

市场	全国人口(%)	品牌销售额(%)	品牌发展指数	市场占有率(%)
A	10	11		22
B	15	15		20
C	20	18		18
D	25	30		24
E	30	26		17
总计	100	100		20(平均占有率)

市场	全国人品(%)	品牌销售额(%)	品牌发展指数	市场占有率(%)
A	10	11	110	22
B	15	15	100	20
C	20	18	90	18
D	25	30	120	24
E	30	26	87	17
总计	100	100		20(平均占有率)

方法一:

$$品牌发展指数 = \frac{市场\ A\ 品牌销售百分比}{人口百分比}$$

方法二

$$品牌发展指数 = \frac{每一市场占有率}{全国平均市场占有率}$$

某化妆品品牌按照地理区域，将全国划分为华中、华东、华西、华南、华北五个区域进行广告的投放与铺货。一年后，占全国人口规模13%的华中地区的销售额占总销售额的17%；占全国人口规模18%的华东地区的销售额占总销售额的15%；在华南，销售额占总额的13%，而该地区集中了全国19%的人口；华北地区居住着全国24%的人口，而该品牌的销售额在总销售额中占了21%；而占总人口26%的华西地区是该品牌销售的重镇，销售额达到了其总销售额的34%，见表9-6。

表9-6　计算各个区域本品牌的品牌发展指数

市场	全国人口(%)	品牌销售额(%)	品牌发展指数
华中	13	17	131
华东	18	15	83
华南	19	13	68
华北	24	21	88
华西	26	34	131
总计	100	100	

二、各市场获利能力评估

媒体投资的地理性策略的主要内容是媒体在投资地区上的选定以及各地区的预算分配。从单纯的投资利润的角度看，市场的选择基本上是取决于市场的获利能力，媒体的地理性选择也是从投资角度去评估市场的获利能力，然后加以分级，并制定各市场的优先顺序与投资比率。

地理性策略的制定主要包括下列三个步骤：

(1)各市场获利能力的评估；

(2)决定投资市场及投资优先顺序；

(3)各市场预算分配比例。

三、评估市场获利能力的主要因素

（一）CDI 与 BDI 的加权

从品牌行销态势角度分析，CDI 与 BDI 的重要性将因不同的行销态势而有不同的权值。

(1)品牌在积极的行销态势下，所追求的将是市场扩张，在此情况下CDI 的重要性将高于 BDI，以判断各市场的开发潜力，即品类发展较具优势的市场，比品牌发展较具优势的市场，显示出更高的投资价值。

(2)品牌在防守的行销态势下，所追求的将是固守既有市场，因此 BDI 的重要性将高于 CDI，即固守品牌较占优势的市场，对于品类较占优势的市场则相对较易忽略。

根据品牌所采取的行销态势倾向于积极或防守的程度，可以运用加权方式赋予 CDI 和 BDI 不同的权值，再根据权值运算出各市场投资顺序，见表9－7和表9－8。

表 9 – 7　积极行销态势——CDI 权值为 70，BDI 权值为 30

地区	CDI	权值(%)	BDI	权值(%)	加权指数
A	141	70	138	30	140
B	127	70	73	30	111
C	81	70	127	30	95
D	79	70	77	30	78
E	102	70	99	30	101

表 9 – 8　防守行销态势——CDI 权值为 30，BDI 权值为 70

地区	CDI	权值(%)	BDI	权值(%)	加权指数
A	141	30	138	70	139
B	127	30	73	70	89
C	81	30	127	70	113
D	79	30	77	70	78
E	102	30	99	70	100

（1）权值根据行销态势设定。对于极端扩张的品牌，可将 CDI 权值设定为 90，甚至 100，即代表忽略品牌既有状况；而完全以品类发展为根据设定品牌投资的市场，权值设定所代表的意义是较不顾自身状况，而较专注于外在市场发展。

采取此种加权指数的品牌通常为新品牌，缺乏完整稳定的 BDI 供参考，或是品牌采取全面扩张的行销态势。在此情况下，品牌必须拥有足够的资源支持扩张所需，否则将造成各市场投资不足，特别是高 CDI 的市场，因品类销售较高，通常也是各竞争品牌媒体投资较大的市场。

（2）对于极端防守的品牌，可将 CDI 权值设定在极小的范围，如 10 或 20（BDI 将为 90 或 80）。相对于扩张型的权值设定，防守型较专注于自身状况，而较忽略外在世界。

（3）大部分品牌的 CDI 和 BDI 权值，通常以偏向方式设定，即偏向对内或对外，指数设定也大约在 30：70 到 70：30 的范围。

（二）品牌铺货状况及进展

媒体投资的终极目的是促成消费者对品牌的购买，因此媒体的地理性投资分布，最基本的考虑是品牌在该市场的取得性，即在铺货较完整的市场，媒体投资所造成的消费者购买欲望反应，将可以顺利地变成销售，而不至于因取得性的阻碍而断送销售机会。

行销动作上的铺货与媒体分布，理论上应该根据各市场的销售机会进行分配，见表 9-9。

（1）状况 A：铺货分布符合市场机会，且与媒体分布相符合，所产出的回馈较大。

（2）状况 B：铺货分布与市场机会偏离，而媒体分布符合铺货分布。

（3）状况 C：铺货分布与市场机会偏离，而媒体分布符合市场机会。

通过上述三种状况的比较，最理想的当然为状况 A，即铺货分布根据市场机会，然后媒体分布以铺货分布为依据。但当铺货分布与市场机会偏离时，则出现媒体分布是根据市场机会还是根据铺货分布的问题。在此情况下的媒体分布，可以根据上表，分别以符合市场机会及铺货分布的方式加以计算，然后比较两者的产出，选出产出值较大的方案。

表 9 – 9　品牌铺货状况

状况 A

市场	市场机会	铺货(1)	媒体分布	回馈
A	30	30	30	27.0
B	25	25	25	15.6
C	20	20	20	8.0
D	15	15	15	3.4
E	10	10	10	1.0
合计				55.0

状况 B

市场	市场机会	铺货(2)	媒体分布	回馈
A	30	25	25	18.8
B	25	10	10	2.5
C	20	30	30	18.0
D	15	20	20	6.0
E	10	15	15	2.3
合计				47.6

状况 C

市场	市场机会	铺货(3)	媒体分布	回馈
A	30	25	30	22.5
B	25	10	25	6.3
C	20	30	20	12.0
D	15	20	15	4.5
E	10	15	10	1.5
合计				46.8

　　铺货与媒体投资的合理关系是：市场的铺货因素为媒体投资的前提，而非必然因素，即市场必须具有完整的铺货才具备媒体投资的条件，但具备完整铺货的市场则不一定必须投资媒体。两者差异的原因在于行销的主动程度：

（1）以市场机会为依据的做法为较积极的向外旋转做法，可以主动掌握市场机会。但是，当品牌的铺货分布严重偏离市场机会时，可能造成媒体投资效益的低下，也显示行销在铺货上的失误。

（2）以铺货状况为依据的做法为较被动的向内旋转做法，可以避免媒体投资的浪费，但会相对放弃市场机会，长期将限制品牌的成长。

铺货虽然在一般状况下为媒体投资的前提，但是媒体露出所造成的消费者需求，对经销点的进货意愿将具有提升作用。因此，媒体投资的另一层意义为促进铺货率。特别是在商品新上市、铺货问路尚未完整建立的阶段，媒体投资的另一层目的即为支援铺货。

（三）对象阶层人口数量

各市场的对象阶层人口数量涉及该市场规模的大小，亦即该市场潜力的极大值，因此在进行媒体投资的地区性选择时，必须将对象阶层的人口数列为重要因素考虑，特别是对于一般日常家庭用品，各市场的消费（量）比率将大约相当于其所占有的人口比率。

（四）经济发展状况

对于较高单价的品类，消费者必须拥有一定的收入才能产生购买意愿及拥有购买能力，因此各市场的收入状况的重要性将比人口所占比率的重要性高。且商品单价越高，其重要性越高。

（五）销售成长趋势

品牌成长趋势对媒体投资地理性策略的考虑包括两项内容：

（1）各市场在既有销售基础上，呈现的成长或衰退趋势、所显示的机会或威胁。对于成长快速的市场，品牌应积极投入，以把握市场成长的契机；而对正在衰退的市场，则应保守审慎地评估市场存在的威胁。

（2）除品类在各市场的成长因素外，品牌在各市场所设定的成长目标，也将影响各市场媒体投资的制定。对于在行销上被设定为高成长的市场，媒体应该配合行销，安排较积极的投资；对于维持既有状况的市场，则应配合以保守的媒体投资。

（六）品牌市场占有率与获利经验

CDI 与 BDI 是以整体品类（CDI）或品牌（BDI）为封闭范围计算各市场指数，所得出的指数为在品类内或品牌内相对的"比较值"，而非跨品类或跨品牌的比较，因此在 CDI 与 BDI 指数的运算当中，可能出现不同品类或不同品牌销售量大小悬殊但指数相同的情况，见表 9－10 和表 9－11。

表 9 – 10　品类 CDI

地区	人口 （千人）	比率 （%）	洗发精销售 （千包）	比率 （%）	洗发精 CDI	沐浴液销售 （千包）	比率 （%）	沐浴液 CDI
A	3000	18	3600	26	141	240	26	141
B	2500	15	2700	19	127	180	19	127
C	3500	21	2400	17	81	160	17	81
D	6000	36	4000	29	79	267	29	79
E	1500	9	1300	9	102	87	9	102
总计	16500	100	14000	100	100	934	100	100

表 9 – 11　品牌 BDI

地区	人口 （千人）	比率 （%）	X 品牌销售 （包）	比率 （%）	X 品牌 BDI	Y 品牌销售 （包）	比率 （%）	Y 品牌 BDI
A	3000	18	1250	25	138	83	25	137
B	2500	15	550	11	73	37	11	73
C	3500	21	1350	27	127	90	27	127
D	6000	36	1400	28	77	93	28	77
E	1500	9	450	9	99	30	9	99
总计	16500	100	5000	100	100	333	100	100

　　表 9 – 10 中洗发精品类与沐浴液品类在销售上差距相当悬殊，但在各地区 CDI 指数相同。同样情形，X 品牌与 Y 品牌在各地区的 BDI 相同，但在销售上则差距相当大。因此，除了运用 CDI 与 BDI 指数对各市场进行检视外，品牌在既有市场的占有率也将影响媒体投入。理论上，高占有率的市场应投入较多资源，低占有率的市场投入较少资源，但应同时考虑：

　　（1）在高占有率市场，当占有率接近极限时，过于积极的投资所获致的占有率提升将相当有限，反而将因过度投资导致利润下降。

　　（2）对于低占有率市场，在高 CDI 的情况下，可以考虑市场开发的机会。

（七）品牌传播所累积的资产

　　品牌在各市场所累积的传播资产为市场发展的基础。品牌的传播资产包括品牌知名度和品牌形象。

品牌知名度高、形象良好，则在传播资产方面具有优势，将有利于市场的发展；反之，品牌所累积的资产，就可能是负资产，如品牌因历史原因在该地区背负不良形象，负的传播资产将成为品牌在该市场发展的阻碍。

（八）市场对传播的反应

市场特性、消费习惯的差异、销售结构的不同，将导致各市场传播对销售产出的不一致，即有些市场对于媒体露出效果反应较明显，有些市场则反应较弱。例如，在集团消费为主的市场，品牌购买决定由集团采购或领导决定。因此广告对销售的影响力将较限于知名度及偏好度的建立，而真正对销售产出的影响则较弱。

（九）媒体投资效率

媒体投资效率指的是由各市场媒体价格及接触习惯所影响的 CPM 高低。对千人成本较低的市场，媒体投资的经济效率较高，因此利于品牌的投资；反之，千人成本较高的市场则经济效率较低，不利于品牌的进入。

对于电视媒体，因每收视点在对象人口大小不同的市场所代表的人口数不一，所以，效率的评估必须以绝对人数的千人成本计算，而不宜以相对人数的收视点成本计算，以免因小市场收视高而误导评估。

（十）竞争状况

竞争影响品牌利润的产出，各市场的竞争对品牌投资产出的影响为：

（1）市场品牌数量的多寡，将影响消费者选择品牌的机会。

（2）竞争品牌媒体投资量，将形成竞争干扰，而影响消费者对广告的认知与记忆。

（3）竞争品牌的众多，将影响品牌价格及销售利润。在极度竞争的市场，品牌可能将无利可图。

媒体投资主要考虑竞争品牌媒体投资的干扰度，在计算方式上是以比较方式运算各市场的干扰指数。

第三节　媒体投资的竞争品牌策略

一、竞争品牌的界定

（1）同一品类中价格与定位类似、铺货路线重叠的品牌。

（2）品类中的所有品牌。

（3）任何具有取代作用的商品。

　　在竞争品牌确定后，即可进行竞争品牌媒体投资分析。媒体投资的竞争品牌策略，主要是以市场为轴心或以品牌为轴心分析市场或品牌的投放量、投放量成长率、占有率以及投放季节性的变化等，见表9－12。

表9－12　竞争品牌媒体投资分析

商　品	类似价格、定位与通路	品类中所有商品	任何具替代作用商品
百事可乐	可口可乐	所有可乐	所有饮料
肯德基	麦当劳	所有快餐店	所有餐饮店
麦斯威尔咖啡	雀巢咖啡	所有冲泡咖啡	所有咖啡及茶
宝马汽车	奔驰汽车	所有汽车	所有交通工具

二、以市场为轴心的分析

在对以市场为轴心分析，主要考虑分析以下方面。
（1）各市场投放量占全国投放量的比率及比率的变化；
（2）各市场中有广告的品牌数及品牌数变化；
（3）各市场投放量及投放量成长率；
（4）市场投资季节性及变化；
（5）市场中的主要投资品牌；
（6）主要投资品牌的投放量、占有率及成长状况；
（7）除了以市场为轴心外，可以针对重要的直接竞争品牌分析其投资状况；
（8）品牌在全国投放量、成长率、占有率及变化；
（9）品牌在各市场投资比率分布状况；
（10）品牌媒体策略运用；
（11）以市场为轴心的媒体投放量、占有率、成长率与广告品牌数。
　　注意：SOV（share of voice）为常用的检视投资占有率的方式之一，指某一品牌在某一市场中所占有的投资份额。计算的内容在提供收视率的市场一般指的是总收视率（GRPs）。其他检视的内容还有投资金额、档数，在投资金额占有率上称为SOS（share of spending）。

三、以市场为轴心的媒体投放季节性

以市场为轴心的媒体投放季节性，重点是研究媒体投放增长情况。

四、以品牌为轴心的媒体投放

以品牌为轴心的分析，其基本资讯（即投资额）与以市场为轴心的基本资讯相同，差异在于分析角度的不同：在以市场为轴心分析时，个别市场的所有品牌总和为100；而在以品牌为轴心分析时，个别品牌在各个市场的总和为100。

五、媒体投资状况和媒体策略

通过媒体资料分析，可以了解整体市场、个别市场与品牌的媒体投资状况，主要的目的是在资讯收集后，能加以解释或判断，以提供品牌媒体策略制定的重要参考，见表9－13。

表 9－13　媒体投资状况

分析项目	提供资讯及运用
·全国总投资量 ·投资量成长 ·广告品牌数量 ·广告品牌数的成长 ·媒体投资季节性变化	1. 整体品类投资规模、金额以扼要档数，整体投资规模标示品牌所处的媒体环境，是高度竞争环境还是低度竞争环境 2. 从整体投资额及成长趋势的角度，预估下一阶段竞争环境的变化 3. 品类投资成长趋势，是高度成长、低度成长还是负成长 4. 成长的原因是来自地区性扩张还是个别市场投资的提高，它们显示的意义，地区扩张显示战线的延长，个别市场的投资提高则意味品牌进入市场阻力的提高 5. 如为负成长，则其原因为何；是否显示市场投资价值的降低 6. 广告品牌的数量，所呈现的趋势为增加还是减少 7. 广告量的趋势是往大品牌集中还是分散到各品牌；品牌所面临的竞争是少数的大品牌，还是多数的小品牌 8. 评估自身品牌预算编列是否适当；品牌预算制定是否应根据整体投资趋势调整，或逆势操作 9. 全国媒体投资季节性（金额、档数或 GRPs）、月平均、最高月份、最低月份 10. 投资季节性是否与销售季节性相符 11. 投资季节性的变化趋势，月份集中或是扩散至全年 12. 季节性的变化趋势是否提供任何可能的利用投资机会以创造销售

续表

分析项目	提供资讯及运用
·个别市场的投放量、成长率、占全国比率以及变化 ·广告品牌数及成长率 ·个别市场的投资排名	1. 了解各市场的投放量、品牌数及竞争情况 2. 各市场成长趋势,为成长市场还是衰退市场 3. 各市场投资排名前5位或前10位的主要品牌、主要投资品牌所占有该市场投资比率下呈现的成长趋势,主要品牌投资的成长可能显示该市场的潜力。反之,衰退则可能显示过度投资 4. 个别市场占全国投资的比率及变化,哪些市场是投资重点市场 5. 投资趋势是否显示投资重心的转移,转移的方向为由一线城市往二、三线城市,还是由南往北,或是由东往西等 6. 个别市场的媒体投资比率与销售比率是否相符,各市场投资总值与机会判断。高销售比率、低媒体投资的市场显示投资机会,低销售比率、高媒体投资则意味市场开发比较困难 7. 品牌投资策略是否符合整体品类地区扩张趋势;是否必须先于竞争品牌进入中、低度开发市场 8. 各市场的广告品牌数。品牌数量的快速增加意味着市场的成长期,品牌数量的减少则可能显示该市场逐渐形成主要品牌 9. 个别市场媒体投资季节性(金额、档数或GRPs)、月平均、最高月份、最低月份;各市场季节性的差异及造成投资季节性的原因,如气候、节庆或生活习惯等 10. 投资季节性是否与销售季节性相符 11. 投资季节性的变化趋势是集中还是扩散 12. 季节性的变化趋势是否提供可能的投资机会
·品牌投资额、成长率、投资占有率的地区性分布 ·品牌投资季节性	1. 全国及各市场的主要投资品牌(排名前5位或前10位的品牌),其投资占有率 2. 竞争品牌中哪些为全国性品牌,哪些为地区性品牌,各品牌的投资重点市场 3. 竞争品牌所涵盖市场的变化,涵盖市场数的增加(或减少),既有市场及新增加市场以及所显示的投资重心转移或市场扩张企图 4. 主要竞争品牌的投资成长率,是成长品牌还是衰退品牌 5. 竞争品牌的成长是来自于地区扩张还是既有市场投资增加,衰退品牌是否提供本品牌投资机会 6. 主要品牌的媒体投资占有率(share of spending)与市场占有率(share of market)的对比及市场企图评估 7. 品牌的投资季节性,整体投资季节性与销售曲线是否相符 8. 本品牌在各市场的媒体投资占有率是否与销售占有率相符 9. 品牌投资策略是针对竞争品牌重心市场攻坚,还是应采取迂回策略 10. 从竞争角度评估本品牌在各市场的投资额是否足够,在重点市场的投资占有率(SOV)是否具有竞争力,如为新品牌,则必须投资多少金额才能占有适当的SOV

　　针对主要竞争品牌，可以从媒体策略回归的方式，分析其媒体策略重点，见表9-14。

表9-14　媒体策略回归

竞争品牌媒体 策略回归	竞争品牌媒体活动
诉求对象阶层分析	·品牌媒体载具选择： 　　品牌通过媒体载具的涵盖去接触消费对象，而每一个载具本身亦有其特定涵盖对象，因此分析竞争品牌在媒体载具上的选择，可以了解竞争品牌所企图接触与说服的对象阶层。例如，选择载具以戏剧节目为主的品牌，其设定对象为年轻及中年女性；选择戏剧为主，儿童节目为辅的品牌，其主要诉求对象应为妈妈，次要对象为儿童；载具选择新闻为主的品牌，所诉求对象应为中上教育及收入的成年人口，且偏向男性
媒体选择	·品牌媒体类别运用： 　　从竞争品牌的媒体类别选择，可以了解各主要品牌在媒体选择上的习性，即分析各品牌在电视、报纸、广播等媒体上的投资额以及所占的比率，以及在各媒体类别中习惯使用的载具。如前述每一个媒体涵盖特定的对象，品牌露出的强度将影响这群特定对象对品牌的印象。从每个载具为一个战场的角度来看，了解竞争品牌在媒体上的使用习性，可以提供本品牌攻击或防守的媒体方向
地理性分布	·地区媒体预算分配： 　　分析竞争品牌在各地区的媒体投资可以了解品牌的地区投资策略及市场扩张发展。一般的扩张路线大多是一线城市开始，再扩张到二线及三线城市，品牌的生产或公司所在地通常也是投资的重点地区 　　品牌在各市场的投资占品类总投资的比率及投资市场数增加的速度，可以显示该品牌在地区扩张策略上是以面的广度为主，还是以各既有市场的深度为主 　　在媒体载具的选择上，也可以看出地区扩张的企图，媒体选择以省台为主，显示品牌扩张行销区域的企图，反之以市台或市有线台为主，则显示深耕的企图 　　从投资的角度分析，品牌投放市场数及在各地区媒体投资的成长率，反映品牌在该市场的销售状态

续表

竞争品牌媒体 策略回归	竞争品牌媒体活动
媒体行程	·媒体投放行程模式： 　　借由竞争品牌的媒体排期分析，可以了解其年度媒体投放所采取的模式是全年连续性投放还是间歇性投放，及其起始时间、结束时间与投放持续时间、季节性投放变化、投放量等 　　媒体行程在不同的行销阶段有不同模式，如铺货准备期间的媒体行程与上市期、维持期及促销期的模式将有差异；在不同规模市场也可能有所不同；竞争也会导致模式的变化
媒体比重（media weight）	·媒体投放量及媒体运用： 　　分析竞争品牌对各市场的全年投放量，每波投放量以及媒体运用，可以了解该品牌在资源运用上的策略 　　广告主在规划投资时，通常以金额、档次或 GRPs 为单位，因此也应以上述单位加以分析 　　主要的分析项目为： 　　1. 每波投放量及平均投放量。每波投放量的最高值、最低值及平均值，包括一般平均值、旺季的平均值及淡季平均值（平均值的计算是以总投放量除以广告期间，计算出每周或每月平均投放量） 　　2. 媒体策略偏重于广度或频次，在提供收视率及阅读率的市场，可以通过媒体调查资料了解竞争品牌在媒体策略上是以诉求的涵盖面为主，还是针对较小目标群传送较高的频次 　　对未能提供媒体资料的市场，则分析竞争品牌的媒体使用以了解其在策略上的偏重。品牌使用较大涵盖面的媒体、选择多种不同载具，显示在广度上的偏重；反之，选择较小涵盖面的媒体且固定在少数载具上，则是以频次为主 　　比重的分析必须注意品牌对一级市场与二、三级市场投资上的差异，对新上市商品或新的创意也可能有不同的投资策略

第四节　媒体投资优先顺序的制定

一、市场选择与优先顺序

假设根据 CDI、BDI 对象人口等因素的综合评估结果如表 9－15，经过指数运算，可以得出下列结果，见表9－16。

表9－15　地理性考虑各因素统计

市场	CDI	BDI	对象人口（千人）	人均收入（元）	市场成长	市场占有	既有知名	知名度成本	CPM	竞争广告量
A	120	140	356	1200	0.35	0.32	0.55	1600	250	80
B	75	120	487	800	0.20	0.21	0.60	1200	115	45
C	110	65	651	1150	0.25	0.15	0.45	1450	187	65
D	60	85	245	750	0.15	0.08	0.65	800	95	23
E	90	110	596	1050	0.45	0.12	0.70	1000	103	63

表9－16　地理性考虑各因素加权指数

市场	CDI	BDI	对象人口（千人）	人均收入（元）	市场成长	市场占有	既有知名	知名度成本	CPM	竞争广告量	合计
权值	25	15	10	5	10	5	5	5	10	10	100
A	25	15	5	5	8	5	4	3	4	3	77
B	16	13	7	3	4	3	4	3	8	5	66
C	23	7	10	5	6	2	3	3	5	4	68
D	13	9	4	3	3	1	5	5	10	10	63
E	19	12	9	4	9	2	5	4	9	4	78

根据加权指数运算结果，媒体投资地理选择顺利为 E－A－B－C－D。

二、市场投资的资源分配

在制定市场投资的优先顺序后，接下来的任务是根据优先顺序分配媒体资源。

在资源分配上，所定义的媒体资源指的是：

1. 媒体预算

媒体预算指的是投资的金额。使用预算分配法的优缺点为：

（1）直接与销售值相关，使媒体投资额符合市场获利能力，对销售或获利较佳市场形成良性循环，但相对忽略潜在市场的开发。

（2）对投资效率较高（低 CPM）市场可能传送过多媒体量，而对效率较低市场的媒体传送量则可能不足。

2. 媒体传送量

媒体传送量即 GRPs 或 Impression，其优缺点为：

（1）根据市场所需媒体传送量制定，因此符合传播的需求，各市场可以获得足够传播量。

（2）各市场媒体投资金额，可能偏离销售值。

根据上述各市场指数运算结果，在预算分配上的操作见表 9 - 17。

表 9 - 17　加权指数与预算分配

市场	加权指数	百分比（%）	预算（千元）
A	0.76	21.6	540
B	0.68	19.3	483
C	0.67	19.0	476
D	0.63	17.9	447
E	0.78	22.2	554
合计	3.52	100	2500

运算程序：

（1）加权指数总和后，再计算各市场加权指数占合计数的百分比，从而将加权指数转换为百分比。

（2）假设总预算为 2500 千元，将各市场占预算的百分比乘以总预算则得出各市场预算。

（3）如采取 GRP/Impression 分配方式，则以同样方式计算各市场的 GRP，然后再根据各市场的每收视点购买成本（CPR），换算为预算金额，假计 CPR 数据如表 9 - 18 中数，经过计算可以得到预算数字，见表 9 - 18。

表 9-18　加权指数与 GRP 分配

市场	加权指数	百分比(%)	GRP(千元)	CPR	预算(元)
A	0.76	21.6	540	1200	647727
B	0.68	19.3	483	1035	499858
C	0.67	19.0	476	830	394957
D	0.63	17.9	447	650	290838
E	0.78	22.2	554	960	531818
合计	3.52	100	2500		2365198

CPRP(Cost Per Rating Point)：收视点购买成本

三、新市场的开发与既有市场的取舍

在制定市场分级或优先顺序，并根据指数运算分配各市场的预算后，接下来必须考虑的是新市场的开发与既有市场的取舍。

1. 新市场的开发

上述操作，比较偏重既有市场的评估与投资，而对于新市场的开发则相对较为忽略。事实上，行销及媒体太过于强调既有市场，将限制品牌在地域上的扩张，因此媒体投资在行销的前导下，也必须对新市场加以评估，并根据评估出的指数分配新市场的媒体预算。

在运作上，新市场的开发相当于商品的新上市，在上述的评估项目中，可以忽略有关品牌既有状况的项目，即 BDI、品牌占有率、获利经验以及品牌传播所累积的资产，而以其他项目操作。所谓的忽略，并非将该项目列为 0 计算，而是以既有市场在该项目的平均值计算。如在表 9-22 中，BDI 为 104，即(140+120+65+85+110)/5；品牌占有率及获利经验为 28，即(35+20+25+15+45)/5；品牌累积资产为 59，即(55+60+45+65+70)/5。

2. 既有市场的取舍

媒体在有限的资源下，在上述"见者有份"的资源分配方式下，经常对某些市场因过度分配而使个别市场出现投资不足的现象，特别是广告主编制的预算过小，而企图涵盖的区域又过广时，在此情形下，媒体所考虑的重点将是各市场的投资底限，即最低投资门槛。

媒体在投资门槛的设定上，最直接的考虑是市场所传送的媒体量是否足够让消费者形成对广告讯息的记忆。市场所分配到的预算不足以支撑品牌所

需要的有效触达率，或所能投资的广告波段必须间隔相当长的时间，以至于广告记忆难以累积时，即应放弃该市场，而将该市场媒体资源加入更具潜力（指数更高）的市场。

在市场取舍时，两个"一半"并不等于一个完整的市场，媒体投资的过度分散，可能导致的是各市场因投资量未过门槛，而成"一市无成"。

思考与实践

1. 什么是媒体传送量？

2. 竞争品牌如何界定？

3. 简述市场获利能力的主要因素有哪些。

4. 当一个产品进入一个全新的市场时，是铺货先行重要还是媒体投资先行重要？为什么？请各自举例说明。

5. 企业针对竞争品牌进行媒介投资的主要方法有哪些？如何有针对性地进行细分市场的取舍？

第十章

广告媒体效果评价

本章内容提要

　　广告效果是广告活动或广告作品对消费者所产生的影响，对广告效果的测定可以从广告的媒体效果、消费者认知效果、销售效果及广告的社会效果等多个方面入手。媒体是连接广告与消费者的中间环节，因此对广告效果的测定也可以理解为广告是否通过合适的中介最大化地传递给了目标消费者。

关键名词

　　广告效果　广告媒体组合测评　广告传递　谋介计划评价　媒体选择评价

第一节　广告效果概述

广告活动的属性是以效益最大化为基准的经济行为，任何一项广告活动都要投入一定的物力、财力和人力，并使其"产出"，即广告效果最大化。在西方许多国家，一个完整的广告策划案，必须包含广告效果评估这一部分，如果缺少了广告效果评估的办法和指标，广告代理商必将受到痛斥。在我国，随着市场竞争的加剧以及广告主对广告的科学认识越来越成熟，广告效果的测定也越来越受到重视，其测定方法也不断走向科学和成熟。广告效果的评估已经成为广告策划的重要内容之一。

一、广告效果的含义

广告效果是广告活动或广告作品对消费者所产生的影响。狭义的广告效果指的是广告取得的经济效果，即广告达到既定目标的程度，就是通常所包括的传播效果和销售效果。从广义上说，广告效果还包含了心理效果和社会效果。广告的心理效果是广告对受众心理认知、情感和意志的影响程度，是广告的传播功能、经济功能、教育功能、社会功能等的集中体现。广告的社会效果是广告对社会道德、文化教育、伦理、环境的影响。良好的社会效果也能给企业带来良好的经济效益。广告效果的测定一般是指广告经济效果的测定。

二、广告效果测定的方向

广告效果从时间上看，广告信息到达消费者之后，产生效果的时间长短不一。有的广告发出之后，立即引起兴趣，并产生销售效果；有的广告则要经过几次重复，甚至更长的时间累积后，才能产生效应。因此，广告效果测定由于目的不同、角度不同，其广告效果测定的方向也不同。

三、广告效果测定的意义

广告活动是国民经济活动中的重要组成部分，是企业经营管理活动中的必不可少的环节与部门。广告活动的好坏，直接影响到一个国家宏观经济效益的能否顺利实现和企业经营效益的大小。

广告作为生产与消费的桥梁与纽带，其效益的高低直接影响到社会再生产的顺利进行和国民经济的综合平衡。广告信息的质量，与社会生产、社会消费的质与量，客观上保持着协调一致的比例关系，例如发达资本主义国家的广告费用与国民生产总值的比例只有大致保持在 2% 左右的情况下，才能与社会生产、社会消费保持协调，因此广告效果测定对宏观经济效益的实现具有重要意义。

对微观经济活动而言，广告是企业经营活动的构成要素之一。在现代化社会大生产的情况下，大量生产必须与大量销售相配合，而大量销售又必须以大量广告活动为前提。因此，广告经济活动的好坏，其效益的高低，直接影响到企业销售成果的多少，直接影响到企业扩大再生产的能力。

对于广告自身活动而言，广告效果测定贯穿于整个广告活动的始终，因此可以有效地控制广告活动的进程，实现预定的广告计划与目标，这样就可以有效地提高广告的设计制作水平、媒体发布水平与经济管理水平，因而就能够进一步提高广告的经济效果。综上所述，广告效果测定无论是对宏观经济效益的实现、微观经济效益的提高，还是对广告活动自身效益的促进都具有重要的意义。企业只有加强对广告效果测定工作的监督和管理，不断提高广告效果测定的质量与效率，才能大幅地提高广告活动的宏观效益和微观效益。

第二节　广告效果测定的几个基本问题

广告效果测定是一项技术性很强的检测活动，如果没有科学的检测理论作为指导便很难取得较好的检测结果。这是因为广告效果的测定不但涉及广告活动的各个环节，而且涉及企业经营管理的各个要素，同时它还受市场环境、社会环境等多种因素的影响，因此评定广告活动的效果，必须全面地衡量各种影响因素，排除各种非影响因素，才能最终测定出广告效果的大小。因此，要想科学地进行广告效果测定，就必须掌握一定的测定原理和方法。

一、广告效果的特性

现代广告活动，不但是企业的一项复杂的经营管理活动，而且是与宏观经济活动乃至政治、社会、文化活动等都有着紧密联系的一项社会综合性活动。广告活动的这种复杂性，决定了广告效果测定的复杂性，因此在施行广告效果测定之前，我们必须对广告效果的特性有全面的深刻的认识。

（一）广告效果的迟效性

广告对消费者的影响程度，是受社会、经济、文化、时空和地域等多种因素的制约，因此消费者对广告效果的反应程度也是各有区别的，有的可能快一些，有的可能慢一些，广告对消费者的心理刺激必须通过一定反应过程，即反复的刺激过程，才能达到购买行为阶段。因此广告对消费者的影响程度，总的来说是迟效性的，即广告效果必须经过一定的时间周期之后才能反映出来，除了某些特殊的促销广告之外，大多数的广告效果需要较长的时间周期，这就是广告效果的迟效性。因此，对广告效果的测定必须准确地掌握它的时间周期，只有准确地掌握广告有效发生作用的时间期限，才能准确地测定广告的真正效果。

（二）广告效果的复合性

广告活动是一种综合性的、复杂性的信息传播活动，它既可以通过各种表现形式来体现，又可以通过多种媒体组合来传播，同时它又受到企业其他营销活动、同业竞争广告和有关新闻宣传活动的影响，所以广告效果从总体上来说，它是呈现出复合性的。我们只有从整体上把握住影响广告活动的各种因素，才能测知广告的实际效果。

（三）广告效果的间接性

广告效果最直接、最明显的反映，应该是销售额或销售利润的提高。但是影响销售效果的因素却并非仅仅广告活动而已，人员推销、销售促进、公共关系乃至产品的商标、包装、内在质量、价格、流通渠道等，均会影响到商品的销售效果，因此对广告直接促进销售的效果测定，在一般情况下是很困难的。但是，广告对消费者的心理影响，对其消费心理变化的反映程度，却是可以通过科学的方法加以测定的，这就是广告的本身效果。

它是通过广告引起消费者的注意、兴趣、记忆、信念、欲望等心理过程而实现的。这些因素虽然大多数不能直接引起消费者的购买活动，但是确能提高人们对商品的认知与信赖，从而间接地促进商品的销售，这就是广告效果的间接测知性。

通过以上对广告效果特性的分析，可以看出广告效果基本上是间接的、复合的和迟效的；但是，在影响广告效果测定的因素可控的情况下，也可对短期的、单一的、直接的广告效果加以测定。

二、广告效果测定的原则

明确了广告效果的特性及其测定的基本原理，在具体的广告效果测定过程中还必须遵循一定的原则，才能保证广告效果测定的科学性，才能起到广告效果测定的预期作用。

（一）目标性原则

因为广告效果具有迟效性、复合性与间接性等特点，因此对广告效果的测定就必须有明确具体的目标。比如广告效果测定的是长期的效果还是短期的效果；如果是短期效果，是测定销售效果还是心理效果；如果是心理效果，是测定认知效果还是态度效果；如果是认知效果，是商标的认知效果还是产品特性的认知效果，等等。只有具体而又明确的广告效果测定目标，才能选定科学的测定方法与步骤，才能取得预期的测定效益。

（二）综合性原则

影响广告效果的因素是十分复杂多样的，具体广告测定中的不可控因素也是繁复多变的，因此不管是测定广告的经济效益、社会效益还是心理效益，都要综合考虑各种相关因素的影响。即使是测定某一具体广告，也要考虑广告表现的复合性能、媒体组合的综合性能以及时空、地域等条件的影响，才能准确地测知广告的真正效果。从全面提高广告效益来源来看，广告效果测定也应该是对广告的经济效益、社会效益和心理效益的综合测定。

（三）客观性原则

影响广告效果测定的各种因素，时时刻刻都处在不断的运动和变化之中，它们彼此以极其错综复杂的形式相互关联着、影响着、依赖着和制约着，形成了一个复杂的有机体。因此我们对广告效果的测定切忌主观片面，不能以以往的经验和偏见来处理现时复杂的效果测定问题，必须以客观的冷静的头脑对现实中的复杂的广告活动进行综合性的科学的分析，从中找出诸因素之间的必然性的、规律性的联系，才能对广告效果加以科学的测定。

（四）可靠性原则

广告效果测定的结果只有真实可靠，才能起到提高经济效益的作用。我们在广告效果测定中，样本的选取一定要有典型性、代表性，对样本的选取数量也要根据测定的要求尽量选取较大的样本，对于测试的条件、因素要严加控制，测试要多次进行，反复验证，才能获取可靠的检测结果。

（五）有效性原则

广告效果测定是广告计划的有机组成部分，是提高广告效益的有力工具与手段，因此对广告效果测定本身也要讲求经济效益。广告效果测定工作要有计划、有步骤地进行，要根据测定目的的要求、经费的多少、测定人员的技术水平和测定对象等具体情况选取最经济有效的测定方法，才能达到预期的测定效果。

（六）经常性原则

因为广告效果在时间上有迟效性，在形式上有复合性，在效果上有间接性等特点，因此对广告效果的测定，就不能有临时性观点。具体来说，某一时间和地点的广告效果，并不一定就是此时此地该广告的真实效果，它还包括前期广告的延续效果和其他营销活动的效果等。因此我们必须保有前期广告活动和其他营销活动及其效果的全部资料，才能真正制定现实广告的真正效果。同时广告效果测定的历史资料，含有大量的检测经验与教训，对现时的广告效果测定具有很大的参考价值。而且长期的广告效果测定，只有在经常性的短期广告效果测定（并保有详细的测定资料）的基础上才能进行。

三、广告效果测定的分类

我们要有效地实施广告效果测定，就必须对广告效果进行科学的分类，按照广告效果不同的类型采取不同的测定方法，才能取得较好的测定效果。

如果按照广告效果的内容进行划分，广告效果可分为经济效果、社会效果和心理效果。这是广告效果测定上的最基本的分类。

如果按照广告活动周期的长短进行划分，广告效果可分为短期的、中期的、长期的三种类型。至于短期、中期、长期的具体时间长短，要根据具体广告活动的时间周期和测定要求而定。

如果按照广告活动每次的总体过程来划分，广告效果可分为事前测定、事中测定与事后测定。这是实际广告测定中经常采用的方法。

如果按照广告计划的要求进行划分的话，广告效果则可分为目标效果测定、表现效果测定、媒体效果测定等。

如果按照广告活动对商品销售的促进程度进行划分，广告效果可分为直接促进商品销售的直接效果和间接促进商品销售的间接效果。

如果按照广告活动对消费者心理活动影响的反应程度进行划分，广告效果可分为认知效果、态度效果和行为效果等。

以上仅是广告效果在测定工作中的一些主要分类方法，我们还可以根据测定工作的不同要求，采取按商品性质、销售地区、产品生命周期等其他划分方法，这里就不一一介绍了。

四、广告效果测定的方法

广告效果测定是广告调查的一项重要内容，因此广告效果测定的方法也基本上采用的是广告调查常用的方法。它基本上可以分为直接测定和间接测定两大类。直接测定是指测定者根据对调查对象进行的调查所收集到的第一手资料对广告效果进行测定；间接测定是指测定者根据广告原始调查资料对广告效果所进行的分析与测定。直接测定又可分为访问法、观察法、实验法和统计法，这四种方法都广泛地采用统计抽样技术。直接测定与间接测定又都利用统计分析技术对检测结果进行综合分析与检验。

现代广告效果测定，除了采取以上直接测定和间接测定的方法以外，还逐步采用现代数学方法和电子计算机技术对广告效果进行定性与定量的综合分析，以求获得更加精确的测定结果。

五、广告效果研究所采取的指标选择

为了更准确地描述问题，通常我们在进行广告效果研究的过程中，所采取的描述是指标化的，而指标的选择与生成也是决定广告效果评估水平的关键因素。

1. 描述广告投放情况的指标

广告总量：用于描述广告总量的指标通常是广告的费用与频次。对于电视广告、广播广告而言还可以采用总长度评价；对于平面媒体而言可以采用总面积衡量。当然由于长度、面积这些指标与费用的高度相关性，因此大多数情况下我们可以不必考虑这些因素的影响。

趋势性指标：比如广告投放的增长率，包括费用和频次等指标。这部分指标用于描述企业投放力度的变化情况。

广告结构指标：各类别广告的比例结构，如产品广告、促销广告、形象广告、服务广告等分别所占的百分比结构等。这部分指标可以用以考察广告主方的营销策略。

广告时段：对于报纸而言，该广告在一周的哪一天被投放相当于广告的时段；对于电视广告而言，广告时段是指在哪个频道，什么时间播放广告。

广告区域：也就是该广告被投放到的区域，主要是从接收方的角度而言的区域。

2. 用于描述消费者对广告的理解的指标

愉悦性指标：也就是该广告能够给消费者带来愉悦的特征的情况。通常该指标决定消费者对广告的反应以及对品牌的好感。

可记忆性指标：用于描述消费者对该广告的记忆效果的指标。如果广告易于被消费者记忆，那么它的效果将更为理想。

传播性指标：该指标用于描述广告被消费者谈论的可能性。如果该广告

能够被更多的消费者当做谈资，那么可能意味着广告的更理想的效果。

说服性指标：该指标用于描述广告所传递的信息被消费者接受的程度，通常隐性广告更容易起到说服消费者的作用。这一指标实际上也就是广告的可信度指标。

告知性指标：也就是广告传递信息的能力。比如告知消费者企业的技术优势，告知消费者品牌文化或企业文化，告知消费者企业的服务或价格等。我们用该指标来评价广告传递信息的完整性，但并不是说一条广告传递的信息越多越好，而是指传递的某一信息的完整性。

第三节　广告效果测定的基本方法

一、广告效果的事前测定

广告效果的事前测定，主要是指对印刷广告中的文案，广播、电视广告中的脚本以及其他广告形式讯息内容的检验与测定，对于这些讯息内容的检测，都是在未经正式传播之前进行的，所以叫事前测定。广告效果的事前测定，可以测知广告讯息的心理效果和部分社会效果，因而也就可以间接地测知广告的经济效果。同时，广告效果的事前测定，可以将广告营销战略、创作战略以及传播战略中某些错误与不当之处消灭在襁褓之中，并及时予以纠正，可以有效地提高广告的最终效果。因此广告效果的事前测定对于整个广告活动的实施具有十分重要的意义。

广告效果的事前测定除了要掌握广告效果测定的一般原则以外，还要注意明确广告讯息测定的具体内容：比较整幅广告讯息的效果还是其中的细节和局部；是测知广告讯息的文字效果或图画效果还是两种效果的相互比较；是测定广告讯息对消费者心理反应的全过程还是其中的某一阶段。另外，对于广告创作讯息的测定最好能有前期的广告信息作品与测定资料，作为本期测定时的基点与参考，这样才能有利于获取最有参考价值的检测结果。

广告效果的事前测定，包括三方面的内容，即商品效用测定、表现创意测定与广告作品测定。

1. 商品效用测定

所谓商品效用测定，就是对能够满足消费者需求与欲望的商品特点的调查与测定，也就是对商品的销售重点与诉求重点的测定。

商品效用的测定是事前测定的关键环节，它直接关系到广告作品主题的选择，因而也就直接关系到整幅广告作品的成败。因此我们务必谨慎从事，选取最好的测定方法，获取最满意的结果。

商品效用测定一般采用访问法和实验法。

在商品效用测定中，一般多采用"邮信"访问测定法，即将事前设定好的种种不同的商品特性诉求方案直接邮寄给被调查者，一般多附有各种形式的赠券，以便提高调查表格的回收率，从寄回的结果进行综合分析，判定出广告文案的诉求点。

在商品效用测定中，一般多采用"实验室"的实验测定法。其方法是先按一定的抽样方法选取一定代表性的抽样，集中于实验室中，播放附有简单商品图片和功用说明模拟广告，以测定被调查者对商品不同诉求重点的判断与评价。

为了深一步探究消费者的购买动机与欲望，还可采用心理学的一些实验方法。如文字联想法，是通过消费者对特定商品的特性联想来确定商品的诉求重点的文字完成法，是把广告标题或标语中的一部分提供给被检测者，使其在瞬间完成剩余部分，从而测知消费者的潜在购买动机，等等。

2. 表现创意测定

广告表现创意测定，是对广告主题的表现构思与设计方案的检验与测定。它的目的是为了鉴定广告创意能否体现广告主题的核心思想，能否具有激动人心的魅力与力量，能否激发起消费者的购买欲望；并从中对创意方案进行选择，同时根据检测的结果，借以发现更为惊人的创意。

表现创意测定，关系到一则广告的主题能否得到充分的体现。一个良好的广告主题必须与优良的广告创意相匹配，才能起到良好的广告效果。因此表现创意测定也是事前测定的一个重要内容。

表现创意测定一般多采用实验法，在实验室内进行。其中最简便实用的方法即检核表法。它是在20世纪初由美国的汤姆逊兄弟创造发明的，它主要是根据广告心理反应模式——"AIDMA"模式与广告活动的实际情况，归纳出一条条的规则或问题，作为评价广告创意的标准。这些规则或问题都是针对构成广告创意的因素或特质而设计的，在分析时每条规则都予以一定的分数，最后将各项分数加起来而得到总分，便可作为对广告创意优劣的评断。例如在给被检测者看完一段广告创意方案以后，请他对以下问题给以回答：

这幅广告是否引人注意？

这幅广告是否能使人感到兴趣？

你是否认识了广告的商品特性？

你是否理解了广告的全部内容？

你是否相信广告的全部内容？

你能否记住广告的主要内容？

你是否感到需要购买此种商品？

然后根据广告创意的主要意图，对各个问题进行加权评分，并汇总得出最后结果。

表现创意测定也可采用访问法测定消费者对不同广告创意文案的评价。也可采用各种机械、电子仪器观察消费者对各种创意文案的反应。这些有关方法我们将在广告作品测定方法中一并介绍。

3. 广告作品测定

广告作品测定，是对行将完成的广告作品或即将发布的各种广告作品方案的效果的事前测定。因为它是广告效果事前测定的最后环节和发布前的最终检测，因而对广告效果的影响颇大。

广告作品测定可采用访问法、观察法和实验法。一般情况下多在实验室内进行综合测定。广告作品的测定对象既可以是有关方面的专家也可以是具有代表性的一般消费者。可采用评分、配对、价值序列、机械按钮等方式来进行。评分是由被检测者对不同的广告作品或是对广告作品的不同要素加以评分，分数越高效果越好。配对是将广告作品事先分成一对对的，让被检测者从中比较出较佳者，然后将挑出的较佳者再行配对，直至挑出最佳者为止。价值序列就是让被检测者对各种广告作品依其所认为的优劣次序予以排列，然后综合统计出最佳广告作品。机械按钮，就是让被检测者根据对广告作品的喜恶来按动不同的按钮，借以评断广告作品的优劣。

另外还可以通过各种生理仪器，对广告作品或作品中的各种要素进行综合测定。"生理电流计"，又叫"皮肤电气反射测验器"，是根据被检测者对广告作品的不同情绪反应而引起的不同电流变化来检测广告作品的优劣。"瞳孔照相机"，是根据被检测者注视广告作品时瞳孔扩张程度的大小来判定广告作品的吸引力。"视间摄影机"，它可以记录被检测者注视广告作品时眼球移动的时间长短和顺序，从而可以检测广告作品引人注目的程度、使消费者感觉兴趣的部分以及视觉流程路线的轨迹。"瞬间显露器"，它是通过广告作品的瞬间闪现，让被检测者予以辨认，借以判定广告作品的辨识度和记忆度。

广告作品测定除了在实验室内进行以外，也可在室外实地测定，如通过直接信函回邮法的文案诉求力的测定、通过视听测验器对广告作品记忆度的测定、广告作品现场观察效果反应测定，等等。

以上我们介绍了广告效果事前测定的主要内容和方法。由于广告效果的事前测定多数是在实验室内进行的，因此影响广告效果的因素与实际情况会有较大出入，其测定结果还需在广告活动中进行进一步的检验。

二、广告效果的事中测定

广告效果的事中测定，是在广告作品正式发布之后直到整个广告活动结束之前的广告效果的测定。它的目的是检测广告计划的执行情况，以保证广告战略与战术计划的正常实施。它虽然不能对整个广告活动的最终效果进行评定，但是它却可以检验广告效果事前测定的结果和预测事后测定的结果，并为事后测定广告效果积累必要的数据和资料，以保证广告效果事后测定的顺利进行和取得较科学的鉴定结果。

广告效果的事中测定，涉及广告的心理效果、社会效果和经济效果的各个方面，因此测定的方法也是相当复杂的，但通常采用以下三种主要方法。

1. 销售地区测定法

销售地区试验法是实地实验法的一种，它的目的是直接检测广告的销售效果。把两个条件相似的地区（规模、人口因素、商品分配情况、竞争关系、广告媒体等不能有太大差异）划分为"实验区"和"控制区"，在实验区内进行广告活动，控制区内不进行广告活动。在实验进行前，将两个地区的其他影响因素（经济波动、重大事件的影响等）控制在相对稳定的状态下，最后，将两个地区的销售结果进行比较，可测出广告的促销效果。这种方法也可应用于对选样家庭的比较分析。在计算销售额（量）的增长比例公式中，实验区的广告效果按照控制区的增减比率调整。它的具体做法是，先将销售地区分为实验城市与控制城市，然后将实验城市所选择的店铺的销售记录抄下来，再在实验城市进行新的广告活动，而在控制城市掌握住与实验城市大体相同的环境条件，但并不发布新的广告。最后将实验城市与控制城市两者在广告活动前后的销售量加以统计比较，便可测定新的广告活动或新的广告的相对效果。

这种方法的优点是能够比较客观实际地检测广告的销售效果，尤其是对一些周转率极高的商品，如节令商品、流行商品等更为有效。这种方法的缺点是检测时间长短不易确定，如果检测的时间太短，可能广告的真正效果还未发挥；如果时间过长，市场各种可变因素又不易控制。再者要找到与实验城市条件大体相同的控制城市也相当困难。因此要想采用销售地区实验法，就必须舍去一些次要变数，这些次要变数的取舍恰当与否在相当程度上决定了检测结果的有效性，见表 10 - 1。

表 10 - 1　控制地区与实验地区市场比较

	实验广告前销售	实验广告期间销售	增减比率	调整增减比率
控制地区				
销售额	300 美元	270 美元	- 10.0	
销售量	300 件	250 件	- 16.7	
实验地区				
销售额	400 美元	480 美元	+ 20.0	30.0
销售量	400 件	460 件	+ 15.0	31.7

销售额增长百分比的计算为：

$$400 - (400 \times 0.10) = 360$$

$$\frac{480 - 360}{400} \times 100\% = 0.30\% \times 100\% = 30\%$$

2. 回函测定法

回函测定法是邮寄调查法的一种。它的目的是检测不同的广告作品、不同广告文案的构成要素在不同广告媒体上的效果。它的具体做法是，在不同的媒体上登上两幅或两幅以上的广告，其中有一个构成要素（文字、图画、标题、标语、色彩等）是不同的，广告中含有便于索回调查表格的赠券和便于核对广告及媒体的编号。然后根据寄回的调查表格进行统计，便能判断各种广告的效果。

这种方法的优点是简便易行，可以在各种印刷媒体上同时进行，而且可以用来比较广告任何构成要素的相对功能与效果。其缺点是只适应于印刷媒体，回函期较长，回函者不一定都具有代表性，因而测定结果的准确程度受到影响。

3. 分割测定法

分割测定法也是邮寄调查法的一种，它的目的是检测同一媒体上唯有某一因素不同的广告效果。实际上它是回函测定法的一个分支。它的做法与函索测定法也基本相同，只不过一幅广告刊登在同期（如杂志）的一半份数上，另一幅广告刊登在同期的另一半份数上，然后将二者平均寄给各市场的读者，则每个市场的读者有一半人可见到第一幅广告，而另一半人可看到第二幅广告，每幅广告附有编号和商品说明书，将回函统计后即可得出两幅广告销售效果的比较值。

这种方法的优点是检测的对象比较明确，检测的条件比较一致，回函率较高，因而检测的结果准确程度也较高。缺点是愿意承担机械分刊印刷的媒体部分十分有限，而且耗用的费用也较大。

三、广告效果的事后测定

（一）广告销售效果测定

广告销售效果也称为广告经济效果，是指广告活动促进产品或者劳务的销售，增加企业利润的程度。广告主运用各种传播媒体把产品、劳务以及观念等信息向目标消费者传达，其根本目的就是刺激消费者采取行动，购买广告商品或劳务，以使销售扩大，利润增加。广告的经济效果是企业广告活动最基本、最重要的效果，也是测评广告效果的主要内容。

促进产品的销售效果的因素是多方面的，一方面有广告持续的传播效果的累积效应，另一方面也有营销策略中各个因素的综合效应，例如促销、产品试用、公共关系等。同时，有人购买商品不一定看过广告，而是通过人际传播、柜台推荐等方式购买。因此，测量广告销售效果时，要在确定广告是唯一影响销售的因素，其他因素能够暂属于不变量的条件下进行测定。常用方法有以下几类：

（1）实地考察法。在零售商店或超市的货架上进行直接调查。在售场展示 Point of purchase 卖点广告，或将广告片在购物环境中播放，请商品推销员或导购员在现场派发产品说明书和附加购买回函广告单，从现场的销售情况可以看出广告的效果。还有一种方法是将同类商品的包装和商标卸除，在每一种商品中放入一则广告和宣传卡片。观察不同商品的销售情况，以此判断销售效果。不过这种方法用于实验室测验更为合适，在现实生活中，要消费者作出买无商标的生产厂家产品的决定难度较大。

（2）比率算法。①广告费比率 =（广告费/销售量）×100%，广告费比率越小，表明广告效果越大。②广告效果比率 = 销售量（额）增加率/广告费增加率×100%，广告费增加率越小，则广告效果比率越大，广告效果越好。③广告效益法。

$$R = (S_2 - S_1)/P$$

式中：R——每元广告效益；

S_2——本期广告后的平均销售量；

S_1——未做广告前的平均销售量；

P——广告费用。

广告销售效果测定，主要是通过广告活动实施前后销售额的比较，检验和测定商品销售的变化情况，如：商品销售额是增加还是维持，销售增长率是多少，广告增销率是多少，广告费占销率是多少，单位广告费效益是多少，等等。各衡量指标的计算公式如下：

$$销售增长率 = \frac{广告实施后销售额 - 广告实施前销售额}{广告实施前销售额} \times 100\%$$

销售增长率反映出广告对促进商品销售所发挥的作用。

$$广告增销率 = \frac{销售增长率}{广告费增长率} \times 100\%$$

广告增销率可反映出广告费增长对销售带来的影响。

$$广告占销率 = \frac{广告费用支出}{同期销售额} \times 100\%$$

广告占销率反映出一定时间内企业广告费用支出占同期销售额的比例。广告占销率越小，广告效果越大。

$$单位广告费效益 = \frac{本期销售额 - 上期销售额}{本期广告费用支出} \times 100\%$$

单位广告费效益可以反映出平均每元广告费带来的促销效益。

（3）广告效果指数测定法。广告效果指数测定法（advertising effectiveness index），简称 AEI 法，也叫小组比较法。这个方法是在抽样调查中，将是否看过广告和购买广告商品的人数，按 2×2 分割成四个矩阵，将矩阵中的变量代入以下公式，得出广告效果指数，如表 10 - 2。

$$AEI = \frac{1}{n} \left[a - (a + c) \times \frac{b}{b + d} \right]$$

式中：a——看过广告而购买的人数；

b——未看过广告而购买的人数；

c——看过广告而未购买的人数；

n——被检测的总人数。

从图 10 - 2 中可以看出，在没有广告的测验中，也有 $b/(b + d)$ 比例的人购买了商品，因此，从看到广告而购买的 a 人当中，减去受其他因素影响而购买的 $(a + c) \times b/(b + d)$ 的人数，才是真正受广告影响而购买的人数，由此的计算结果就是广告效果指数。

表 10 – 2　唤起购买效果的四分割表

单位：人

		(1)广告认知		合计人数
		有	无	
(2)购买	有	a	b	$a+b$
	无	c	d	$c+d$
合计人数		$a+c$	$b+d$	n

假设 $a=38$，$b=21$，$c=53$，$n=150$，代入上述公式则得：

$$\frac{1}{150}\Big[38-(38+53)\times\frac{21}{21+38}\Big]=0.0374$$

$$AEI=3.74\%$$

这个公式只适用于同一地区、同一媒介的不同广告的效果比较，其他情况不能简单搬用。

小组比较法还可采用相关系数法进行推算，其公式为：

$$\phi=\frac{ad-bc}{\sqrt{(a+b)(c+d)(a+c)(b+d)}}$$

式中：d——未看过该广告又未购买该产品的人数；

ϕ——相关系数值。

假如某汽车公司运用直接邮寄广告带来的销售效果见表 10 – 3：

表 10 – 3　直邮广告效果

	购买汽车户数	未购买汽车户数	合计
接到广告住户数	500	500	1000
未接到广告住户数	250	750	1000
合计	750	1250	2000

$$\phi=\frac{500\times750-500\times250}{\sqrt{1000\times1000\times750\times1250}}=0.2581$$

ϕ 的值在 $+1$ 与 -1 之间。此系数若为正值，则为正相关(成功的广告)；

此系数若为负值，则为负相关（失败的广告）；此系数若为 0，则表示不相关（广告效果等于零）。

一般来说，φ 的值在 0.2 以下称为低效果，在 0.2 ~ 0.4 之间称为中等效果，在 0.4 ~ 0.7 之间称为较高效果，在 0.7 以上则为高效果。

按照这个分割法，其他的广告效果指数也可以计算出来，见表 10 - 4。

表 10 - 4　广告效果指数计算表

指数名称	指数含义	公　式
UP(Usage Pull)	使用上的吸引力	$UP = a/(a+c) - b/(b+d)$
PFA(Plus For Ad)	因广告增加的销售额	$PFA = (ad - bc)/(b+d)$
NAPP(Net Ad Produced Purchase)	纯粹的广告销售效果	$NAPP = \{a - (a+c) \times [b/(b+d)]\}/(a+b)$

（二）广告心理效果测定

广告心理效果是指广告目标经过特定的媒介传播后，对消费者心理活动的影响程度。广告心理效果的测定，是以广告的收视听率、兴趣与欲望、产品知名度等间接促进销售的因素为依据，接收人对广告的印象以及所引起的心理效果。

1. 广告心理效果事前测定的方法

广告的心理效果测定大致分为心理效果的事前测定、事中测定和事后测定。

广告心理效果的事前测定是指在广告作品尚未制作完成或正式发布之前，广告人对广告作品进行评估，它包括：

（1）专家意见综合法，是在广告作品或媒介组合计划做好后，通常是拿出几种可供选择的方案，请有经验的广告专家、权威人士、营销专家等进行测定，多方面多层次对广告作品和媒介组合方式将会产生的效果作出预测。

（2）消费者评定法，是指选择一定数量的具有代表性的消费者，根据他们对广告形式的喜好来判断，直接审定广告效果。可请内部职工或同行评定，也可以直接征求顾客意见。

（3）检查表测定法，又称采分法，是指将同一产品的若干幅表示不同创意的广告，让评审者从比较中测定哪一幅广告更能吸引人们的注意力，以便选用其中最好的一幅。

(4)言词反应法，是指将一幅广告作品向消费者展示几秒钟，然后收回广告作品，并且要求消费者马上讲出或写下几个他当时想到的言词，测试人再将各位消费者的反应词汇总起来进行心理分析，可以通过消费者受广告的刺激所产生的联想，判断消费者对所看到广告的心理反应，测定对产品的态度。

(5)机械测定法，包括人的视线习惯测定；从文字直写与横写的易读性测定排列顺序；瞬间显露测试，如看文案时最先看到的是哪一部分。

(6)概念测定法，是指针对广告表现的概念进行的测试，以寻求最贴切的方式，最具冲击力的策略，以便作为广告出击的依据。

(7)节目分析法，是指在节目播映前，测试视听者对节目或广告喜欢的程度。通常的办法是让被测试者视听所播映的节目，被测者认为广告或节目引人注目时或感到有趣时按绿钮，不引人注目时或感到无趣时就按红钮。

2. 广告心理效果事后测定方法

广告心理效果的事后测定，是建立在广告心理目标的基础上，即接触率、知名率、理解率、好感率与购买意图率等目标的基础上。根据广告心理目标的不同要求，可以采用许多不同的测定方法，较常用的方法有：

(1)认知测定法。认知程度测评主要是测评广告的知名度、受注意度，即消费者对企业、商品、商标等的认知程度。企业或广告公司选择平面媒体的依据主要有两条：一是发行量数据，二是阅读率数据。由于中国缺乏像国外 ABC 行业协会那样的监督管理，各媒体宣称的发行量数据一直被广告界认为是失真的，阅读率便显得更为重要。

阅读率是指大概知道企业、商品、商标，但对具体广告内容不了解的读者百分比；报纸阅读率可以反映某份报纸有多少人在读，他们是谁、怎么读、在哪儿读、关心哪些版面、平时注意哪些广告，他们的生活习惯如何。它是反映报纸读者规模和构成的客观依据，它不同于报纸发行量数据。报纸广告的广告主关心的是能说明广告投放效果的数据，即阅读率数据和发行量数据。

这种方法主要是用来测定广告效果的知名度，即消费者对广告主及其商品、商标、厂牌等的认知程度。其中最有名的方法是史塔区阅读率调查，其方法是将被调查者分为三类：

①注目率：看过该广告(有多少百分比的读者能够辨认出先前看过该广告)。

②阅读率：充分看过该广告，不但知道该商品和该企业，而且能够借由

该广告中厂商的名称或商标而认得该广告的标题或插图，这些人占百分之多少。

③精读率：浏览过该广告的50%以上的内容（有多少百分比的读者能够记得该广告中的50%以上的内容）。

阅读率的数据是通过对城市人口的抽样调查得到的，它能帮助广告主了解媒体的特色，包括平均每期阅读率、触达率、读者的个人特征、家庭特征、阅读环境、报纸来源、版面关注度等。

平均每期阅读率（AIR）是读者调查的基本常用指标，它表明对于每期报纸（对于日报是每天，对于周报是每周）的阅读人数占总人口的比率。媒体的广告发布一般都要经历购买版面（时段）、了解阅读率（收视率）及特定的读者群（收视群）发展。实际上，广告主购买的不是报纸的版面，而是阅读该报纸的与其商品目标消费者群一致的读者。

$$广告阅读效率 = \frac{杂志（报纸）广告的销量 \times 每类读者的百分比}{所付的广告费用}$$

每类读者百分比，是指注目率、阅读率、精读率。

关于认知率、注意率的计算公式，经常使用的有以下两种：

$$认知率 = \frac{a}{b} \times 100\%$$

式中：a——广告节目收视（听）人数；

　　　b——认知广告名称人数。

此公式多用于电子广告。

$$注意率 = \frac{b+c}{a} \times 100\%$$

式中：a——阅读报纸杂志的人数；

　　　b——似乎看过报纸杂志广告的人数；

　　　c——确实看过报纸杂志广告的人数。

此公式多用于印刷广告。

最后统计分析出这三类读者在单位广告费成本中每类所占的人数，即可得出该广告的认知效果。

（2）回忆测定法。这种方法主要是用来测定广告心理效果的理解度。这种方法不仅仅是查明消费者能够回忆起多少广告信息，更主要的是能够查明消费者对商品、厂牌、创意等内容的理解与联想能力，甚至于他们对广告的确信程度。回忆测定法的基本做法是，测定被检测者先前所看过的广告，能否在其脑海中留下印象，使其足以辨认该广告并且记得该广告的情形。有时检测者给消费者某种辅助，如提示被检测者有关广告中的商标或厂商名称，询问被测试者广告中的标题、插图等情形。这种方法询问的项目与内容越具体越好，从中获得的反馈信息越多，越能鉴定广告理解程度的高低。

（3）态度测定法。接触广告、注意广告的结果是引起消费者态度的变化，而态度变化效果又直接影响着购买行为的发生，因此态度变化测评是广告心理测评的一项重要内容。

广告信息对消费者的心理影响一般要经历"认知—理解—确信—行动"四个发展阶段，态度变化测评主要是在认知度测评的基础上，进一步测评消费者对广告观念的理解和喜好程度，即理解度和喜好度的测评。

理解度测评主要是了解消费者是否全面准确地认识商品的特征。在广告的不同诉求点中，哪些诉求点理解度高，哪些理解度低。比如，可对消费者层层提问：意思是什么—为什么会这样—结果会怎么样，由此掌握消费者对广告的理解程度。喜好度测评主要是了解有多少人建立了对广告商品的信赖度和偏好度，这是消费者购买商品的重要原因。一个人的态度变化很难直接观察到，一般只能从其表现出的言辞和行动去推测。因此，态度变化测评一般是通过深入交谈和投射法来进行。

这种方法主要是用来测定广告心理效果的忠实度、偏爱度及厂牌印象等。态度测定法所采用的具体形式有问卷、检核表法、语意差异试验等。其中语意差异试验是比较常用而又简便易行的方式。此法是由美国伊利诺伊大学的奥斯古等研究制定的，它的原理是根据广告刺激与反应之间必有一个联想传达过程，通过对这种过程作用的测定，就可以得知消费者对广告所持的态度。它主要是用来判断消费者对广告的印象是否和广告设计者相符。如测定广告作品中的人物给人的印象如何，可令消费者在一系列相反的评语中进行挑选：美丽、丑恶；健康、衰弱；快乐、忧伤，等等（并从相反词中标出若干等级），最后根据结果进行统计得出答案。

（4）广告心理效果的综合测定法。以上三种心理效果的测定方法只能测定广告心理的某一层级的效果，仅能说明广告心理效果的部分情况，因而有其局限性。为此，仍需采用心理效果的综合测定法，此法又称"传播幅度型态"法。它是将上次广告的综合心理效果和本次广告的综合心理效果用坐标图加以比较，而综合衡量出广告的总体效果。当然，广告各种心理效果的指标并不一定都是同程度地"平行"发展，有的可能提高得快些，有的可能提高得慢些，这些都能成为设定下次广告活动目标的依据，如图 10 - 1 的 1980 年

3 月测试效果与 1979 年 9 月测试结果的对比。

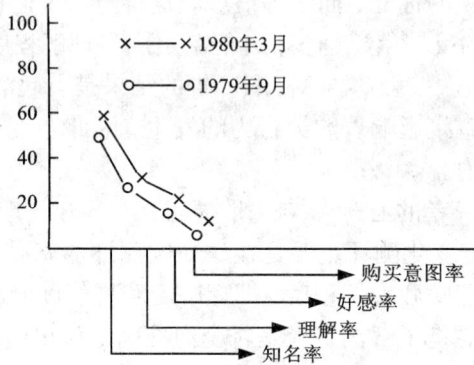

图 10 - 1 心理效果测定法

综合测定法的优点是广告心理效果的测定比较全面，能够提供广告活动效果的综合性指标，便于人们检验整个广告活动的整体效果。但是，是否必须通过综合测定法才能检验广告的效果呢？我们说综合测定法只是检测广告心理效果的一种方法，它并不能代替以上各种方法。同时，综合测定法的结果还要结合各种商品的特性、品牌占有率和商品普及率等具体情况进行具体分析。例如在知名率相同的情况下，一般易耗品和耐用品相比，其理解率、好感率、购买意图率均较高。再有知名率相同的情况下，商品的普及率与市场占有率越高的商品，其理解率、好感率、购买意图率也均较高。

（三）广告媒体组合测评

在广告活动中，广告媒体是一个非常特殊的角色，它既是连接商品和消费者的桥梁，又是广告主和广告公司之间的纽带。一般来说，80% 的广告费用都用在购买播放时间和刊登版面上，如果媒体选择不当，或组合不合理，不仅会影响广告效果的实现，而且会造成广告费用的极大浪费。所以对广告媒体组合的测评就显得极为重要。

广告媒体组合测评主要是根据广告媒体的运作程序和一般规律来评价广告媒体组合是否针对目标市场进行有效的劝说。评价内容主要包括：

广告媒体选择是否正确；重点媒体和辅助媒体的确定是否合理；媒体组合是否合理有效，成本费是否较低；所选媒体的阅读率、视听率怎样，近期是否有所变化；是否考虑到竞争对手的媒体组合情况，该媒体组合是否有竞争力；所选媒体是否适合消费者的使用习惯，在其心目中地位如何；广告发布的时机、频率是否得当（广告发布时机分为有利时机和不利时机两种，有利还是不利与商品和服务的种类有关；广告发布频率也是重要因素，量少自不必说，量多同样使边际效用下降）；广告节目的空间位置是否适宜。

四、广告社会效果测定

广告社会效果是指广告在社会道德、文化教育等方面的影响和作用。广告能够传播商品知识，可以影响人们的消费观念，会被作为一种文化而流行推广，等等。由于广告所具有的特性，广告对社会所产生的效果是深远的，需要重视和引导。

1. 广告社会效果测定的方法

广告社会效果测定的方法分为两种。

一是测定广告的短期社会效果时，可采用事前、事后测定法。通过接触广告之前之后的消费者在认知、记忆、理解以及态度反应的差异比较，可测定出广告的短期社会效果。具体的操作手段与测定广告传播效果的方法大体相同。

二是测定广告的长期社会效果时，需要运用较为宏观的、综合的、长期跟踪的调查方法来测定。长期社会效果包含对短期效果的研究，但是远不止这些，还要考虑广告复杂多变的社会环境中所产生的社会效果。这方面的研究更多属于人文科学范畴。

2. 广告社会效果测定的依据

测定广告所产生的社会效果，应进行综合考察评估。其基本依据是一定社会意识条件下的政治观点、法律规范、伦理道德和文化艺术标准。不同的社会意识形态，调整、制约的标准也是不一样的。同时，测定广告社会效果，往往不能量化，因为社会效果不可能以简单的一些指标数字来标示衡量。这既要通过一些已经确定的或约定俗成的基本法则来测定和评价，又要结合其他的社会因素来综合考评。广告社会效果测定的依据主要有以下方面：

（1）真实性。广告所传达的信息内容必须真实，这是测定广告社会效果的首要方面。广告发挥影响和作用，应该建立在真实的基础上，向目标消费者实事求是地诉求企业和产品（劳务）的有关信息、企业的经营状况、产品（劳务）的功效性能等，都要符合事实的原貌，不能虚假、误导。广告诉求的内容如果造假，那么它所造成的社会影响将是非常恶劣的。这不仅是对消费者利益的侵害，而且反映了社会伦理道德和精神文明的水平。而真实的广告,既是经济发展、社会进步的再现,也体现了高尚的社会风尚和道德情操。所以,检测广告的真实性,是考察广告社会效果的最重要的内容。

(2)法规政策。广告必须符合国家和政府的各种法规政策的规定和要求。以广告法规来加强对广告活动的管理,确保广告活动在正常有序的轨道上运行,是世界各国通行的做法。法规管理和制约,具有权威性、规范性、概括性和强制性的特点。一般来说,各个国家的广告法规只适用于特定的国家范畴,如我国于1995年2月1日开始实施的《中华人民共和国广告法》,就是适用于我国疆域(大陆)内的一切广告活动的最具权威的专门法律。而有一些属于国际公约性质的规则条令等,则可国际通行,如《国际商业广告从业准则》就是世界各个国家和地区都要遵从的。

(3)伦理道德。在一定时期、一定社会意识形态和经济基础之下,人们要受到相应的伦理道德规范方面的约束。广告传递的内容以及所采用的形式也要符合伦理道德标准。符合社会规范的广告也应是符合道德规范的广告。一则广告即使合法属实,但若给社会带来负面的东西,给消费者造成这样或那样的包括心理和生理上的损害,这样的广告就不符合道德规范的要求,如暗示消费者盲目追求物质享受、误导儿童撒娇摆阔等。要能从建设社会精神文明的高度来认识,从有利于净化社会环境、有益于人们的身心健康的标准来衡量。

(4)文化艺术。广告活动也是一种创作活动,广告作品实际上是文化和艺术的结晶。从这方面对广告进行测评,由于各种因素的影响,不同的地区、民族所体现的文化特征、风俗习惯、风土人情、价值观念等会有差异,因而也有着不同的评判标准。总的来看,广告应该对社会文化产生积极的促进作用,推动艺术创新。一方面要根据人类共同遵从的一些艺术标准,一方面要从本地区、本民族的实际出发,考虑其特殊性,进行衡量评估。在我国,要看广告诉求内容和表现形式能否有机统一;要看能否继承和弘扬民族文化、体现民族特色、尊重民族习惯等;要看所运用的艺术手段和方法是否有助于文化建设,如语言、画面、图像、文字等,表现要素是否健康、高雅,摈弃一切低俗的东西。同时也要看能否科学、合理地吸收、借鉴国外先进的创作方法和表现形式。

3. 广告社会效果测定的注意事项

广告对社会道德、文化、教育、伦理、环境等社会环境产生的影响也是复合性和累积性的。一则广告有可能立即产生轰动的社会效果,也可能潜移默化地影响社会的各种道德规范或行为规范等。在测定广告的社会效果时,一般要把握几个主要方向：

（1）是否有利于树立正确的社会道德规范。广告的劝服、诱导性行为容易激发消费者的注意和学习，甚至以实际行动相迎合。因此，测定广告的社会效果，要看它是否与社会的道德观念、伦理价值、文化精髓等社会道德体系的规范相悖，如果广告产生了违反社会道德规范的不良效果，就应该立即停止。

（2）是否有利于培养正确的消费观念。广告的属性是取得最大利益的经济行为，广告的最终目标就是吸引消费者更多地购买或使用广告产品。但是，在达到这一目的的过程中，如果广告歪曲了正确的消费观念或者鼓吹不健康的消费理念，那么对消费者个人、对社会、对国家都会造成很大的伤害，不利于我国社会主义市场经济的建设和发展。因此，不利于培养正确消费观念的广告也应该勒令停止。

（3）是否有利于社会市场环境的良性竞争。同类广告之间的商家竞争是非常激烈，即使是在这种情况下，广告也要维护市场的良性竞争。类似于发布假信息、模糊信息压制对方或完全不顾市场规范的广告行为都将产生恶劣的社会效应，理应禁止。

第四节　网络广告效果的测定

通常所说网络广告效果，指的是网络广告作品通过网络媒体刊登后所产生的作用和影响。目前网络广告效果的测定方向与传统媒体的测定方向大体一致，评价体系都是建立在传播效果和销售效果的两个主方向之上。《互联网广告》（Advertising on the Internet）的作者罗宾·杰夫和布瑞德·阿隆森把网络广告可达到的目标概略归纳为四项：提高知名度；认知产品；名单收集；达成交易。前三项目标即通常所说的传播效果的测定，后一项目标即所谓的销售效果的测定。由于网络媒体即时交互性的特点，使得网络广告效果的测定呈现出新的技术方法和操作导向，特别是在销售效果的测定方法上较之传统媒体有独到的优势。测定网络广告效果的方法大致有三种技术层次：

1. 点击率和转化率

点击率是网络广告最基本的评价指标，也是反映网络广告最直接、最有说服力的量化指标，这种方法主要是通过消费者对网络广告的点击率或者回应率，以测定消费者对广告的接触效果。点击率的测定有利于广告主计算网络广告成本，类似千人成本一样，网络效果也创造一个词即千印象费用（Cost per Thousand Impressions），指网络广告产生每 1000 个广告印象（显示）数的费用。但是随着网络广告的增多，以及人们对网络广告了解的深入，网民不会盲目点击广告，除非个别富有创意和吸引力的广告，也有可能网民浏览广告后已经形成一定的印象而无须点击广告或者保存链接的网址，以后经常直接到该网站访问等。因此，平均不到 1% 的点击率已经不能充分反映网络广告的真正效果。据现在的统计数字显示：网络广告的平均点击率已从 30% 降低到 0.5% 以下。但这也不能说明这一方法完全不可采用或操作，只要广告主科学地制定广告目标的测定方案，点击率仍然能够说明问题。

转化率是指观看而没有点击网络广告所产生的效果。"转化率"最早由美国的网络广告调查公司 AdKnowledge 在《2000 年第三季度网络广告调查报告》中提出。AdKnowledge 将"转化"定义为受网络广告影响而形成的购买、注册或者信息需求。该公司高级副总裁 David Zinman 认为，这项研究表明浏览而没有点击广告同样具有巨大的意义，营销人员更应该关注那些占浏览者总数 99% 的没有点击广告的浏览者。AdKnowledge 的调查中发现，尽管没有点击广告，但是，全部转化率中的 32% 是在观看广告之后形成的。该调查还发现了一个有趣的现象：随着时间的推移，由点击广告形成的转化率在降低，而观看网络广告形成的转化率却在上升。点击广告的转化率从 30 分钟内的 61% 下降到 30 天内的 8%，而由观看广告的转化率则由 11% 上升到 38%。但是，转化率的监测在操作中还有一定的难度，仍然要参照其他的方法得以执行。

2. 对比分析法

对比分析法主要是运用传统媒体的效果测定方法，结合网络广告目标测定广告效果。例如：可以把收到 E-mail 的顾客的态度与没有收到 E-mail 的顾客的态度进行比较，也可以测量用户对不同类型 E-mail 的心理反应。

对比分析法可用于测量投放在不同站点的广告效果。操作方法有以下几种：

（1）看同样数量的 CPM 在哪个站点先完成。

（2）在编写指向链接的 URL 标签时，稍微增加一点东西。例如站点网址为：w. xgcd. com，那么在 A 站点的广告链接可以写成 http：//www. xgcd. com? ① 在 B 站点的广告链接，你可以写成 http：//www. xyz. com? ② 依此类推，或者设定特别的标签，如讨论组等。最后，在各网页设定一个单独的 ID 地址，用安装在相关网页上的网络计数器测量来自 A、B、C 各站的访问数量。

（3）在编写电子邮件的指向链接时，在自动弹出的新回邮件窗口时，自动填好"主题"一栏。在 A 站点的回邮件主题栏中加上"a 汽车广告"，在 B 站点的回邮件主题栏中加上"b 汽车广告"，依此类推。在统计总体回函时，就可以从 A 站点和 B 站点的回函数量中清晰地判断哪个站点的汽车广告接触率高。

3. 加权计算法

所谓加权计算法就是对投放网络广告后的一定时间内，对网络广告产生效果的不同层面赋予权重，以判别不同广告所产生效果之间的差异。这种方法实际上是对不同广告形式、不同投放媒体、不同投放周期等情况下的广告效果比较，而不仅仅反映某次广告投放所产生的效果。加权计算法要建立在对广告效果有基本监测统计手段的基础之上。下面以一个例子来说明：某企业在宣传方面选择了网络广告，并在一段时间内同时实施了三种方案，投放效果各有不同，基本情况见表 10 - 5。

表 10 - 5　广告投放方案

方案	投放网站	投放形式	投放时间	广告点击次数	产品销售数量(件)
方案一	A 网站	BANNER	一个月	2000	260
方案二	B 网站	BANNER	一个月	4000	170
方案三	C 网站	BANNER	一个月	3000	250

从表中的数据可以直接看出方案一获得了最高销售量，似乎是最好的效果。但是衡量网络广告投放的整体效果必须涉及很多方面，比如要考虑广告带来多少注意力、注意力可以转化为多少利润、品牌效应等问题。针对上例情况，就应该进行科学的加权计算法来分析其效果。这种计算方法很简单，首先，可以为产品销售和获得的点击分别赋予权重，权重的简单算法是：$(260 + 170 + 250)/(2000 + 4000 + 3000) \approx 0.07$。（精确的权重算法需要应用大量资料进行统计分析。）由此可得，平均每 100 次点击可形成 7 次实际购买，那么可以将销售量的权重设为 1.00，每次点击的权重为 0.07。然后将销售量和点击数分别乘以其对应的权重，最后将两数相加，从而得出该企业通过投放网络广告可以获得的总价值。

方案一，总价值为：$260 \times 1.00 + 2000 \times 0.07 = 400$

方案二，总价值为：$170 \times 1.00 + 4000 \times 0.07 = 450$

方案三，总价值为：$250 \times 1.00 + 3000 \times 0.07 = 460$

计算结果可见，方案三才是为该企业带来最大的价值。虽然第一种方案可以产生最多的实际销售量，第二种方案可以带来最多的注意力，但从长远来看，第三种方案更有价值，如图 10 - 2。

点击次数

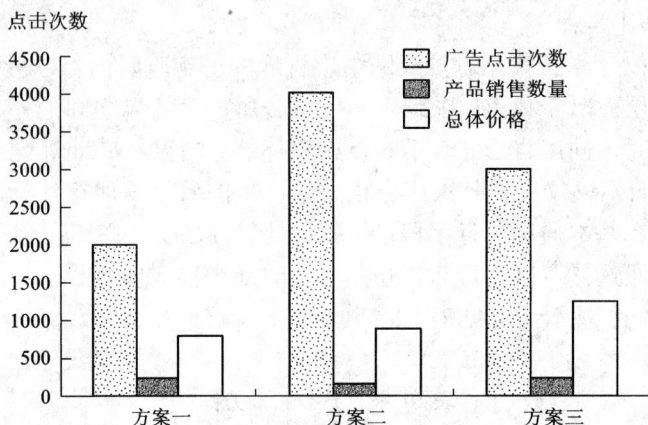

图 10 - 2　投放网络广告方案

第五节　媒体执行方案的评估

一、形成媒体执行方案

媒体执行方案的形成主要是根据策略优先顺序，以渐进方式逐渐投入媒体预算，直到预算满额。例如：对主要市场的主要对象阶层以脉动式方式投入足够媒体量；再对主要市场的次要对象投入栅栏式行程；依次投入媒体资源；思考运用媒体组合的必要性。

要考虑组合是否能获得媒体之间相乘效果。以广播作为对电视的补充，或以媒体分工方式，赋予媒体不同的功能，而整体组合成传播网。提高触达率。在单一媒体触达率建立的极限上，使用其他媒体以提高整体触达率。平衡重、中、轻级对象阶层在媒体接触上的比重。

媒介组合的过程中要注意：在主要媒体安排足够的预算后，再考虑其他媒体，以免过度分散资源形成各媒体投资不足；注意使用两个一半的媒体不等于使用一个完整的媒体；必须考虑实际操作时所需要的前置时间，以避免计划确认后却无法执行。

二、替代方案的制定与选择

1. 媒体执行方案变化

（1）尝试不同的媒体组合所造成的 GRP、触达率、接触频率及 CPM 上的变化，以及对重级、中级和轻级消费者媒体传送量上的差异，从多种方案中选择效果最优的一种。

（2）不同尺寸、长度的创意材料在组合适用上的变化。评估各种情况对媒体计划在量与质上的产出的影响。

（3）媒体日程与地区策略可能的弹性变化。

（4）思考执行上任何可能的创新做法，如节目交换、节目赞助、长期合约及折扣、路障等。

2. 媒体执行方案变化的注意事项

（1）执行方案为依据策略连续取舍的结果，并不存在完美的执行方案。

（2）媒体执行方案不只是计算的结果，必须利用想象空间，以创新的方式进行运作。

（3）不盲目遵循数字，必要时必须根据专业知识和经验作出判断。

（4）随时准备改变，必须意识到竞争、消费者及媒体市场等随时在变化着，因此并没有所谓"完成"、不必再做任何更改的方案。

三、媒体方案的评估

媒体方案一经广告主确认后，即成为媒体执行（购买）的根据。经确认的媒体方案，却不应一成不变，而必须根据市场变化、竞争环境的改变、销售反应、预算增减以及对实施结果的检视等加以修正，才能使方案"活"在现实的环境中。

1. 媒体主要操作的项目

（1）竞争品牌媒体投资的评估。

（2）媒体计划实施结果的回顾。

2. 竞争品牌媒体投资分析与评估的主要步骤

（1）分析整体品类及重要竞争品牌的投资额、成长率、占有率、地区分布变化、各市场投资品牌数、季节性投资形态、媒体类别以及载具的使用等，以了解媒体竞争状况的改变。

（2）评估竞争品牌在媒体投资上的变化对本品牌所带来的影响。

（3）检讨本品牌在媒体计划上是否应该采取对策及作出相应修改。

四、方案实施结果评估

媒体方案主要体现为计划。媒体计划实施的结果涉及计划的准确性，对方案的评估转化为对计划的评估。因此在检视上，即应根据实施结果，针对操作时存在的关键衔接点加以查验（图 10 - 3）。

1. 媒体执行检视（A 点检视）

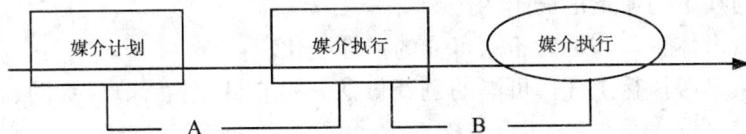

图 10 - 3　媒体方案

检视内容。计划 GRP 与执行 GRP 的差异；计划触达率/接触频率与实际获得的触达率/接触频率之间的差距；有效触达率的完成度；检查媒体传送的浪费度；计划与实施 CPM 数值上的对比。CPM 是购买效率评估的一个重要指标，它检视媒体使用的适应性。例如，不同媒体载具计划完成度检视，见表 10 - 6：

表 10 - 6　载具计划

载具形态	计划（%）	执行（%）	完成指数
A 类	50	55	110
B 类	25	26	104
C 类	12.5	10	80
D 类	12.5	9	72

检视地区分布的准确性。例如，媒体地区传送量计划完成度检视，见表 10 - 7：

表 10 - 7 媒体地区传送量

地 区	计划(%)	执行(%)	完成指数
A 类	51	47	92
B 类	24	26.5	110
C 类	17	15.5	91
D 类	8	11	138

检视季节分布状况。

2. 媒体策略检视(B 点的检查)

(1)在检视执行对计划的达成度后,应该进一步检视计划的准确性。

(2)策略的检视偏向从整体广告对行销的产出的角度加以评估。(购买执行评估较偏向于"对错"的检定,而策略评估则侧重于"好坏"的判断。)策略评估主要运用的方式为广告效果跟踪调查,以调查的结果修正媒体计划的方向。从媒体露出所建立的净触达率与销售产出的关系如图 10 - 4 所示:

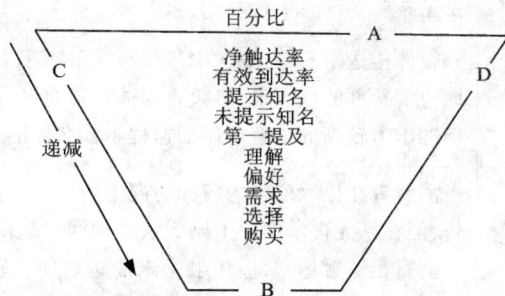

图 10 - 4 广告效果跟踪调查

①图形的宽度代表各层级所获致的百分比。

②从媒体涵盖所提供的净触达率至销售的产出,呈现出层层递减的现象,而形成倒梯形图形。

③理想的图形为接近长方形,即 A 线与 B 线的长度相当(最理想的图形为长方形,但事实上不可能)。

④在现实的环境中,两边的斜线(即 C、D 线)将因品牌在各层级所获得的百分比的落差,形成锯齿状,而不会如图 10 - 6 中的直线。各品牌也将因品牌在行销、传播与媒体表现上的差异,而呈现不同的锯齿。

根据上述倒梯形的形成及各层级的影响因素，广告跟踪调查的主要功能即在检查呈现锯齿下陷的层级，以检查出问题所在，从而解决问题——铺平锯齿的下陷，使倒梯形能尽量接近长方形。

提示知名：32.6%

未提示知名：32.6%

第一提及知名度：15.1%

广告理解：12.8%

品牌偏好：11.3%

购买意愿：5.0%

实际购买：2.2%

报告检查与现象检讨见表10-8：

表10-8　报告检查与现象检讨

调查结果	现象讨论与回应
提示知名度偏低	消费者在提示广告内容的情况下，仍然无法回忆起接触过该广告 媒体传送量不足，到达率过低与接触频率不足，应检查媒体对周边消费群的传送量，以检查媒体在针对设定对象上的准确度 冲击力较高的创意可以加速提示知名度的建立
提示知名度高 未提示知名度偏低	消费者在提示广告内容的情况下可以记忆起接触过该品牌广告，但在毫无提示情况下则无法主动回忆起接触过该广告 拥有足够触达率，但接触率未能达到使消费者足以记忆的程度，应将频率的水平加强到足以让消费者对广告讯息产生主动性记忆 创意的冲击力使消费者的主动记忆将扮演相当重要的角色
未提示知名度高 第一提及知名度低	消费者对广告已经产生主动记忆，但是对竞争品牌广告的记忆则强过对本品牌的记忆 必须检查本品牌与竞争品牌的频率的差异，并将传送频率调整到具有竞争力的水平 检查媒体行程安排所出现的空当及记忆曲线的衰退情形，并做必要调整 创意对消费者的说服力以及相对竞争品牌的冲击力，将影响广告在消费者记忆上的排名

续表

调查结果	现象讨论与回应
第一提及知名度 广告理解度偏低	消费者对广告形成主动性记忆,且记忆强过竞争品牌,但对广告品牌及创意所传送的关键讯息则未能理解 检查所选用的媒体类别与载具是否具有完整承载创意讯息的能力 创意的表现对理解度将扮演主导角色,检查创意表现在品牌强调上是否足够,对关键讯息的呈现是否清楚
广告理解度高 品牌偏好度偏低	消费者完全理解品牌广告,对创意的关键讯息也完全理解,但是不喜欢该品牌或广告 品牌偏好主要来自消费者对创意诉求的认同,消费者对品牌的好恶将来自创意的诉求,因此必须检视创意对消费者利益点的掌握是否深入 检查媒体对象阶层的心理层面与创意对象阶层是否出现不一致的现象 检讨品牌在消费者使用经验中所造成的负面印象
品牌偏好度偏高 品牌购买意愿偏低	消费者为广告所说服,对品牌产生偏好,但并不想购买,消费者对品牌产生偏好后,对产品是否产生需求,主要的影响因素为: 消费者是否觉得需要该类产品 消费者对本品牌与竞争品牌比较下的整体综合价值评比结果 创意在消费者利益点上的说服力也扮演影响角色 检查媒体在行程安排上是否契合消费者对商品需求的时机
品牌购买意愿高 实际购买偏低	消费者对品牌已经产生需求,也决定购买本品牌,但最终结果则是选择竞争品牌或未购买 商品价格将决定消费者在经济条件上能否负担 铺货是否完整,是否方便消费者对商品的取得,也扮演重要角色 促销活动,零售点商品陈列,促销物以及专业人员的建议扮演临门一脚的作用 检查媒体是否将投资中心安排在较具购买力的市场 检查媒体行程安排是否配合铺货进度

五、媒体策略制定失当的表现

应注意避免下列的策略失当：

（1）当对象阶层设定出现误差时。

知名度无法集中于最有购买潜力的消费群；

未提示知名度偏低；

无法针对具购买潜力的阶层进行诉求、创造需求，导致购买率低。

（2）当媒体资源在地域分配上失当时。

将媒体投资到较不利的地区，导致需要与购买的偏低；

未与铺货配合，导致购买率偏低；

过度分配造成各个地区投资都不够。

（3）当媒体选择不够精准时。

创意传达不够完整，而降低品牌理解度；

降低品牌偏好；

传播速度较慢，无法及时传达讯息。

（4）比重设定失当时。

因触达率过低，无法建立广泛知名度；

接触频率过低，导致提示或未提示知名度偏低；

接触频率缺乏竞争优势，广告为竞争品牌所淹没；

投资过高传送量，而丧失行程上的优势。

（5）行程设定错误时。

导致"遗忘"曲线降至谷底，不易有效地持续建立；

与购买决定行程出入，不易产生销售效果；

在竞争中丧失品牌优势。

思考与实践

1. 广告效果评价主要分为哪几部分？广告媒介效果评价在广告效果评价体系中处在什么位置？

2. 广告是通过一个怎样的过程作用于消费者的呢？这个过程与广告媒体效果测量过程中的变量设计有什么联系？

3. 广告效果测定对企业营销管理有什么意义？

4. 广告效果测定的方法有哪些？

5. 广告媒体效果可以从哪几个方面进行评价？

参考文献

1. 陈俊良著. 广告媒体研究. 中国物价出版社,1997 年 1 月

2. 张纪康著. 广告经济学实用教程. 上海远东出版社,1998 年 9 月

3. 吉·苏尔马尼克著. 广告媒体研究. 刘毅志译. 中国友谊出版公司,1991 年 12 月

4. 国家工商行政管理局广告监管司编. 广告专业技术岗位基础知识(上、下). 中国统计出版社, 1999 年 6 月

5. 张隆栋主编. 大众传播学总论. 中国人民大学出版社, 1993 年 7

6. 甘忠泽主编. 现代广告案例——理论与评析. 复旦大学出版社, 1998 年 12 月

7. 傅根清编著. 实用广告学教程. 山东大学出版社, 1996 年 5 月

8. 张金海主编. 广告媒体. 武汉大学出版社, 2002 年 12 月

9. 丁长有编著. 广告传播学. 中国建筑工业出版社, 1997 年 7 月

10. 马瑞,汪燕霞,王锋编著. 广告媒体概论. 中国轻工业出版社, 2007 年 4 月

11. 赵育冀编著. 现代广告学. 中国商业出版社, 1987 年 6 月

12. 约翰·R.罗西特,彼德·J.丹纳铫著. 高级媒介计划. 胡晓云,郑丽萍译. 浙江大学出版社, 2002 年 12 月

13. 张慧元著. 大众传播理论解读. 苏州大学出版社, 2005 年 3 月

14. 吉曼·萨可著. 广告媒介实务. 赵轻松译. 世界知识出版社, 2001 年 11 月

15. 刘小红. 论传统媒体与网络媒体的共赢策略. 河南教育学院学报(哲学社会科学版), 2010(4): 104 ~ 106

16. 曹旭. 网络媒体与传统媒体的竞争优势分析. 新闻传播. 2010(3): 100

17. 丁俊杰主编. 广告学(二). 武汉大学出版社, 2001 年 4 月第 1 版

18. 姚曦编著. 广告概论. 武汉大学出版社, 2002 年 7 月第 2 版

19. 崔晓林编著. 现代广告理论与实务. 青岛出版社, 2001 年 1 月第 2 版

20. 张金海，姚曦主编. 广告学教程. 上海人民出版社，2003 年 5 月第 1 版

21. 丁俊杰著. 现代广告通论——对广告运作原理的重新审视. 中国物价出版社，1997 年 1 月第 1 版

22. 刘友林主编. 江波，曾振华编著. 广告效果测评. 中国广播电视出版社，2002 年 1 月第 1 版

23. (台湾)刘一赐. 网络广告第一课. 新华出版社，2000 年 10 月第 1 版

24. (台湾)樊志育. 广告效果研究. 中国友谊出版公司，1995 年第 1 版

25. 小林太三郎. 新型广告. 中国电影出版社，1995 年第 1 版

26. 倪宁. 广告学教程. 中国人民大学出版社，2001 年 6 月第 1 版

27. George E. Beleh & Michael A. *Belch Advertising and Promotion*

28. 广告与促销——整合营销传播展望(上、下). 张红霞，李志宏译. 东北财经大学出版社，McGraw-Hill 出版公司，2000 年 4 月第 1 版

29. William Wells John Brunett Sandra Moriarty. 广告学原理与实务. 张红霞，杨翌昀译. 云南大学出版社，2001 年 10 月第 1 版

30. 里斯·特劳特著. 定位. 中国财政经济出版社，2002 年 2 月第 1 版

31. 唐·舒尔茨著. 整合行销传播. 中国物价出版社，2002 年 8 月第 1 版

32. 严学军，汪涛主编. 广告策划与管理. 高等教育出版社，2001 年 6 月

33. 宁昌会著. 整合营销. 湖北人民出版社，2000 年 1 月第 1 版

34. 杨荣刚著. 现代广告策划. 机械工业出版社，1989 年 9 月

35. 田平主编. 企业形象策划. 中央编译出版社，1995 年 1 月

36. 陈宝琼，陈培爱主编. 广告学. 武汉大学出版社，1995 年 5 月

37. 赵佳蕙等编著. 现代广告策划入门. 天津科技编译出版公司，1995 年 8 月

38. 卢泰宏等. 广告创意 100. 广州出版社，1995 年 9 月

39. 黎瑞刚主编. 现代广告运作. 江西科学技术出版社，1996 年 1 月

40. 欧阳康著. 现代广告. 中国社会出版社，1996 年 1 月

41. 饶德江编著. 广告策划. 武汉大学出版社，1996 年 3 月

42. 何修猛编著. 现代广告学. 复旦大学出版社，1996 年 5 月

43. 舒咏平著. 实用策划学. 中国商业出版社，1996 年 6 月

44. 陈培爱著. 广告策划. 中国商业出版社，1996 年 8 月

45. 冯义主编. 现代广告策划. 中国审计出版社，1996 年 10 月

46. 徐智明，高志宏著. 广告策划. 中国物价出版社，1997 年 1 月

47. 黄升民等著. 广告调查. 中国物价出版社，1997 年 1 月

48. 姚力主编. 广告学引论. 吉林大学出版社，1997 年 12 月

49. 吴建主编. 应用广告学. 四川大学出版社，1999 年 5 月

50. 晁钢令等. 现代广告策略与艺术. 经济科技出版社，1994 年

51. 潘向光. 现代广告学. 浙江大学出版社，1996 年 5 月

52. 徐百益. 广告学入门. 上海文化出版社，1982 年

53. 陈培爱. 广告学原理. 复旦大学出版社，2003 年 8 月

54. 北广学院新闻系广告学教研室. 广告学——理论与应用. 中国广播电视出版社，1992 年 5 月

55. 孙有为. 广告学. 世界知识出版社，1992 年 12 月

56. 樊志育. 广告学. 台湾 1970 年 8 月初版

57. （美）欧盖因（O'Guinn T. C.）等. *Advertising*. 大连：东北财经大学出版社，1998 年 3 月

58. 苗杰. 现代广告学. 中国人民大学出版社，1994 年 5 月

59. 汤哲声. 现代广告学概论. 苏州大学出版社，1997 年 6 月

60. 陈月明. 文化广告学. 北京：国际文化出版公司，2002 年 6 月

61. 余小梅著. 广告心理导论. 北京：北京广播学院出版社，1997 年 4 月

62. 陈培爱. 中外广告史——站在当代视角的全面回顾. 中国物价出版社，1997 年 1 月

63. （英）戴夫·桑德斯著. 20 世纪广告. 何盼等译. 中国青年出版社，2002 年第 1 版

64. 樊志育著. 世界广告史话. 中国友谊出版公司，1998 年

65. 傅汉章，邝铁军. 广告学. 广东高等教育出版社，1985 年

66. 李宝元. 广告学教程. 人民邮电出版社，2002 年

67. 现代广告杂志社编. 中国广告业二十年统计资料汇编. 中国统计出版社，2000 年

68. 余虹，邓正强. 中国当代广告史. 湖南科技出版社，1999 年

69. 翟年祥，邹平章. 广告学教程. 四川人民出版社，2001 年

70. 赵琛著. 中国近代广告文化. 吉林科技出版社，2001 年

71. 余明阳，陈先红. 广告策划创意学. 复旦大学出版社，1999 年

72. 何佳讯. 现代广告案例——理论与评析. 复旦大学出版社，1998 年

73. （美）斯蒂文·小约翰著. 传播理论. 陈德民，廖文艳译. 华夏出版

社，1999 年

74.（美）沃纳·赛佛林，小詹姆斯·坦卡德著. 传播理论——起源、方法与应用. 郭镇之译. 华夏出版社，1999 年

75. 郭庆光. 传播学教程. 中国人民大学出版社，1999 年

76. 陈培爱. 广告原理与方法. 厦门大学出版社，1990 年 11 月

77. 大卫·奥格威. 一个广告人的自白. 中国物价出版社，2003 年 4 月

78. 李孟丽，徐村和. 广告学——策略与管理. 台湾五南图书出版有限公司，1999 年 10 月

79. 韩光军. 现代广告学. 首都经济贸易大学出版社，2003 年 2 月

80.（美）Rajeev Batra John G. Myers David A. Aaker 合著. 广告管理. 赵平，洪清，潘越译. 清华大学出版社，1999 年 9 月

81. 星亮. 广告学新论. 甘肃文化出版社，1998 年

82. 余明阳，陈先红. 广告策划创意学. 复旦大学出版社，2003 年 4 月

83. 丁邦清，程宇宁. 广告创意——从抽象到具象的形象思维. 中南大学出版社，2003 年 9 月

84. 刘绍庭. 现代广告运作技巧. 复旦大学出版社，2000 年 1 月

85. 纪华强. 广告战略与决策. 东北财经大学出版社，2001 年 3 月

86. 马广海，杨善民. 广告学概论. 山东大学出版社，1995 年 11 月

87. 朝辉. 现代广告学. 首都经贸大学出版社，2003 年 2 月

88. 严学军，汪涛. 广告策划与管理. 高等教育出版社，2002 年 2 月

89. 匡文波. 广告策划与管理. 高等教育出版社，2001 年 11 月

90. 纪宁. 媒介新动向. 沈阳出版社，2001 年 1 月

91. 陈培爱. 广告策划艺术. 中国财经出版社，2002 年 12 月

92. 刘永炬，陈相君. 媒体组合. 企业管理出版社，1999 年

93. 马谋超. 广告心理. 中国物价出版社，1997 年

94. 江涛. 广告管理. 武汉大学出版社，2003 年

95. 王长征. 消费者行为学. 武汉大学出版社，2003 年

96. 万厉芬，应文武，宁昌会. 市场营销教学案例. 高等教育出版社，2003 年

97. 傅贤治. 企业广告策略学. 上海科学技术文献出版社，1995 年

98. 李小勤. 市场调查的理论与实务. 暨南大学出版社，1999 年

99. 马绝尘. 商业广告与销售促进. 企业管理出版社，2000 年

100. 李东进. 现代广告——原理与探索. 企业管理出版社，2000 年

101. 崔晓林. 现代广告理论与实务. 青岛出版社, 2001 年
102. 周茂君. 广告管理学. 武汉大学出版社, 2002 年 7 月
103. http://china.toocle.com/cbna/item/2009-07-21/4699112.html
104. 百度网站

后　记

　　广告媒体分析是广告专业一门重要的基础课程。由于我国广告教育发展较晚，广告媒体分析的教材也主要是引进为主，20 世纪八九十年代引进了我国台湾学者樊育志、陈国良等人著作，但由于年代久远和情况的变化，早期的著作或者教材无法满足现代教学的需要。在这种情况下，为了满足教学的需要，本人组织编写了《广告媒体分析教程》一书，目的是为各类人员学习广告媒体分析时提供基本读物。

　　丛书总主编吴予敏教授对本书的编写提出了很多建设性意见，其他一些同仁也提供了很多帮助，在本书出版之际对他们表示感谢。

　　本书能在中南大学出版社出版，是刘辉主任和本书的责任编辑彭亚非女士付出了巨大的努力，没有他们的努力，我想本书是不会如期出版，质量也不会提高。在此，对他们的艰苦努力表示十分感谢。

　　在编写过程中，我们参考了大量的国内外学者已出版的同类教材和网络文献，部分已在参考文献体现，对这些文献的作者表示感谢，还有部分可能没有体现出来，对这些作者表示歉意。

　　本书的错误一定不少，所有的错误都由本书主编马春辉承担。欢迎各位学者、业界朋友提出批评指正。

　　我的电子邮箱是 chunhuima@ tom. com。

马春辉

2011. 12. 10 于深圳大学传播学院

图书在版编目（ＣＩＰ）数据

广告媒体分析教程／马春辉主编.－－长沙：中南大学出版社，
2011.12

ISBN 978 - 7 - 5487 - 0397 - 6

Ⅰ.广⋯　Ⅱ.马⋯　Ⅲ.广告－传播媒介－教材
Ⅳ.F713.81

中国版本图书馆 CIP 数据核字(2011)第 194309 号

广告媒体分析教程

主编　马春辉

□责任编辑	彭亚非	
□责任印制	易建国	
□出版发行	中南大学出版社	
	社址：长沙市麓山南路	邮编：410083
	发行科电话：0731 - 88876770	传真：0731 - 88710482
□印　　装	长沙市宏发印刷有限公司	

□开　　本	730×960　1/16	□印张 18.25	□字数 334 千字
□版　　次	2011 年 12 月第 1 版	□2019 年 1 月第 3 次印刷	
□书　　号	ISBN 978 - 7 - 5487 - 0397 - 6		
□定　　价	45.00 元		

图书出现印装问题，请与经销商调换